湖南省公安理论与公共安全研究基地资助项目

警察胜任力模型建构与培养策略研究

范　瑛　著

中国人民公安大学出版社
·北　京·

图书在版编目（CIP）数据

警察胜任力模型建构与培养策略研究/范瑛著．—北京：中国人民公安大学出版社，2016.12

ISBN 978-7-5653-2813-8

Ⅰ.①警…　Ⅱ.①范…　Ⅲ.①警察—人事管理—研究②警察—人才培养—研究　Ⅳ.①D035.3

中国版本图书馆 CIP 数据核字（2016）第 299995 号

警察胜任力模型建构与培养策略研究

范　瑛　著

出版发行：中国人民公安大学出版社
地　　址：北京市西城区木樨地南里
邮政编码：100038
经　　销：新华书店
印　　刷：北京兴华昌盛印刷有限公司

版　　次：2016 年 12 月第 1 版
印　　次：2016 年 12 月第 1 次
印　　张：13.5
开　　本：787 毫米×1092 毫米　1/16
字　　数：300 千字

书　　号：ISBN 978-7-5653-2813-8
定　　价：50.00 元

网　　址：www.cppsup.com.cn　www.porclub.com.cn
电子邮箱：zbs@cppsup.com　zbs@cppsu.edu.cn

营销中心电话：010-83903254
读者服务部电话（门市）：010-83903257
警官读者俱乐部电话（网购、邮购）：010-83903253
教材分社电话：010-83903259

序　言

公安高等教育和民警训练是公安事业发展的基本前提与重要保证。而合理定位公安专门人才的培养和训练目标，则是公安教育和民警训练中的首要与核心问题。

传统上，公安院校论证公安专业人才培养目标定位时，主要是借鉴过去成熟的经验，或者通过调研基层公安机关及与警务实践专家来商定，这种方式能够做到紧贴公安实战需求，得出针对性强的结论，但却难以从理论层面获得充分的解读与支撑。从目前来看，关于这一主题的理论成果尚不多见，而借助现代科学统计分析工具开展的研究成果则更少。被誉为“现代课程理论之父”的美国著名教育学家拉尔夫·泰勒（Ralph Tyler）提出的“科学化课程开发理论”中的四个基本问题之首就是“学校应该达到哪些教育目标”。所以，公安院校在公安教育中的核心地位，也正是由于它们最直接和最全面地体现了公安专门人才培养和民警训练目标这个核心才获得的。而警察胜任力模型的提出与建构，则为公安专门人才培养目标与策略的确立探索出了一条全新的研究之路。

尽管很多学者从心理学视角对警察胜任力进行过测量研究，但大都没有从公安人才培养视角来建构警察胜任力的理论模型。而国外以英美等发达国家为代表的警察教育训练体系，由于其警察教育训练体制与我国不同，警察学历教育不由警察部门承担，所以我国公安学历教育中的人才培养部分基本没有国外可供借鉴的来源。

范瑛博士的这项研究就是在这样一个背景下展开的，可以想象其间的艰难和困惑。“警察胜任力理论模型建构与人才培养研究”作为研究课题，是作者在湖南师范大学攻读博士学位时一开始就选定的题目，经过长达五年多的理论研究与实践探索过程，最终形成这本专著。作者在这本专著中对警察胜任力理论模型的建构过程进行了系统的阐述，涉及到构成警察胜任力的各个方面，对于科学解答公安专门人才培养目标及策略意义重大。特别是在警察胜任力指标调查过程中，作者始终将实证研究与理论建构紧密联系起来，主旨清晰，方向正确，方法科学，避免了一些文献分析和纯理论研究中将警察胜任力与警察胜任力培养割裂开来的现象，使得研究成果更具有实践针对性和理论层次性，这也是该专著的一个重要特点。

任何科学研究的成果都会随着实践的发展和科学技术的更新而被不断完善与再发展。作者的这项研究在公安教育和民警训练领域显现出了一定的学术创新性，但也只是在此领域的初步探索，相信作者在此基础上定能围绕目标再接再厉，以更加出色的研究成果为公安教育和民警训练事业做出更大的贡献。我们期待着范瑛博士早日实现新的目标，取得更高的学术成就！

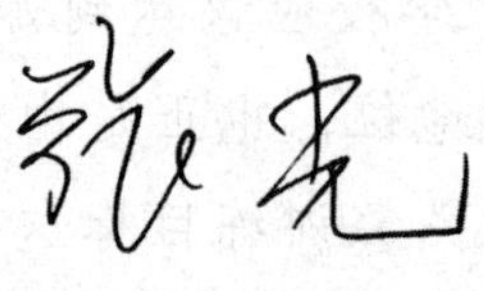

（中国人民公安大学科研处处长，教授，博士生导师）

内容简介

警察院校培养的学生毕业入警后应能尽快适应警务实战部门工作岗位的综合能力要求才可以正确履行岗位职责，但实际上警察院校并没有将警察胜任岗位工作的综合能力设定为在校学生的能力培养目标，这也是现实中警察院校人才培养质量与警务实战部门具体要求有较大差距的原因所在。根据胜任力模型理论可以得知胜任岗位工作的所有能力集合体被称为胜任力模型，是有效完成特定工作所需的知识、技能和个性特质的综合体，可通过教育和培训的途径对其进行开发。所以，本研究试图通过建构警察胜任力模型及其指标体系来为警察院校人才培养提供理论支撑。

本书共分为五部分，首先论述了研究的背景、现状、理论依据，然后基于此展开警察胜任力现状调查、警察胜任力模型分析、警察院校警察培养现状与问题及警察院校警察胜任力培养策略的研究。

第一章，引论。从现代警察职能转变、警察院校人才培养、警察胜任力现状三个角度提出警察胜任力培养的重要意义，接着以“警察胜任力”和“警察（胜任力）培养”为主题对国内外文献进行综合分析，得出由“一般能力与特殊技能”“人格特质”“政治素养”等要素组成的“警察胜任力要素框架表”。

第二章，研究的理论依据。分别从胜任力模型理论、目标课程理论和职业生涯理论的角度，分析三大理论的主要内容及其对警察胜任力培养的应用价值。其中，胜任力模型理论不仅对警察胜任力模型理论建构的过程和方法有较大的参考价值，而且还对警察胜任力培养有间接的指导作用。

第三章，警察胜任力现状调查。本章包括“调查设计”“调查实施”“调查结果分析”三部分。在“调查设计”部分主要对调查目的、调查对象、调查内容及维度和调查过程四个方面进行了介绍。“调查实施”以基层警察为调查对象，首先通过行为事件访谈调查获取警察胜任力指标名称，然后用量表测量警察胜任力指标所属维度，并将所获得的警察胜任力维度及其指标进行整理，制作警察胜任力现状试调查量表，试调查后计算胜任力分辨力值，将分辨力值得分高的警察胜任力项目汇总成警察胜任力现状正式调查量表，最后根据量表问卷调查的结果进行主成分分析并得出警察胜任力模型。

第四章，警察胜任力模型分析。警察胜任力模型呈现出五维立体结构，从模型的核心内隐层到外显层分别为“个性特质”“身体健康”“政治素养”“专业知识”“业务技能”。“个性特质”维度处于胜任力模型的核心内隐层，其指标包含“社会外向性”“待人随和”“意志力”“情绪稳定”；“身体健康”维度处于模型的次内隐层，包含“体能适应性”“耐力持久”“强健体质”指标。这两个维度的指标虽不易测量，但却是警察职业稳定和正常履职的前提。“政治素养”维度的“政治鉴别力”“团结协作”“理想信念”“道德情操”“革命人生观”“服从安排并与人沟通”“责任心”这类指标，是警察存在的职业价值体现。“专业知识”类指标包括横向知识“面”（哲学、社会科学、自然科学、人文艺术）和纵向知识“层”（专业基础、专业理论、专业拓展知识）。“业务技能”类指标体现在“看、听、问、想、做”五个方面，其中“看”“听”与“问”的结合就表现为“调查侦查能力”，“想”的能力主要指“分析判断能力”，而“做”的能力主要表现为“群众工作能力”“突发事件处置能力”“文字口头表达能力”“警械和武器使用能力”“团队实战能力”指标。通过对警察胜任力模型的指标体系分析，模型的特点表现为多维性、层级性、具体性、动态性，并且该模型受管理、经济、教育、个体等因素的影响，会表现出不同的能力模型结构。

第五章，警察院校警察培养现状与问题。本章分别从人才培养目标定位、课程建设、教学、师资队伍、学校文化五个方面就警察院校人才培养现状进行了现状调查和问题分析。当前警察院校对警察培养的目标定位主要表现为“能力本位”“素质本位”和“卓越”的警务人才三类，本章分析了三类人才培养目标的内涵和该目标指引下人才培养的缺失；课程建设现状从校内（基于人才培养方案的课程结构）和校外（警务实战部门课程内容）两个方面进行了调查和分析；对教学现状的了解主要通过对教学效果满意度和教学实训的调查结果寻找教学模式、方法和内容方面存在的问题；教师队伍建设现状主要表现在教师队伍管理、教师教学能力、师资队伍结构三个方面；警察院校校园文化建设的现状主要表现在“忠”“真”“智”“勇”四种文化维度。

第六章，警察院校警察胜任力培养策略。基于警察胜任力模型提出警察院校人才培养的策略体系，主要包括以下五个方面：第一，明确定位警察院校人才培养的目标是“应用型综合警务专用人才”；第二，从设计课程、课程实施、课程运行的机制和实例分析四个角度对课程结构进行优化；第三，从教学方法、体能实训和校外实训平台建设三个方面来优化教学策略；第四，从教师专业化和教师队伍结构等角度实施“双师型”教师队伍建设；第五，塑造“忠真智勇”的院校特质文化建设。

综上所述，本研究的创新之处是基于文献分析实施实证研究（行为关键事件访谈调查和问卷量表调查）和用逻辑分析的方法建构警察胜任力模型与指标体系，并就警察院校警察培养现状与问题探讨该模型如何应用于警察院校的人才培养之中。

目 录

第一章 引论

第一节　问题提出与研究意义

一、问题提出

警察胜任力对于新时期警务工作开展有着十分重要的意义。警察胜任力由哪些因素构成，呈现出什么样的结构样式，当前警察胜任力的现状如何，怎样培养警察胜任力，诸如此类问题已成为摆在现代警务管理与警察高等教育工作者和研究者面前的一个重要而迫切的任务。当前警察胜任力及其模型研究还处于初始探索阶段。本书用实证和逻辑相结合的方法对“警察胜任力模型及其培养研究”这一主题进行系统阐释，具有重要的理论和实践价值。

（一）现代警察职能转变的需求

“警察职能主要表现为警察功能和警察作用两个方面。警察职能不仅是警察机关或警察个体具备的功能，尤其指在履职过程中发挥出来的维护社会公众利益的作用或效益。”① 长期以来，为维护国家长治久安和人民民主专政，警察在社会管理中的角色被定位为“枪杆子”和“刀把子”，或者说警察“专政”职能在长期的社会发展进程中主要表现为“打击犯罪和保护人民”，有效地发挥了稳定社会秩序的作用。但随着公众民主意识的提升，社会对警察的要求也越来越高，虽然警察在打击犯罪和稳定社会秩序的过程中发挥着巨大的作用，但同时也是为人民群众排忧解难的服务人员。所以，与“服务型政府”建设目标相一致的警察职能也将由“简单管理型”向“综合服务型”拓展。但由于在传统警务活动中过于重视管理的实体性、刚性的方法，强调打击犯罪的力度和效果，以致忽视了警务管理应遵循的科学程序和柔性方法，甚至没有真正做到保护管理对象的合

① 黄辉．略论警察职能［J］．公安教育，2001（7）：22.

法地位和在执法过程中完全遵循法律准绳，以致警务管理工作中出现了许多与国家民主法治进程不协调的地方，再加上群众对警察服务职能的定位存在误区，导致警察服务职能在社会主义现代化建设过程中时有“错位”发生。

一方面，进入市场经济时代，公众对警察胜任力的界定已不仅仅局限于传统警察职能所涉及的“巩固政权和镇压敌对势力”等方面，警察组织保障人权、调解社会矛盾、维护秩序稳定、服务公众的职能更加强化，角色也从过去单一的“专政工具”向“执法者+管理者+服务者+救助者”的多重角色转变，显现出新时期警察胜任工作的能力应包含更多服务群众的内容。另一方面，警察对社会公众承诺太多，做了很多警察不该做的事情，影响了警察主要职能的发挥。例如，调解街坊邻里间的矛盾，帮助居民开房门锁、背煤气罐，同工商市政卫生部门联合执法等，这些本该由其他职能部门做的事情却过多地由警察来承担，导致管得过多反而招致群众不满。所以，现代意义上的警察胜任力更加注重警察职能中“对公共秩序的维护能力和现实社会公共安全构建的服务能力”。现行警务管理实行的是“条块结合（地方同级党委、政府和上级公安机关双重领导）+以块为主（以地方同级党委、政府领导为主）”的体制，这种警务管理体制是在共产党的领导下经过长期实践逐渐发展并确立起来的。在这种具有中国特色的行政型管理体制下，警务管理的内容涵盖了社会生活的各个方面，所以警察胜任力就是胜任社会管理工作的方方面面。据不完全调查统计发现，现代警察用于刑事侦查和打击犯罪等工作上的精力仅占警察全部精力的20%左右，约80%的时间需要用于为公民提供各种性质的服务。这就意味着警察职能将向社会生活更宽广领域的服务拓展，不仅警察个体需要提升服务水平，警务组织更要加快改进服务群众的能力。《中华人民共和国人民警察法》（以下简称《人民警察法》）规定，公安机关的性质是“我国人民民主专政政权中具有武装性质的治安行政力量和刑事司法力量”，公安机关的职能包括“专政和民主”职能。在计划经济时代，警察被看成政府控制社会与制约冲突的强有力国家机器，警务组织作为政府公共管理的重要组成部门，长期以来将政治建警放在首要位置，并作为队伍建设的重要内容。这在一段时期内对集中精力办大案要案起到了积极的助推作用，但警务人力资源管理中政治建设所具有的单向传输特性在引导民警主动、积极地工作方面存在一定的负面影响，邓小平同志曾说过：“我们政治工作的根本的任务、根本的内容没有变，我们的优良传统也还是那一些。但是，时间不同了，条件不同了，对象不同了，因此解决问题的方法也不同。”[①] 警察政治职能一直是警务工作过程中最主要的职能，但随着公众、社会对警察服务职能的期待和警察职能中的服务作用日趋强化，警察个体和警务组织也只有在日常警务活动中提高服务大众的

① 在全军政治工作会议上的讲话（1978 年 6 月 2 日）//邓小平文选（第二卷）. 北京：人民出版社，1994：119.

能力才能改善警民关系和提升群众满意度，并且全面完善警务执法的过程。

（二）警察胜任力现状的要求

虽然能力形成不一定与学历文凭有必然联系，受教育程度高低也未必就是形成职业胜任力的充分条件，但学历层次不高的团队不可能成为一支具有持久胜任力的队伍。全国公安机关的统计数字表明，公安队伍的文化结构和学历层次与警察胜任警务工作的能力要求有差距，2010 年的数据显示①，湖南大专以上文化程度的民警占警察队伍总数的88.4%，其中本科学历以上的仅占44.5%，研究生以上才占1.25%。另据2010年原湖南公安高等专科学校（现为湖南警察学院）升本材料的数据："我省公安民警中有本科以上学历的仅占民警总数的21%"②，现有在编民警人数仅占全省人口的8.8‱，与全国警察占总人口13‱的平均水平相比，排全国倒数第三，需要增加的高级警务专业技术人才近70%集中在刑侦、刑事技术、网监、国保、经侦、禁毒等领域，30%的缺口为要求相对较低的交警、巡警等专门人才。如果说作为"国家机器"的警察在保卫国家安全和维护社会秩序方面的能力需要增强的话，现有警力资源不足将是困扰警察胜任力提升不容回避的客观事实。我国在编警察全年累计工作量是其他公务员工作量的2.5倍③，对警察而言，加班加点是常态。面对日益繁重的工作任务，过去是几个人共同完成，而今却要求一个警察来完成，甚至是一人身兼数职，再加上警力更新与递增远远赶不上警务岗位工作内容的新变化，工作任务难度和危险系数增强等因素的影响，警察在胜任警务工作的数量和质量上都有了更高的要求和标准。

被调研公安机关以某省CS市××县公安局为例，警察数量与总人口比为6.3‱，低于全省10‱的比例，也远低于西方国家20%的标准④。被调研公安机关面对警力严重短缺的困境，主要通过招收辅警的方式来补充警力资源，而新增的辅警的人力成本又需要相应的经费支持，经费困难和素质参差不齐，导致公安机关群众满意度近几年来一直未有显著提升。大多数基层公安机关的领导均表示，未来3~5年内更愿意增加对警察院校本科毕业生的招生比例。因为警务组织不仅希望更多的警察院校毕业生被招录入警来逐步缓解警力不足的现状，还寄希望于警察院校培养出更多符合岗位胜任力要求的毕业生来提升警队公众满意度。所以，认清警察胜任力发展的人力资源现状，抓住当前社会发展的新形势特点，对现代警察胜任力研究将具有重要的现实意义。

警察的口头禅表述为"小病撑、大病扛，轻伤不下火线"，看似打油诗般的调侃，但也从中折射出警察个体或组织对健康的漠视，警察胜任力面临来自警察本身更严峻的挑战。由于警力总数在一定时期内不能满足公安工作的实际需要，

① 蔡安季．全国公安教育训练工作会议上的报告［R］．北京：公安部，2010：1-5.

② 数据资料来源于2010湖南公安高等专科学校升格为湖南警察学院的申报材料。

③ 数据来源于http：//news. sohu. com/20060611/n243671046. shtml。

④ 数据资料来源于某省CS市××县公安局的政工科统计数据。

大多数警察承受着常人难以想象的心理危机、心理压力和心理障碍。前公安部政治部人事训练局副局长樊京玉曾表示：包括北京在内的全国公安机关面临的共同问题就是中青年警察因为忽视自身身心健康、积劳成疾，甚至因病离世的现象多有发生。许多小说或电影故事情节中，警察往往被披上了刚强的“外衣”，不仅个个骁勇善战，而且精力旺盛，为了破案立功可以不睡觉、不吃饭。殊不知警察也是普通人，再强大的“硬汉”在高强度、高压力、高风险的工作面前都会产生心理健康的问题。据不完全统计①，随着生活水平的逐渐提高，我国人均寿命已超过 70 岁，但平均寿命只有 48 岁的基层警察群体已成为国家机器上磨损最快的部件。自新中国成立以来到 2015 年，全国有 1.3 万余名公安民警因公牺牲，其中 3300 余名被批准为烈士。② 2015 年 3 月公安部人事训练局有关负责人接受人民网与公安部网站联合推出的“平安中国”系列访谈时透露③，2014 年全国有 393 名民警牺牲、5624 名民警负伤。2014 年牺牲民警年龄集中在 30 岁至 49 岁，平均年龄 45.3 岁。其中，284 名民警牺牲在工作岗位上，占牺牲总数的 72%。从牺牲的原因来看，猝死所占比例最大，有 201 名民警猝死，占牺牲总数的 51%。从负伤的情况来看，有 2417 名民警在与犯罪分子搏斗时受伤，比 2013 年增加 469 人，上升 24%。如果警察的身心健康长期处于这种亚健康状态将直接影响其胜任岗位工作的能力，尤其是在没有外部机制的合理引导下，极易对社会和民众利益造成一定的威胁。例如，与其他行政机关不一样，由于违法犯罪在时间上、空间上的不确定性，公安机关人民警察的工作时间也是不确定的，常年加班加点，昼夜工作，工作、生活没有规律，以致积劳成疾；许多警察由于连续工作，过度劳累，猝死在工作岗位上，甚至由于精神压力过大而导致的警察自杀和杀人事件也有发生。所以，通过了解警察胜任力现状中存在的问题，警察院校有针对性地进行胜任力培养无疑具有深刻的时代意义。

（三）警察院校人才培养的需要

警察胜任力培养需要“孵化器”，警察院校人才培养模式就是“孵化器”，但现行警察培养模式输出的“产品”并不能完全满足公安实战部门的要求，也就意味着现行管理体制下对警察胜任力实施“标准孵化”将面临着困难。因为生产警察胜任力“产品”的院校没有足够的生产资料和原材料对“产品”进行加工和创造。

警察培养的内容是警察胜任力培养的载体，其大多以课程的方式呈现，课程建设直接影响警察胜任力培养目标的实现。但目前警察培养的内容即警察院校课程建设的现状，不能满足警察胜任力的要求。警察院校课程体系建设既要完成教

① http://news.sohu.com/20060611/n243671046.shtml.

② http://mt.sohu.com/20160930/n469491257.shtml.

③ http://news.sina.com.cn/c/2015-03-08/065931581553.shtml.

育部门为大学生培养制定的公共课程目标，还需体现警察行业对学生的执业规范要求。一方面，警察院校人才培养缺乏与警察实战部门及时、有效的沟通，很难达到提升警察胜任力的预期目标。另一方面，受教育行政部门对总课时和公共课课时统一要求的影响，警察院校的专业课时往往被压缩，这些被压缩的专业课就是警察胜任力培养的主要内容。当实际警务工作需要的内容并没有真正成为人才培养的实际载体，警察胜任力培养将面临进退两难的境地。与课程建设相匹配的教材建设也因为授课教师很少下基层沟通了解警察胜任岗位工作的真实情况，导致教材和教辅材料的编写很难及时跟上警务实战工作变化的脚步，间接导致警察院校教材更新速度慢、针对性不强的现象发生。另外，由于警察院校在教学阶段缺乏警务实战训练，再加上警察胜任岗位工作的能力培养没有实践体系，往往就会出现教学内容“滞后”警务工作实际的现象，警务人才培养的目标难以体现出职业现实性。再加上我国幅员辽阔、多民族融合，致使警察培养的内容会根据不同地域的经济、文化特色选择多样化，但各地不同警察院校在教育教学横向交流方面还未形成长效机制。

警察培养过程没有体现现代警务组织对警察胜任力的观照。师资是警察获取胜任力最关键的因素，但我国警察院校却缺乏高素质的教师队伍。据 2012 年公安部政治部统计数据显示：在全国 20 多所本科警察院校中“教师队伍中的专职教师总数由 2000 年的 5608 人上升到 8924 人，其中具有高级专业技术职称的教师只有 3712 人，具有硕士以上学位的教师只有 4337 人”，而在警察学院的全日制本科生却有 123923 人①。可知师生比例以及师资结构离警察胜任力培养的目标还有一定的距离。再加上警察院校没有培训在岗教师胜任力的制度化路径，没有警务实战工作经历的教师往往从非警务专业毕业，教学过程中也未脱离过校园，所以，这样的教学经历是缺乏警务实战部门工作经验的，并不能真正成为理论与实践紧密结合的双师型教师。即便通过短期挂职或实习阶段，其对警务实践部门工作的了解并不深入细致，教学过程的“言之无物”意味着无法真正呈现警务动态化管理的利与弊。所以，学生对真实警情处理的过程无从了解，最终导致培养的学生无法达到警务组织工作和实战技能的要求。

近年来，随着国家对警察编制的宏观调控，警察院校培养的学生大多数能进入公务员队伍，但“产”与“销”不对路，所学非所用，直接导致警察胜任力“产品”不能内部消化吸收，从而影响警察胜任力社会效益的正常发挥。一方面，意向加入公务员行列的人越来越多；另一方面，公务员编制压缩、公务员录用制度改革，致使每年公务员队伍的人数增幅不大。所以，警务组织短期内不会大幅度增加警力，意味着警察院校的毕业生就业竞争压力将逐年递增。首先，警察院校招生与警务组织录取入警的矛盾日益突出，毕业生入警并没有达到期望

① 公安部政治部. 擎起公安事业的明天——日益发展壮大的公安高等教育事业. 2-3.

值。据不完全统计，我国警察院校大约有35%的毕业生当年没有被招录入警队，有的院校学生毕业入警率甚至还没达到应届生总数的25%。其次，警察院校因学历教育水平受限，无法与其他地方本科院校一样提高学生适应社会各行业的专业能力，再加上警察院校的学生就业目标单一，非警务技能不强，由于所学专业的特殊性而造成社会就业面窄，致使其毕业后无法实现真正意义上广泛的社会就业。更为严重的是，警察专业毕业生一旦不能入警就会成为社会的“包袱”，甚至发展成社会“顽疾”，例如，一些地方警察院校曾出现过未就业的毕业生因为没有被录取为警察而到政府部门“集体上访”的现象，更深层次的社会隐患是由于警察院校毕业生所学专业知识和业务技能大多涉密，且了解同犯罪分子作斗争的某些技术手段，一旦这些毕业生因未能如愿以偿地就业而“怀恨在心”，甚至利用所学知识来报复社会，将很容易发展成影响社会治安秩序稳定的重要因素。

警察院校的人才输出主要是各级公安机关，而各级公安机关对新入警成员的要求就是警察胜任力。警察胜任力体现出警务实战中的专业能力和本领，“在公安实践活动中，从能见度较高的社区警务和群众工作，到安全防范和侦查破案，甚至是秘密战线的情报信息，大都体现出智慧的角逐和能力的较量”。① 因此，警察院校应将培养学生胜任警务实战工作的能力作为人才培养的总目标，多角度、多方式地提高学生的岗位胜任力。警察院校应按照此培养目标制定人才培养方案和设计教学环节，并在培养过程中强化实践实训教学，凸显“综合警务专业人才”的应用性，采取学科基础教育与专业技能培养并重的培养模式，以期培养满足警务实战组织需要的应用型综合警务人才。

基于警察胜任力来实施警察院校人才培养的过程可缩短人才的成长周期，还可节约公安机关在人力成本方面的投入。警察院校胜任力培养是一种职前培养，而这种职前培养与职后上岗从某种意义上讲体现了“一体化”进程。因为按照警察胜任力的要求对院校学生进行培养，一方面可使警察院校学生提前达到胜任力水平要求，另一方面从学生自身的角度来看，可对照胜任力目标提前规划自己的职业生涯。另外，通过警察院校对学生注重动机、态度和价值观的培养，还可从战略层面提前满足警务组织胜任力的长远发展需要。所以，强调警察胜任能力的培养，兼顾警察院校人才培养目标规格的要求应成为警察高等教育的逻辑起点。

二、研究意义

（一）理论意义

胜任力的研究和应用在国内外企业界已经相当广泛，但就国内警察人力资源

① 郑群．公安人才职业能力培养辨析［J］．公安教育，2008（12）：19.

管理部门来看，胜任力研究运用在警察教育训练方面可谓刚刚起步。特别是运用实证和逻辑的方法建构警察胜任力模型，并基于警察胜任力模型探讨警察院校人才培养的策略，国内研究成果并不多见。本书通过对某市不同警种岗位的警察（随机抽取）进行警察通用胜任力现状调查，并结合前期文献分析的结果逻辑建构警察胜任力模型与胜任力指标体系，试图提出警察胜任力模型理论。相比较而言，本研究在心理学警察胜任力研究的基础上综合文献分析、实证调查、逻辑建构的警察胜任力模型，不仅是一种突破和创新，还在一定程度上填补了警察胜任力模型的“空白”。

（二）实践意义

首先，警察胜任力模型理论为警察院校人才培养提供了理论依据，主要表现在通过建构的警察胜任力模型及指标体系为警察院校人才培养提出现实参考框架。因为警察院校人才培养属于高等教育，所以必须遵守高等教育人才培养的共性规律，但还须兼顾公安学的学科（2012 年 7 月，教育部批准公安学、公安技术学科为一级学科国家重点学科）特点。“警察胜任力模型及其培养研究”中“警察胜任力模型”运用了管理学的方法和手段，而“警察胜任力培养”是从教育学视角进行论述的。综合“警察胜任力模型”与“警察胜任力培养”来看，“警察胜任力模型及其培养研究”可以看成两大学科的交叉平台，两者的有机结合不仅为行业院校的专业人才培养指明了可行性路径，更为提升行业领域内专业人才的培养质量提供了参考依据。

其次，建构警察胜任力模型可为警察院校在校学生的职业生涯发展确定“职业锚”，即在校学生可根据警察胜任力指标体系中“个性特质”、“身体健康”、“政治素养”、“专业知识”和“业务技能”等维度指标的要求来制定入警前“警察胜任力”的发展规划，并结合学校教育逐步达到胜任警察岗位能力的综合要求。

第二节 文献综述

一、关于警察胜任力的研究

（一）国内关于警察胜任力的研究

国内较早的警察胜任力研究多以警察能力和警察素质的定性研究为主，结合公安精神、警队宗旨和警察职业道德准则等对特定警种警务人员所需的职业能力进行描述和运用，经文献统计分析包含职业道德、政治思想、心理素质、身体素质、人格等方面的警察职业能力和警察素质。

警察胜任力研究自 2006 年开始在国内兴起，笔者在中国知网数据库分别输入关键词“警察胜任力”“警察胜任力模型”进行检索（如表 1-1、表 1-2 所示）。从文献数量来看，该研究在国内并不多，文献主要分为两大类：第一类为硕士学位论文（11 篇）；第二类为期刊文献或会议发表论文（13 篇文献中含 1 篇因涉密不能下载）。

表 1-1　国内研究警察胜任力的硕士学位论文

序号	论文标题	作者	学位授予单位	时间	专业名称	研究方向	研究对象
1	警察胜任特征建构研究	王驰	苏州大学	2006	行政管理	公共行政学理论与方法	南京市各地区诸警种在职民警
2	刑事警察胜任特征模型的建构	包飞	华东师范大学	2006	应用心理学	临床心理学	上海市各区以及江苏省刑警
3	澳门优秀司法警察胜任特征结构分析	赵莹明	华南师范大学	2007	应用心理学	管理心理与人才测评	澳门地区司法警察
4	浙江监狱民警胜任力模型研究	汤利利	上海交通大学	2008	公共管理 MPA		浙江省监狱业绩优秀的监狱民警
5	公安机关基层领导干部胜任能力模型构建	杨莉	浙江大学	2008	行政管理		昆明市城区派出所所长
6	基于胜任力的我国监狱人民警察培训体系研究	刘成文	青岛大学	2008	政府管理		山东省 A 监狱
7	交通警察胜任培训研究	李毅	天津大学	2008	企业管理		天津市公安交通管理局
8	交通事故民警胜任素质结构研究	楼旦韬	上海交通大学	2010	公共管理 MPA		杭州市交通事故民警
9	基层警察胜任力模型的构建	杨勇	暨南大学	2011	应用心理学	组织行为学与人力资源管理	广州市基层警察
10	陕西省社区民警胜任力模型研究	张江涛	西安工程大学	2012	公共管理 MPA		陕西省社区民警
11	沈阳市警察能力建设中胜任应用研究	朱骏杰	大连理工大学	2013	公共管理 MPA		

表 1-2 国内研究警察胜任力的期刊文献

序号	文献标题	作者	发表刊物	时间	研究主体	研究对象
1	监狱警察职业价值观、胜任力与工作绩效的关系	饶星星 郑全全 邵颖顺	《第十届全国心理学学术大会论文摘要集》	2005	浙江大学心理与行为科学等	监狱警察
2	监狱人民警察素质结构分析	邵晓顺 郑全全	《中国人民公安大学学报》	2005	浙江警官职业学院等	监狱警察
3	刑警的胜任特征（因涉密不能下载）		《中国刑事警察》	2007	中国刑警学院	刑事警察
4	胜任特征：警察人力资源开发的新视角	朱训明 谢天 周静	《科协论坛》（下半月）	2010	广东司法警官职业学院警察系等	警察胜任特征
6	基层警察胜任力模型的构建	杨勇 李莎	《广州市公安管理干部学院学报》	2011	广州市白云区公安分局等	广州市公安局基层警察
5	公安队伍建设的新视点：警察胜任力	吴建军	《公安研究》	2011	广州市公安局	警察胜任力
7	刑事警察胜任特征模型的理论构建研究	孙远刚 牛瑞	《辽宁警专学报》	2012	辽宁师范大学等	刑事警察胜任特征模型
8	公安民警在职训练机制创新探析——以胜任力理论为借鉴	孙晓伟	《公安研究》	2012	安徽省亳州市公安局	公安民警在职训练机制
9	交通警察胜任特征模型构建及人格特征和胜任特征关系研究	刘柯珂 刘洋	《第十五届全国心理学学术会议论文摘要集》	2012	北京大学心理学系等	交通警察
10	警察岗位核心能力标准及评价的构建研究	王能武	《江西警察学院学报》	2012	江西警察学院	警察岗位核心能力
11	警察院校教师胜任力模型的构建	任莉桃	《河南司法警官职业学院学报》	2012	中央司法警官学院	警察院校教师胜任力

续表

序号	文献标题	作者	发表刊物	时间	研究主体	研究对象
12	警务实战教官安全胜任力要素探析	田文学	《公安教育》	2013	广东警官学院	警务实战教官安全胜任力
13	浅析胜任特征模型在监狱警察EAP中的应用	高阳 李灵 丛玉明	《社会心理科学》	2014		

1. 对警察胜任力、警察胜任力模型及相关概念的理解

学者分别从各自的不同视角对警察胜任工作的能力进行了阐述，分别提出警察职业能力、警察胜任力、警察胜任力模型及相关概念。有人认为，警察职业能力是警察知识、技能和态度的集合体，并且这种集合体会在警务活动过程中进行整合与类化迁移，最终形成警务活动过程的综合能力①。有学者认为警察职业能力表现为三大领域的九种能力，主要有“认知领域”的“警察业务知识”“警察业务技能”“警察创新能力”“警察信息能力”；“情感领域”的“警察心理健康”“警察职业道德”“警察政治意识”；“动作技能领域”的“警体技能”“警械技能”。② 徐玉明等采用问卷调查的方法进行研究，提出警察职业能力由基本能力、专业知识能力、文化素养与修养三个层级构成③。丁玲认为，警察职业能力就是警察依法履职的能力，从警察职业能力建设的政治保障、法治前提、基本要求、内在机理、效率基础、评价标准六个方面提出警察职业能力就是坚持党的领导能力、依法履职能力、打击违法犯罪能力、协同作战能力、处置应变能力、自我保护能力。④ 韩易浦从警察职业能力培养现状入手提出当前形势下警察职业能力的新要求：严格要求、依法履职；具备预防、制止、惩治违法犯罪的能力，快速处置重大事件的能力，保护自己、加强协同作战的能力。⑤ 吴建军⑥提出警察胜任力是指警察适应发展变化的职业需求并持久产生良好业绩的工作能力，通过对它的属性分析发现它对公安机关开展队伍建设具有很高的实用价值。还有学者⑦构建刑警的胜任特征模型，其包含三种胜任特征模型，其中警察通用的胜任

① 杨中华．治安警察职业能力提升路径研究［J］．公安教育，2014（5）：24.

② 李涛．以警察职业能力为目标的新警培训课程设计初探［J］．公安教育，2001（3）：24.

③ 徐玉明，卫莉莉，范如意．警察职业能力结构的实证性研究［J］．公安大学学报，2002（4）：39-41.

④ 丁玲．民族地区警察职业能力培养探析［J］．青海民族研究，2009（7）：162-163.

⑤ 韩易浦．警察职业能力培养现状与改革研究［J］．职业教育研究，2011（9）：150-151.

⑥ 吴建军．公安队伍建设的新视点：警察胜任力［J］．公安研究，2011（8）：80-90.

⑦ 孙远刚，牛瑞．刑事警察胜任特征模型的理论构建研究［J］．辽宁警专学报，2012（6）：63-68.

特征模型借用的是 Spencer 在 1993 年提出的六大类最常用的 20 个胜任特征。王能武[①]提出警察岗位核心能力是公安民警为有效维护社会政治稳定和治安秩序所必备的最基本、最重要的业务知识和技能，主要包括职业价值观、业务知识和业务技能、岗位胜任力、更新知识能力等要素。

2. 不同警种的警察胜任特征、胜任力结构

有人提出将警察胜任特征归纳为核心、基准、鉴别三种类型的胜任特征，并将警察胜任力原理结合警务运行机制提出从改进思想政治工作、管理制度、专业培训及激励机制着手实现队伍管理的新模式[②]。也有人说，[③] 警察岗位核心能力标准的构建应本着服务实战、体现各警种多样化需求、人岗匹配、可持续性及其体现层级的原则。有学者认为，监狱人民警察的素质构成体现在身体、心理、业务、思想道德、文化五个方面，并将胜任力和智力纳入业务素质范畴，并提出监狱人民警察的职业价值观、品德、人格特征与智力是通过胜任力这一中介变量影响其工作绩效的。[④]

从警察胜任力结构来看，包飞[⑤]认为刑事警察的通用胜任特征模型体现在影响力、人际洞察、危机管理、自主学习、团队合作、信息收集、主动积极、自信心、分析式思考、批判式思考共十项胜任特征。杨勇[⑥]认为基层警察胜任力模型为五因素模型，包括个性、道德、智力、政治、身体、技能等因子。杨莉的研究[⑦]以昆明市城区公安派出所所长为例构建了涉及公安基层领导的胜任力模型，包含能力、知识、个人、生理和心理素质在内的四个维度和十一个因子。汤利利[⑧]认为监狱警察胜任要素分为个人效能族、管理族、认知族、帮助与服务族、成就与行动族、影响族六大类和十一项要素。楼旦韬[⑨]的研究则以道路交通事故处理民警为例，认为胜任素质结构包括个人效能族、管理族、认知族、帮助与服务族、成就与行动族、影响族六大类和十一项胜任素质。还有人在[⑩]社区民警胜任模型方面进行尝试，认为建构社区民警胜任力在于社会角色、自我特质、能

① 王能武. 警察岗位核心能力标准及评价的构建研究［J］. 江西警察学院学报，2012（5）：117-120.

② 吴建军. 公安队伍建设的新视点：警察胜任力［J］. 公安研究，2011（8）：80-90.

③ 王能武. 警察岗位核心能力标准及评价的构建研究［J］. 江西警察学院学报，2012（5）：117-120.

④ 邵晓顺，郑全全. 监狱人民警察素质结构分析［J］. 中国人民公安大学学报，2005（2）：23-25.

⑤ 包飞. 刑事警察胜任特征模型的建构［D］. 上海：华东师范大学，2006：33-34.

⑥ 杨勇. 基层警察胜任力模型的构建［D］. 广州：暨南大学，2011：42-43.

⑦ 杨莉. 公安机关基层领导干部胜任能力模型构建［D］. 浙江：浙江大学，2008：63-64.

⑧ 汤利利. 浙江监狱民警胜任力模型研究［D］. 上海：上海交通大学，2008：23-24.

⑨ 楼旦韬. 交通事故民警胜任素质结构研究［D］. 上海：上海交通大学，2010：40-41.

⑩ 张江涛. 陕西省社区民警胜任力模型研究［D］. 陕西：西安工程大学，2012：53-54.

力、态度/价值观、知识五个维度。朱骏杰[①]选取了领导岗位、行政后勤岗位、管理岗位的警察胜任力进行研究，认为胜任力特征模型包括九类通用能力，且不同岗位在警察实用技能、专业能力、团队合作能力、领导力等胜任力要点上各有不同的要求和标准。

3. 警察胜任力应用及拓展研究

警察胜任力应用表现在警察人力资源开发、公安民警在职培训、监狱警察EAP等方面。有人提出基于胜任特征的警察人力资源开发优于传统的警察人力资源开发，表现在系统化更具战略性、注重与绩效相联系、能够预测成功的内在特质等方面[②]。有人认为胜任力理论对解决公安民警在职训练工作中存在的问题具有重要的现实意义。[③] 也有人通过胜任特征模型的EAP，帮助警察及其家人处理自身心理方面的问题，提高监狱警察的健康状况和工作效率，并改善组织氛围与管理效果在警察管理体系中的应用。[④]

此外，由警察胜任力拓展而来的警察院校教师、教官的胜任力研究也有突破。例如，警察院校教师胜任力模型的三个因子是教学与综合能力、政治和警务、个性特质，共26个要素[⑤]；田文学、唐瑞民、李清柔[⑥]认为公安机关警务实战训练的组织者和实施者——警务实战教官的安全胜任力要素包含过硬的身体素质、良好的心理素质、优秀的职业素质和厚实的安全素质。

（二）国外警察胜任力相关研究

国外警务人员的胜任力研究基础是本国公务员胜任能力研究，至今已有近35年的历史。自从1973年哈佛大学教授戴维·麦克利兰（David McClelland）正式提出"胜任力"概念并帮助美国国务院设计一种针对外交官FSIO的有效预测实际工作业绩的选拔方法以来，美国、英国、加拿大等国将警察胜任力模型主要运用在警察的选拔和培训之中。有代表性的观点如表1-3所示：

---

① 朱骏杰．沈阳市警察能力建设中胜任力应用研究［D］．大连：大连理工大学，2013：22-24.

② 朱训明，谢天，周静．胜任特征：警察人力资源开发的新视角［J］．科协论坛，2010（7）：120-121.

③ 孙晓伟．公安民警在职训练机制创新探析——以胜任力理论为借鉴［J］．公安研究，2012（8）：60-64.

④ 高阳，李灵，丛玉明．浅析胜任特征模型在监狱警察EAP中的应用［J］．社会心理科学，2014（29）：55-57.

⑤ 警察院校教师胜任力模型研究课题组．警察院校教师胜任力模型的构建［J］．河南司法警官职业学院学报，2012（10）：115-118.

⑥ 田文学，唐瑞民，李清柔．警务实战教官安全胜任力要素探析［J］．公安教育，2013（11）：25-28.

表 1-3 国外研究警察胜任力的代表性观点

国家	研究时间、研究人员及研究方法	警察胜任力的代表性观点
美国①	1980，Mills 和 Bohanno 49 名马里兰州警察采用实证的方法	聪明、自信、自我管理、有责任感和头脑冷静；成就导向的
	1981，Love 和 Hughes 对 73 个美国警察的实证研究	表现在：灵敏性、持久性、自信、判断力、适应力、主动性、影响力、可靠性、控制力、虚心、政治敏感性、领导力
	1985，Pugh 通过文献描述	快速反应力、问题主动解决能力、判断力和想象力、抗压力、抵制能力、诚实、有责任心、奉献精神、可靠性等
加拿大②	1999，Sgt. G. R. Gregoir 利用文献和请教警务专家的方法	支配力或影响力、批判性思考能力、组织管理能力、沟通能力、关系建立、组织洞察力
	2003，Rotman	领导策略、人事管理能力、沟通能力、社区服务能力、政治敏锐力和管理下属部门及经济管理等
英国	麦西亚西部警局通过心理测评工具测量警察胜任力	沟通能力（Effective Communication）、关注公众与社区或关系建立与影响力（Community and customer focus）、个人责任（personal responsibility）、弹力（Resilience）、问题解决（problem solving）、包容（Respect for divesrity）、团队合作（Team woker）
	1994，McGurk、Platton、Gibson③对 349 个英国侦探进行访谈	可以忍耐寂寞、表达力强、同情心、有效沟通和协调力、亲和力强
新西兰	基于实证调查研究提出建议	正直（Integrity）、专业（professionalism）、包容（respect）、遵守章程（Commitment to maori and treaty）、责任感（Accountability for Performance）、合作关系建立（Building Partnerships）、持续学习能力（Challenging for Continuous Improvement）、决断力（Exercising Judgement）、影响领导力（Influential eadership）、战略发展能力（Strategic Development）

① 杨莉. 公安机关基层领导干部胜任能力模型构建［D］. 浙江：浙江大学，2008：16-17.

② 杨莉. 公安机关基层领导干部胜任能力模型构建［D］. 浙江：浙江大学，2008：16-17.

③ 张江涛. 陕西省社区民警胜任力模型研究［D］. 陕西：西安工程大学，2012：19-20.

此外，一位经历了20多年训练的女警官根据自己的观察提出，成功的女警有几个重要特征：专业与责任、坚韧与自信、知识技术更新、积极的心态、不后悔、社会角色平衡、自豪感、战士的信仰。“Police Interview Competencies: Assessment and Associated Traits”一文通过对230位警员的自我调研报告考察了警察面谈胜任力结构的五个主要维度，分别是“细心顽强”“控制非反应性”“主导坚持”“交流沟通”“仁慈”。这些维度在一系列面谈片段中从案例和嫌疑类型角度（面试嫌疑人、证人和受害者）区分不同表现，在相同的片段中除了这些维度，自我比例与自我评估访谈效率呈现相关性。

（三）现有研究的分析与评价

1. 国内研究分析与评价

警察胜任力研究在中国有近十年的时间，它对警察队伍管理、警察个体职业规划、警察院校人才培养具有重要的应用价值。国内的研究观点如下：

警察胜任力是多维度、多层次的，且不同警种其胜任力结构是不一样的。一个警察的态度或价值观、自我控制、自信、人际理解力等个人深层特性将影响到警察胜任岗位工作的能力，而这些胜任力可以外在表现为执法、管理、技术等不同岗位的警察个体行为。警察个体的胜任力可以通过行为表现出来，所以，采用访谈法了解不同的警察个体可提取胜任力因子。

国内研究的不足表现在以下几个方面：

第一，国内对警察胜任力概念的理解有分歧。由于国内研究警察胜任力起步较晚，再加上胜任力概念也属“舶来品”，例如，西方学者对“胜任力”的翻译就使用“competence”和“competency”，也就造成了国内不同学者对胜任力的翻译不尽相同，如胜任力、胜任特征、能力模型、素质结构等。虽然英文单词仅有两个，但国内的翻译却是“百花齐放”。在警察胜任力研究领域，为了规范研究的标准和避免文献的重复堆砌，建议警察人力资源管理的研究者统一此概念的中文翻译，以此不断扩充和完善胜任力研究，造福群众、提高警务组织的公信力。

第二，警察胜任力模型建构的方法欠科学和严谨。这些研究采用实证范式，且多采用定量的方法，如心理学量表或统计学的建模方法对警察胜任力理论模型进行建构，这种建构法虽具有一定的代表性，但在实际研究工作中需要用到行为关键事件访谈法（BEI）对警察胜任力进行词典编码，牵涉到大量的人力、物力等，需要研究个体借助多方力量来实施访谈和问卷调查等工作。

对于警察胜任力的静态分析法仅关注到了警察胜任力模型构成要素的划分，并没有对胜任力维度之间的结构关系进行探讨。也就是说，较少采用逻辑的方法对警察胜任力模型或者指标进行分析，缺乏对胜任力模型结构中各要素之间的系统性进行恰当的分析，这也就在一定程度上影响了大众认识和理解警察胜任力的本质及结构。

第三，提取警察胜任力因子时，相同的警察胜任力因子命名标准不统一。警察胜任力因子很多，但命名没有统一标准，致使同一个因子有不同的名称。例如，在处理同事关系和服务社区民众时强调沟通能力有不同的表述，即“人际关系处理能力”“与人交往的能力”“事务沟通能力”“人际敏感”等，表达的都是同一个意思，但是名称不一致就会为下一步研究带来标准不统一从而影响进度的问题。

2. 国外警察胜任力研究的分析与评价

国外的警察胜任力研究起步比我国早了二十多年，但通过对国外警察胜任力检索发现，研究成果并不多。国外研究关注不同警种在胜任特征上的差异性，对绩优警察所具备的一些共同点探讨也较多。概括来讲，对我国的启示主要体现在以下几个方面：

第一，描述区分绩效优秀和绩效一般的警察胜任特征。例如，美国的 Mi11s 和 Bohannon（1980）、Love 和 Huhges（1981）、Pugh（1985）与英国的 MeGurk、Platton 和 Gibson（1994）通过工作分析，采用访谈及量表的研究方法提出区别优秀与一般警察的维度体现在快速反应、问题解决、判断力、抗压性、沟通力等方面，提出优秀的警察应具有诚实、责任心、奉献、忠诚等特点（详见表 1-3）。这期间主要是利用访谈和量表的实证调查法对警察胜任力进行研究，并没有建构警察胜任力模型。

第二，真正的胜任力模型研究是从 20 世纪八九十年代开始，西方国家将胜任特征模型用于选拔政府公务员。例如，在公共管理领域提出了胜任力研究的经典范式，且一直成为后人效仿或者直接引用的模板。Spencer[①] 在 BEI 访谈法的基础上提炼出十四项通用管理者的胜任力指标，如团队协作、概念性思维、分析性思维、影响力、自信、领导等。

第三，将胜任力研究成果在公共教育和政府管理领域进行推广应用，成为世界上不同国家胜任力研究领域的标杆。例如，1990 年美国在公共管理领域发起提升领导力的工程[②]，研究对象包括管理者、监管者和主管等层级，数量达 2 万之众，并提炼出 27 种领导胜任力指标，截至目前，称得上美国政府历史上规模最大的胜任力研究项目，对政府管理和公务员培训有着深远意义。英国政府建立的“能力本位”系统应用在公务员培训上，培训内容体系中涵盖的公务员胜任力大致分为管理与沟通、自我控制、领导和指导三大、九小层级，在整个西方国家公务员胜任力培训实践中具有典型代表意义[③]。

第四，21 世纪初，西方国家基于警察选拔招录的需要，初步探讨警察胜任

① Spencer L M, Spencer S M. *Competence at work: Model: for superior performance* [M]. New York: John Wiley & Sons, 1993: 222-226.

② Rothwell W J, Lindholm J E. Competency identification, modeling and assessment in the USA [J]. *International Journal of Training and Development*, 1999, 3 (2): 90-105.

③ 尹继卫. 能力本位：英国高级公务员培训新取向 [J]. 中国行政管理，2000 (11)：43-45.

力模型的研究。例如，英国麦西亚西部警局①开发出招募警察的评价工具就包括七个方面的胜任特征，加拿大警方在文献查阅和专家讨论的基础上提出警察领导者的胜任力模型集中表现在九个维度，Rotman 就社区警察领导者提出包含七个维度的警察胜任力模型（详见表 1-3）。

3. 综合国内外警察胜任力的研究分析与评价

国内警察胜任力研究尚处于摸索阶段，而国外的警察胜任力研究已经达到专业细化阶段。例如，从国内有关“警察胜任力”的 24 篇文献来看，均从不同视角对警察胜任力进行了论述，既涉及不同警种，也有警察胜任特征、警察胜任力、警察岗位核心能力、警察院校教师胜任力等研究成果，极大地丰富了警察胜任力理论模型的研究。这种借鉴企业管理、心理学等研究成果，并将其引入警察人力资源管理之中的“移植法”，极大地促进了警察管理方法的科学化，为警务管理从早期的人事管理向现代人力资源管理进化提供了技术层面的物质基础。

在警察胜任力研究方面，国内研究的主体范围很广泛，既有公安部门在职警察，也有在警察院校或其他高等院校就读的研究生，更有外部专家。从研究对象来看，既涉及专业警种，如刑警、司法警察、交警、社区民警等，还包括不同层级的警察，如基层民警和公安机关领导干部。从研究方法来看，构建警察胜任力模型的方法有行为事件访谈、主题分析方法、编码技术及团体深度访谈、问卷调查等，对警察胜任力结构模型进行验证的方法主要表现为在应用现代统计工具的基础上进行单变量特征的描述统计、双变量关系的描述统计和推论统计的分析法。但在国内研究中对警察胜任力模型的建构却没有更着重于其应用价值，大多数研究在警察胜任能力指标的归纳和汇总上比较求全，有的研究甚至直接引用 Spencer 提出的六大类最常用的 20 个胜任特征，但并没有基于实证的研究分析建构警察通用胜任力模型。另外，对胜任力模型在实践应用中的有效性研究未引起重视，例如，没有分析胜任能力要素与绩效之间的关系，基于警察胜任力开发警察院校教育培养体系的研究尚属空白。

国外警察胜任力更多地与公务员胜任力研究结合，在研究目的上，国外警察职业胜任素质的研究较少直接针对警察胜任力模型进行理论构建，基本上是一些胜任特征的描述性概括。在研究内容上，国外警察胜任力研究具有很强的实用性，其通过评价中心测量、评估、实验等方法来探讨警务人员的招聘与选拔标准，抑或是研究警察行为表现与某一特征的相关性（如“大五”人格、16PF 等），作为警务组织招聘警察或培训不同警种的参考依据。在研究方法上，多数研究人员采用实证的方法，如通过访谈与量表的方式来了解优秀警察的特征。在研究对象上，主要集中在警察领导者和管理者身上，而针对不同警种警务人员的通用类胜任素质则涉及得较少。

---

① http：//www. westmercia. police. uk/.

综合文献研究概括得出警察胜任力要素框架（见表 1-4），本书基于警察胜任力要素框架从警察胜任力现状的实证调查入手，结合逻辑分析法试图建构警察胜任力模型及其指标体系，然后在警察胜任力模型的基础上探讨警察院校人才培养的方案策略。

表 1-4 根据国内外研究综述概括得出的警察胜任力要素框架

一般能力与特殊技能	一般能力	表达能力	语言表达能力
			文字表达能力
		＊判断决策能力	计划能力
			决策能力
			分析式思考
			批判式思考
		＊应付突发事件能力	预见力
			应对力
			灵活性与包容性
		敏锐的观察力	
		解决问题的能力	
		＊沟通协调能力	
		学习能力	学习观念与技能
			创新能力
		＊组织影响力	
		成就导向	
	特殊技能	团队合作	
		身体素质	
		警务专业和实战技能	格斗对抗能力
			运用警务战术、武器装备能力
			具体岗位要求的技能
		心理素质	自我控制管理
			压力承受力
			心理适应力

续表

人格特质		自信	
		诚信	
		责任感	
		主动性	
		组织承诺	
		韧性	
		成熟稳重	
政治素养	品德	道德行为表现	纪律、生活作风
		道德观念	
	政治思想	法律法规知识	
		政治法律意识及价值观	
		依法行政	法律理解力、执行力
		公共服务能力	服务意识、技能

注：*表示警察群体中“领导岗位”重要因素，粗体表示参考文献中出现频率较高的项目。

二、关于警察培养的研究

“培养”的含义，一指“适宜的条件使繁殖”，二指按照一定目标长期对教育对象实施教育或训练，使教育对象按照教育目标设定的方式成长。广义的教育，泛指按照教育目的影响人身心发展的社会、家庭以及学校内外的所有实践活动。狭义的教育，是指由专门的组织机构实施的，按照社会、学校、家庭的现实及远景需要，在遵循教育对象身心健康的前提下，有目标、有规律、有计划、有安排地引导受教育者获得知识与技能，并陶冶其品德，发展其智力、体力等综合能力的一种活动过程，教育目标的实现是以把受教育者培养成为适应一定社会或阶级需要的人为检验标准的。正因为教育与培养过程息息相关，所以本书中并未对“警察培养”与“警察教育”进行严格区分。

（一）国内关于“警察培养”的研究

在中国知网搜索“警察胜任力培养”文献，均是“警察胜任力”或“警察胜任力模型”相关文献，并未发现“警察胜任力培养”的专门文献。故扩大“警察胜任力培养”的范围以“警察培养”为主题进行搜索，从 1983 年至 2014 年共计 163 篇文献，但发现很多文献标题中并未涉及“警察培养”这一关键词，反而将“警察”与“培养”拆分成两个关键词。考虑到“警察培养”这个关键词不可拆分，故选择“警察培养”为篇名进行搜索，发现从 1990 年至 2014 年共计 89 篇文献。本书试就国内警察培养的目标、内容、过程三个方面进行综述。

1. 警察院校人才培养的目标定位

国内警务工作对人才的定义是“文能办案、武能擒敌”，但以往警察院校人才培养的目标却是以学科知识的获取为标准，而忽视警务组织对人才适用于实战需求的具体目标。警察院校人才培养就是为了使公安机关满意，所以人才培养的目标应以快速适应公安实战部门工作需要为基准。

国内大多数学者对警察培养目标集中在以下四个方面：第一，素质类培养目标。此类代表观点对“警察素质”的理解有，“从事警察职业的人员应有相对稳定的身心品质或素养，主要包括思想道德、科学文化、业务专业、身体心理等方面的素质①”；有的从职业人角度认为警察职业素质应包括知识、技能和伦理三个方面②；有的认为人民警察学校培养学生应具备的素质包括优良的政治素质、良好的心理素质、优良的道德素质、扎实的业务素质、较好的文化素质、良好的身体素质和军事素质③。高素质的警察培养目标由三个方面构成:④ “卓越的能力、健康的心理和优秀的品质”。第二，应用类培养目标。有人提出⑤“坚定的政治信念、过硬的纪律作风、精湛的业务技能、良好的心理素质和强健体魄”是应用型目标培养的关键；有人认为“从政治、品德、知识、技能、体魄、作风六个维度进行评定，且具备动手操作能力和创新精神的”才称得上是应用型的培养目标。⑥ 第三，警务技能类培养目标。有专家说：“人民警察在打击犯罪和服务群众的过程中履职的能力就是‘警察职业能力’，也是‘从个人态度、专业知识、业务技能’三要素来看警察履职的能力。”其中警察职业能力分为专业能力和通用能力，专业能力又分为核心专业能力和基本专业能力，而通用能力是指警察职业能力中专业能力之外的能力，专业能力就好比浮在冰山上的外显因素，通用能力则是隐藏在冰山下并对专业能力起决定性作用的内隐因素。⑦ 有人提出，素质培养的目的就是形成“警察岗位核心能力”⑧，警察的业务素质包括“各项

---

① 周贵卯．公安校园文化对培养高素质警察的特殊功效［J］．湖北警官学院学报，2003（4）：69.

② 袁广林．我国警察职业素质培养研究［D］．华东师大教科院，2007：28.

③ 陈修谦，张宗荣．论人民警察学校培养目标及实现［J］．公安教育，1996（3）：21-22.

④ 王继江．试论高素质警察的测评和培养［J］．上海公安高等专科学校学报，2002（2）：17.

⑤ 黄宝雄．谈警察院校学生教育的培养目标［J］．河北科技大学人民警察学院学报，2003（2）：56.

⑥ 卢秋玲．警察院校人才培养的目标与实现途径［J］．公安研究，2008（1）：68.

⑦ 徐志林．警察职业能力与警察职业能力培养［J］．上海公安高等专科学校学报，2014（1）：72-74.

⑧ 刘伟涛．新时期警察职业素质培养研究［D］．内蒙古：内蒙古大学，2012：19.

工作技能、办事能力、实战技能和身体体能等”，对警察职业能力训练主要表现为在专业知识基础上的警察技能训练，[①] 但警察实战技能训练就是对警察身体素质、知识、技术、技能、战术、智慧、心理、意志、谋略的全面培养。[②] 还有人认为，“警察警用枪支使用能力是很重要的警务实战能力”，加强公安院校公安专业学员警用枪支使用能力培养教育，对提高警察警务实战工作能力意义重大。[③] 也有人认为，警察在沟通协调方面的能力对警务实践工作顺利进行作用明显，这种与人打交道的能力不仅可以反映警察的履职能力，更能显现出警察的智慧。单从警察的服务职能来看，大多数警务活动都离不开与人的交往，通过各种业务活动的开展建立不同的人际关系，有警务组织内部的人际关系交往，还有与外单位人员或者社区群众的交往。[④] 第四，根据执法环境的变化提出“卓越警务人才”培养目标。针对公安学科属于实践性学科的特点，警察院校的学生培养主要着眼于未来职业团队中的精英阶层，要求具备忠诚的职业精神、深厚的专业知识、过硬的业务技能、优良品格及综合素养。所以，“卓越警务人才”的培养目标就是以人才培养质量为导向，以提高警务实战力为抓手，从职业品德、政治素养、警务技能、专业知识以及创新精神、国际化视野等方面着手于高级警务人才的培养。[⑤]

2. 警察院校警察培养的内容

警察培养的内容主要表现在通识教育、专业教育和岗位技能教育方面。

相对于警察专业教育和岗位技能方面的培养内容而言，警察培养的“通识”内容鲜有涉及，本研究认为在培养警察人文素质方面“通识”内容设计必不可少。长期以来，国内理论界对于警察是“国家机器”的属性并无异议，从培养角度来看警察并非执法“器物”，警察在打击犯罪、服务群众职能之外还应是健全人格的“执法专家”。因为，通识教育的理念不在于“教”而在于“育”，教育目标在于培养“崇尚科学民主，追求真理正义，懂得尊重人和善于沟通协调的具有‘现代大学精神’的完整人”。[⑥] 警察培养中通识教育的内容是为培养“全人警察”[⑦] 服务的，当前警察培养内容更凸显“警务技能”，并未对“警察通用

① 张志民. 论警察职业教育中的能力培养［J］. 克山师专学报，2004（3）：109.

② 张银满，周平，赵军. 论警察实战意识的培养［J］. 公安教育，2005（2）：37.

③ 谭长华，陈永辉. 警察院校学员警务射击能力培养现状与提高研究［J］. 湖南警察学院学报，2012（4）：132-133.

④ 张跃兵. 试谈人民警察人际关系中交往能力的培养［J］. 公安教育，2001（4）：14.

⑤ 傅国良. 卓越警务人才教育培养的探索与实践［J］. 公安教育，2012（12）：50.

⑥ 蒋红斌，梁婷. 通识精神的彰显与我国大学通识教育改革［J］. 教育研究，2012（1）：95-99.

⑦ 袁广林. 实行通识教育培养全人警官［J］. 福建警察学院学报，2009（1）：100-104.

能力”有所指向，也就是说，“通才”警察培养并未纳入警察教育的视野范围。其实，“通识教育和专业教育并不矛盾，同时都是实现教育目标不可或缺的两个方面”[①]。所以，台湾“中央”警察大学的通识教育课程体系很有借鉴意义。台湾通识教育的目标是“培养完整的、通达有识见之人”，从1984年开始，除开设了台湾教育部门要求必设的“国文”、“英文”、“三民主义”和专业课程以外，通识课程也被列入必修课，在综合社会学、哲学、应用科学、语言艺术、文史等学科知识的基础上，将通识课程划分为“语文”“社会科学”“人文艺术”“自然科学”四大类。[②] 大陆警察院校培养更关注“工具类”课程内容，课程内容中“看不见”人文精神的影子，也找不到人文科学的精髓，哲学、艺术、文学、史学这些可以启迪智慧的课程没有呈现。[③] 这样的培养内容导致未来警察缺乏人文关怀，更重要的是没有专业训练、职业发展的原动力，影响警察职业生涯规划的进展。

警察培养中专业教育内容强调警察政治思想教育的重要性。因为我国警察教育历来强调政治素质为先的人才培养目标，把“政治合格，对党忠诚，服务人民”作为公安人才培养的首要和基本标准，所以警察教育的首要任务就是培养警察的政治素质、职业意识和职业道德。有学者提出，“应将公正执法意识的培养放在首位”[④]，因为执法意识是警察公正执法体现的第一要素。还有人认为，“警察角色培养”在于按照警察角色应有的规范及行为模式，围绕“角色认知、角色意识、角色技能、角色行为”四个方面构建角色培养体系。[⑤] 另有人提出，为培养现代法治社会复合型警务人才，在借鉴国外经验的基础上应加强院校学生自主学习的能力，包括阅读能力、思维能力、记忆能力、表达能力等，尤其是在警察院校的警务化管理方面更应该通过通识教育内容来提升警察的人文素养。此外，警务实战训练也是警察专业课程中具有行业特色的技能型课程，主要表现在擒拿格斗、体能训练、战术指挥三类课程。其中，体能训练课程是基础，战术指挥课程是保障，擒拿格斗课程是关键。[⑥] 按照执法主体的人数来看，还可分为单

---

① ［美］欧内斯特·博耶．美国大学教育——现状经验问题及对策［M］．上海：复旦大学出版社，1988（2）：118.

② 于群，杨志秋，尚方剑．台湾警察学校的通识教育及启示［J］．湖北警官学院学报，2014（3）：174-176.

③ 袁广林．实行通识教育培养全人警官［J］．福建警察学院学报，2009（1）：100-104.

④ 徐跃飞．公安院校警察公正执法意识培养路径探析［J］．教育教学论坛，2011（10）：185-186.

⑤ 魏宏歆．公安院校警察角色培养有效化途径之社会学探讨［J］．公安教育，2005（10）：50.

⑥ 曹华．关于警察院校擒拿格斗课程相关问题的思考［J］．湖北警官学院学报，2009（3）：111.

警警务实战技能和组队警务实战技能。而单警警务实战由徒手防卫控制技能训练、警械和武器使用训练、车辆特种驾驶技术训练、自救互救训练、人员秘密跟踪侦查技巧、危险识别评估能力、现场处置战术训练组成，组队警务实战技能主要体现团队合作时的协作性、明确性、灵活性、整体性。

3. 警察院校警察培养的过程

根据警察培养的目标提出不同的培养方式和手段。在宏观层面，我国警察培养模式分为学历教育和职业培训两种模式，但学历教育模式培养的学生理论脱离实践，职业培训模式因为没有警察专业学科理论支撑致使无法获得专业地位。所以，警察培养应考虑分段培养。学历教育阶段以学术为取向，主要进行文化基础理论和专业理论的学习，适度注重与实践的联系；职业培训阶段以技能为取向，针对岗位需要面向实战，进行职业技能训练。两个阶段在空间上相对分离，在时间上衔接，即所谓的“4+1”模式。[①] 浙江警察学院率先提出“校局合作”的口号，并大胆规划人才培养的“3+1”和“2+1+1”的创新模式。与“3+1”的人才培养模式相适应的是“3+1”的教学模式，即学生入学后进行 3 年的公共基础和专业知识课程学习，为强化学生的实战能力最后到公安机关实习 1 年。而“2+1+1”模式是针对培养侦查、刑事科学技术专门领域的卓越国际警务合作人才专设的，学生在校理论知识的学习周期为 2 年，国内外名校专业知识学习与到公安业务部门顶岗实习各 1 年。[②] 江西警察学院在现有人才培养的基础上提出建构公安类“准职业”型人才培养模式，即以就业为导向，以“准警察”培养体系为核心，将学生培养成具有核心胜任力的“准警察”，从职业道德、实战技能出发，为学生的职业全面发展提供多角度和多层级的服务。[③] 可见，以上人才培养模式都是以未来公安工作高素质、高层次的优秀实战人才为目标的。

人才培养过程中最重要的环节是教学方法。警察院校因为人才培养过程的职业特色鲜明，所以在教学过程中表现出不同于其他高等教育的方面，主要在教学方法和教师队伍方面。目前，警察学院的教育教学过程除了警体、刑事技术等专业课程以外，大多数课程均是以教师为主体，以理论教材为中心，单一的“教与授”模式。学生在这样单一的教学信息传递模式中往往是被动接受理论性的知识点，欠缺运用知识分析、解决问题的能力。另外，由于毕业实习、专业实习等实训环节没有认真规划，实施过程缺乏周密的组织和管理，致使实训结果没有达到相应的目标和岗位要求，甚至有时还因为不能及时解决学生在实习期遇到的各类问题，让一部分学生养成不良的工作习惯，未形成应有的工作规范。再加上从事

---

① 袁广林．我国警察培养模式的重构［J］．山东警察学院学报，2008（3）：120.

② 严红枫．上班就上手，到岗就管用——浙江警察学院走出“卓越警务人才”培养新模式［N］．光明日报，2011-12-22（12）．

③ 邓昌海．创新公安交通管理专业人才的培养模式——以江西警察学院为例［J］．职业，2011（5）：58.

公安专业教学的教师在施教过程中由于缺乏警务实战经验，所以无法将理论知识转化为实际运用的能力，不能呈现警务实战中的真实场景。所以，有学者提出，在教学实践中为提升教学效果采用模拟实战教学法、案例教学法、对抗演练法等方法来指导教学过程。还有人提出了构建“三个结合、四大模块”的实践教学体系①，“三个结合”指基础技能与专业技能、单项训练与综合训练、仿真模拟与全真实战相结合，四大模块包括基础训练、专业技能训练、实习见习、社会实践技能训练模块。还有专家提出，警察工作的社会性、危险性和复杂性不言而喻，但其实它还具有多样性、隐蔽性的特点，所以，在警务执法过程中需要警察运用智慧来解决未知领域可能出现的问题，这就需要本科警察院校以培养学生综合实践能力为目标，并对综合实践教学过程有所调整，不仅增加实践教学环节，还需增设综合实验的平台，才能促使学生在面对复杂案件时，可以开展创造性的研究和分析，从而解决关键问题。②

（二）国外关于“警察培养”的研究

1. 警察培养的目标

对于警察培养目标的研究，国外主要集中在美国、英国、日本等国。美国因其高等教育体系比较完备，新入警的警察学历较高，即使是获得硕士、博士学位的新警，入警后仍需接受新警培训。美国警察素质培养主要集中在知识技能、业务技能和伦理道德教育方面。③ 美国招募警察的标准很简单，“年满 21 周岁的美国公民，高中或大学毕业，身体健康，无犯罪记录”。但在入警考核的内容上却设计周详、具体和严格。考核形式包括初审、笔试、口试、体检、体能测试、心理测试、测谎试验以及背景调查等。这与西方四次警务革命后，美国民众对“SUPER POLICE”（超级警察）的目标定位一致，超级警察可表述为“诚实、聪明、冷静、果断、强健”的综合体。1829 年，罗伯特·比尔建立英国伦敦警察总局标志着现代警察制度诞生，英国是世界上最早建立自治体警察的国家，也是最早创建现代警察教育制度的国家。英国警察职能定位为“打击犯罪、提供社会福利与服务”，其中特别强调服务职能，故英国警务风格为“非武装的文职力量”，即“文职化”是英国警察的特色。所以，英国警察更像是“GETLEMAN POLICE”（警察先生）。英国的警察培养没有学历教育部分，警察内部教育培训体系与国民教育部门完全脱节，主要承担为期两年的职业培训，其对警察的培养主要包括专业技术的传授、技能的训练和职业精神三个方面。也就是说，英国警察的教育目标就是使受训者掌握警察专业技能。日本因其国内犯罪率始终保持较低的水平，在国际社会中享有“安全神话”等美誉。其中高素质

---

① 刘瑞榕，黄雨青．公安实践教学的改革与创新［J］．公安教育，2006（5）：38-39.

② 李运庆．浅析新晋本科警察院校的实践教学体系建设［J］．公安研究，2011（7）：90-93.

③ 刘伟涛．新时期警察职业素质培养研究［D］．内蒙古：内蒙古大学，2012：19.

的日本警察队伍的执法活动无疑发挥着极其重要的作用，而“高素质”的日本警察队伍的形成是与其科学严谨、行之有效的警察教育训练体制有着密切关系的。日本“高素质”警察培养是单纯的职业能力培养，在中央集权统治的政治体制背景下警察职业能力培养主要在院校完成，包括知识传授、技能训练和职业伦理道德等方面。① 日本的警察教育培训是根据学员的警衔级别及职务分层次进行的，不论是在警察厅及国家地方警察机关任职的国家公务员还是在都道府县地方警察机关任职的地方公务员，都必须依法分别在日本各级警察学校接受教育培训。

2. 警察培养的内容

通过研究发现，西方各国警察教育培训都与警务实战工作联系紧密，而且教学内容切合实际，突出针对性和实用性。在教学过程中不仅讲授警务理论知识，尤其还能联系实际警务工作。例如，针对警务实战工作中出现的新情况和新问题，通过强化模拟训练来提高警察的实战能力。美国、德国、英国、俄罗斯等国家不论学制长短，理论教育和实习上岗操练各占 1/2 学时。日本、意大利等国的理论教学、技能训练和实习顶岗操作各占 1/3。可见，经济发达国家特别重视“情景化”的岗位实战技能训练。例如，美国开设了询问与讯问技巧、司法类文书制作、紧急事件处理、应对劫持者的谈判策略等多达 20 门类的课程，其课程设置特点是突出实战运用。同时，美国和加拿大两国警察培训力求做到“学以致用”，换言之，警察培养的重点不在于颁发结业证书，而是让学员更加专业化②。另外，在澳大利亚各州新警培训的课程设置按岗位需要而设定，讲究实用，针对实战，采用“三明治式”的培训模式，即采用理论传授和学生实习结合并交叉进行的模式，将职业伦理、专业知识、业务技能的教育融合在一起。③ 总之，国外警察培养职业特色鲜明，培养体系内容完善，主要表现在根据“警察”的社会功能以及不同执法环境对警务人员的不同需求进行“分级分类”培养，逐级递进的层级非常清晰，而且学习的内容更加注重实操性，这些都是值得我们学习的地方。但培养内容不应仅关注专业技能训练，更应该将专业教育、科学教育与人文教育内容相结合，在专业课程中渗透人文精神，贯穿职业道德素养。所以，我国警察院校的培养应看成是学生入警前全面性学习的最后阶段，不仅包含实战岗位所需的专业知识和警务技能，更应有通识教育中的人文素质内容。

3. 警察培养的过程

国外对警察的教育形式主要有以职业培训为主、以学历教育为主、以职业培训和学历教育相结合为主三种模式。其中，英美两国都采用以职业培训为主的模

---

① 李亮．中美警察教育培训基本状况之比较［J］．云南警官学院学报，2008（1）：5.

② 浙江警察学院警务教育考察团．美国加拿大警察教育培训情况考察报告［R］．浙江：公安学刊，2010（4）：94-95.

③ 闫继忠．重构课程学为用　创新模式练为战［J］．公安教育，2009（8）：73-75.

式，英美两国的警察内部都没有学历教育，警察内部的职业培训体系只承担非学历教育，借助社会力量对警察进行学历教育。虽然各国警察教育形式各异，但西方国家的警察教育体系建设合理且有法律保障。

由于世界各国历史、政治、经济背景不同，各国的警察教育体制也有区别。例如，实行中央集权集权警察体制的国家就有日本、法国和泰国。① 但不论实行什么样的体制，世界上大多数国家的警察教育不受本国教育行政部门的政策制约，会根据本国政治、经济发展水平来创设警察教育培养体系。警察教育培训体系满足警务工作实际的需要，上级警察行政部门制定统一的教育训练规划，在各地设立不同类型和层次的警察院校或培训基地。② 英国作为世界上最早建立警察部队的国家，其警察教育为职业教育，不搞学历教育。教育体系分为国家警察学院、苏格兰警察学院，其中国家警察学院承担培训全国高级警官的任务，苏格兰警察学院负责培训苏格兰警官和新警，地方各级警察局的培训中心则担负培训本地警官的任务。③ 另外，在警察教育的保障制度方面，许多国家的警察法规都有关于警察教育的规定，法国政府于 1985 年制定了《国家警察培训法》，美国各州在 20 世纪 70 年代后通过制定“专门法”的形式对警察教育培训实行严格管理，对警察培训的目标、内容以及时间、考核要求等做了明确规定。而日本甚至出台了专门警察法，对警察院校等级、培养对象和目标等进行严格规定，逐步完善从警察录取、职位晋升到各类各级警官培训的一套完整的管理制度体系，而且警察教育设施与管理及训练所需经费均由国库支付。④

（三）国外警察培养研究的启示

上述内容对警察培养目标的定位众说纷纭，但却为警察培养的研究奠定了基础。虽然警察“专业化”培养与人们公认的要求和标准还有一定差距，警察职业培养效果也难以获得较高的职业威望和公众认可度，但这些研究对我国警察培养的启示体现在以下几个方面。

首先，警察职业“专业化”教育训练成为各个国家普遍追求的目标。20 世纪初，为将“警察发展成为一个自治、高效、公平地执行所有法律而且受人尊重的专业性职业”⑤，以美国为首的警务改革倡导者认识到高效的警务工作需要更多专业知识和经验，所以在美国很多学院和大学都专设了警务专业课程，新警察主动参加大学课程的教育培训，警察素质在一定时期内有了明显提高，专业能力也得到增强。同时，英国、日本等国也都希望通过发展高等教育中的警察专门教育来促进警察专业化建设和提升警察综合素质，以改变警察当时在人们心目中只

---

① 阎如恩．外国警察教育选介［J］．公安论坛，1998（11）：46.

② 程胜军．世界各国警察教育的共同特点［J］．人民公安，1997（22）：15-16.

③ 朱义泉．英国警察教育给我们的启示［J］．公安研究，2000（4）：86.

④ 程胜军．世界各国警察教育的共同特点［J］．人民公安，1997（22）：15-16.

⑤ 袁广林．美国警察专业化运动述评［J］．中国人民公安大学学报，2006（2）146-150.

是“腐败的执法器具”的形象。

其次，为提高警察素质，各国在招录新警时普遍提高入警时的学历要求。美国在20世纪80年代初就提出招录警察要求最低学位为学士，其倡导的“警察专业化运动”就曾为入警前没有取得学士学位的警察设计了相关激励制度，包括经费支持和晋升激励等措施。英国和日本也对招录新警有大学教育的要求，因为发达国家普遍认为，新警不接受大学教育，“警察专业化”就不能真正贯彻落实。

最后，与培养专业化警察相适应的培养内容和培养过程需要改革。通过共性分析发现各国均强调警察实践技能培养，但究竟是以纯技能的“匠人”教育为主还是以“专业化”教育为主，一直以来都有纷争。以“匠人”教育为主的强调技能型警察培养，培养的内容以技能传授为主，以师傅带徒弟的方式进行。而以“专业化”教育为主则强调警察专业素质培养，培养内容要求知识教育与技能培训相结合，以在警察学历教育中贯穿警务技能的方式进行。

在中国，警察职业教育一方面是高等教育，需要贯彻国家高等教育的方针；另一方面也需要满足行业发展的需求对人才进行职业技能培养。很多情形下，职业教育中职业技能是由理论知识得以运用而转化的结果，所以警察素质教育不仅包括人文素质教育，还包括警察技能教育，两者是相辅相成的，警务技能培养是包含于素质综合培养之中的。

第三节　研究内容与概念界定

一、研究内容

（一）警察胜任力及其培养的相关理论研究

对警察胜任力培养有指导意义的理论主要有胜任力模型理论、职业生涯理论、目标课程理论。其中，胜任力模型理论研究首先从胜任力的含义入手，分析胜任力的特征、分类，然后探究胜任力模型的含义与构成，再就胜任力模型建构及其在警察胜任力培养中的应用价值进行分析。职业生涯理论对警察职业生涯规划有指导作用，尤其是对警察胜任力培养有较高的应用价值。目标课程理论通过对目标课程理论的内容、特点和意义，探究其在警察胜任力培养中的应用，表现在为警察院校人才培养的目标定位和课程设置提供理论支持。

（二）警察胜任力现状调查及结果分析

一是通过文献综述获得警察胜任力构成要素，二是据此对CS市警察胜任力现状进行调查。主要通过深度访谈和问卷调查了解警察胜任力现状及其对教育培养的要求。

（三）警察胜任力模型建构与指标分析

通过前期文献研究综述、警察胜任力现状的实证调查、研究者逻辑分析，获得警察胜任力维度及其指标体系，并据此构建出警察胜任力模型，进而对其维度及指标体系进行具体分析。

（四）警察院校警察胜任力培养策略

警察胜任力模型是警察院校人才培养的依据，本研究基于警察胜任力模型对警察院校人才培养提出研究策略。拟从人才培养目标策略、完善课程结构、优化教学策略、打造双师队伍和塑造特质文化五个层面提出警察培养的整体框架。

二、概念界定

本研究中的“警察”指的是警务工作人员，俗称“公安人员”[①]；“学生”指在警察（公安）[②] 院校学习的所有人员，既包括警察院校在校生的职前学习，也涵盖来警察院校的警务工作人员进行的职后培训。

（一）胜任力

不同的工作岗位对胜任力的理解不一样，比较有代表的说法是“胜任力是能够完成工作的所有特征的集合”，即胜任力既包括角色意向、特质、动机等个性特质，还包括行业岗位所需的专业知识和技能。本研究认为，胜任力不仅是胜任工作的一种能力，而且是个体面对职业要求所具备的综合素养，是完成职业工作的必备条件。

（二）警察胜任力

警察是一种特殊的社会职业工作。警察胜任力是完成这种特殊职业工作的必备条件，也是从事警务工作的人员面对发展变化的职业需求所应具备的综合素养。综合而言，警察胜任力既包含外显层面的专业知识信息集合、完成特定任务的工作技能，还包含内隐的工作动机、职业特质、自我价值、社会角色等。

警察胜任力中的工作能力不仅是指专业知识和技能，因为现实中取得良好工作绩效需要多种因素的综合作用。例如，显性胜任力有知识（行业领域内指导岗位工作开展的有价信息集合）、技能（完成某岗位群工作任务所需的特殊能力）等；内隐胜任力有自我概念（个体在该职业履职过程中的价值定位及价值实现）、特质（职业赋予个体不同于其他职业的特殊气质）、动机（支持该职业持续进行的价值体现和意愿）、社会角色（通过个体行为向公众展现的职业形象）

---

① 人民警察包括公安机关、国家安全机关、监狱、劳动教养管理机关的人民警察和人民法院、人民检察院的司法警察。本书所有“警察”的含义指人民警察。

② “公安”与“警察”时常通用，但有差异。公安多用于部门，如公安机关、公安部门、公安部、××公安局、公安派出所等；也用于人员，如“来了三个公安人员”。警察多用于人员，如《人民警察法》、法警、警察李××等。“警察教育”与“公安教育”常为通用。从有关院校命名而言，北京、上海等地有“中国人民公安大学”、“上海公安高等专科学校”等，浙江、江苏、湖南、湖北等地名为“××警察学院”等。本书的警察教育与公安教育同义，但“公安教育”还应当包括国家安全机关、监狱等的警察教育。

等。胜任力的特点有：第一，人的个体特征虽然是各方面因素的集合体，但并非每一种特征都能发展为胜任能力，只有当个体特征与良好业绩产生因果关系时才能成为岗位胜任力。第二，胜任力只有转化为可测量、可比较、可评估的指标体系才能在岗位履职过程中发挥作用。

（三）警察胜任力模型

警察胜任力模型并非抽象的名词或符号的集合体，而是由完成警务职业工作所需的全部素养构成的结构样式，其警察胜任力模型不仅可为警察院校的人才培养提供参考依据，更可通过模型中的指标体系在警察招聘与选拔中实施测量、评估、实验等，探究警察个体行为表现与岗位工作的匹配度。本研究中，警察胜任力模型由五个维度组成，每个维度由若干个指标构成。

（四）警察胜任力培养

培养既指“以适当的方式对教育对象实施教育和训练”，亦指“教育对象在教育环境的影响下自然生成的学习过程”。警察胜任力培养既包含警察院校对“预备警察”实施的、警务实践所需的专业知识和业务技能方面的教育训练过程，又包含“预备警察”在警务化管理模式下的养成训练过程。本研究在警察胜任力现状调查的基础上，根据实证研究结果建构警察胜任力模型，并提出警察院校人才培养过程中的策略。在警察培养过程中，根据警务组织对警察胜任力的需求来确定警察院校警察培养的能力框架体系，从而有针对性地输出合格的警察胜任力“产品”，是警察院校人才培养的着眼点。本研究根据警察胜任力模型中的维度和指标体系，从培养目标、课程结构、教学策略、师资队伍、文化建设等角度提出警察培养的策略。

第四节　研究思路、研究假设、研究方法

一、研究思路

本研究首先从研究的理论依据入手，其次在文献综述和实证调查的基础上，归纳提炼出警察胜任力的维度及其构成因素（因子），再运用逻辑的方法进行警察胜任力模型建构，并对构成因素（指标体系）进行具体分析，然后用所建构的警察胜任力模型理论来指导警察院校的警察胜任力培养及其警务专业人才培养模式改革，最后提出研究结论和研究展望。

二、研究假设

（一）假设一

警察胜任力呈现多维结构，其维度根据文献整理和提炼提出维度表现为知识、技能、心理、人格、道德等多方面的理论观点，并将其作为考察警察胜任力

现状、建构警察胜任力模型及确定培养目标的主要依据。

（二）假设二

虽然不同的警察在警种、性别、年龄等方面存在差异，但都具备基本的警察胜任力。本研究从理论文献、实证研究等多个角度来研究警察胜任力模型，且从多角度对建构的警察胜任力模型进行指标分析，最后在建构的警察胜任力模型基础上对警察胜任力培养进行分析。

三、研究方法与工具

（一）研究方法

1. 文献法

文献研究是定性的研究方法，是事实研究的理论来源。本研究通过梳理近二十多年来国内外的文献资料，获得有关警察胜任力及其培养的资料。包括中国期刊全文数据库、万方数据库、维普数据库、相关专业网站等，分别以“警察胜任力”“警察胜任力模型”“警察培养”等关键字对近二十多年的相关文献进行搜索。同时，还利用大学数字图书馆的图书资料以及网上资源，查阅国内外有关警察胜任力、警察培训、警察学院课程设计等相关文献，并对有关内容进行重点分析，架构警察胜任力框架图，即汇总文献中的警察胜任力指标，为后一步结合实证研究建构警察胜任力模型提供文献基础。

2. 访谈法

行为事件访谈法（俗称 BEI）是由美国哈佛大学心理学教授麦克利兰开发的，主要通过访谈对象详细描述其职业生涯过程中某些影响职业成败的关键事件，寻找与挖掘访谈对象在本职岗位工作中的胜任力，特别需要求得隐藏在冰山下但却对显性胜任力产生影响作用的隐性胜任力。在本研究中，访谈者要求受访者列出他们在警务实践中遇到的关键事例，包括成功事件、挫折事件各两项。然后让受访者详尽地描述在那些情境中发生了什么，对受访者的语言和肢体动作进行记录，以此得到关于一个优秀警务人员如何开展警察实践工作的详细描述。要求受访者列出他们身边一些优秀的警务人员所具有的特征以及自认为最常见的困难、问题以及可能的解决方案，目的是获取基层警务组织不同警种的警务人员的胜任力指标。

3. 问卷法

问卷调查作为书面间接搜集研究材料的一种调查方式，本研究设计的胜任力调查问卷，运用统计方法对调查获得的数据进行分析，以获得准确的岗位胜任力指标信息。在借鉴已有文献和对不同警种警务人员进行行为事件访谈的基础上编制封闭式调查问卷，通过预试进行修订后，采用符合测量学标准的正式问卷调查不同警种警务人员符合本岗位胜任力的指标。在实际调查中，问卷法和量表法往往一起使用。

4. 量表法

量表法适用于测量人们的主观态度，用一组问题间接测量人们对某一事物的态度或观念。本研究利用量表法对警察胜任力现状进行试调查和正式调查，主要运用的是美国社会学家李克特于 1932 年发展建立的测量态度量表的方法，提问方式是多维度的，将警察胜任力作为研究对象，将各警察、警务工作者等对警察胜任力的态度得分加起来，就可以区分人们态度上的细微差异。每一个问题的回答包含“非常不符合”“比较不符合”“不确定”“比较符合”“非常符合”，每一题得分为“1~5 分”。

（二）研究工具

1. 访谈提纲

访问提纲就是访问员对访问对象所要提问的大纲题目，它是访问成功的保证。访问时如果有细致、周密的访问提纲，访问就有据可依，当被访问者讲述的材料杂乱无章时，访问者可以依据访问提纲及时给予适当的控制，以使访问活动顺利进展。警察胜任力现状调查所涉及的访问提纲是根据访谈提纲实施结构性访谈，拟编制《警察职业核心能力 BEI 访谈提纲》，并配备录音笔和访谈信息备注卡。其中，访谈提纲分为两种：一种为访问员持有，另一种为访问对象持有。

（1）访问对象持有的访谈提纲包括三个部分。首先是警务人员的工作职能和主要职责，其次是由访谈对象（访谈对象并不知晓自己绩优与否）详细地讲述工作中最成功或自豪的三件事和最失败或遗憾的三件事。访问员需要按照“STAR”技术进行操作，并将访谈时间控制在 1~1.5 小时。

（2）访问员持有的访谈提纲包括指导语、自我介绍、访谈目的、访谈流程、注意事项、感谢语等（详见附录）。

（3）访谈信息备注卡主要是用来记录访谈对象的一些非语言、提出的问题、提供的其他资料等，帮助访谈人及时、快捷、有效地记录受访人的信息，以便研究之用。

2. 调查问卷量表

问卷和量表都是人们对抽象事物、现象的操作化度量工具，量表由一组测量指标综合而成，问卷由若干组问题和答案组合而成。在警察胜任力现状调查中，采用“问卷+量表”的方式进行测量和评估。首先，利用量表评估警察胜任力维度，在文献综述得出的警察胜任素质能力框架图和行为关键事件访谈的初步统计结果的基础上，利用量表对警察胜任力的维度进行测评。其次，利用量表测试胜任力指标名称。根据行为关键事件访谈的统计结果可以得知警察胜任力的名称和对应的警务实战人员对每一种胜任力的描述，量表可以较准确地测评出警察胜任力量表中胜任力和其对应胜任力描述的分辨力。再次，在分辨力统计的基础上制作成正式的警察胜任力量表。最后，通过警察胜任力正式量表的统计结果建构警察胜任力模型。

3. SPSS 统计分析软件

本研究采用 SPSS17.0 录入数据并进行统计分析。采用项目分析和探索性因素分析的统计学方法对初始问卷进行项目筛选，选取符合统计学指标的项目进入正式问卷的编制。

四、研究框架和可能的创新点

（一）研究框架

本研究由引论、研究的理论依据、警察胜任力现状调查、警察胜任力模型分析、警察院校警察培养现状与问题、警察院校警察胜任力培养策略六部分组成。

引论部分提出问题和研究的意义背景。本研究围绕警察胜任力的结构是什么、警察胜任力的现状如何、怎样培养警察胜任力的问题展开议论。本研究对于新时期警务工作的开展具有重要意义，因为这不仅是现代警察职能转变的需要，也是警察院校人才培养的需要，更是警察胜任力现状提出的需求。

本研究的理论基础是胜任力模型理论、职业生涯理论、目标课程理论，这些理论对警察胜任力模型建构和警察胜任力培养提供理论支持。

在警察胜任力现状调查中，首先对调查目的、调查对象、调查内容、调查过程进行设计，其次利用访谈调查法和问卷调查法展开调查，最后在对访谈结果和问卷结果进行分析的基础上得出包含警察胜任力维度和指标的警察胜任力模型。

在警察胜任力模型的分析中，从警察胜任力模型维度和指标体系着手，再从内（警察胜任力模型特点）到外（警察胜任力模型的影响因素）展开逻辑分析。

警察胜任力培养策略部分从人才培养目标、课程结构、教学策略、师资队伍建设、特质文化五个方面展开论述。

（二）可能的创新点

首先，选题创新，该研究运用多维视角来研究“警察胜任力”和“警察胜任力模型”。如果理论分析是对其应然存在方式的研究，那么实证调查就是对其进行的实然状态的调查研究。

其次，思路创新。本研究从理论分析入手，运用文献分析的方式初步获得警察胜任力要素图；然后综合实地调查法即行为关键事件访谈法和问卷量表法对基层警察胜任力现状进行深入了解；再逻辑建构“警察胜任力模型”，即运用了理论—实践—理论的方法建构警察胜任力模型。

最后，方法创新。本研究用访谈法和问卷法等实证研究方法来调查警察胜任力现状，再结合逻辑分析的方法理论建构警察胜任力模型，最后运用理论+实证研究的方式在警察高等教育领域内探求“警察胜任力培养”。

第二章 研究的理论依据

第一节 胜任力模型理论

一、胜任力概述

（一）胜任力的含义

美国著名心理学家 McClelland 在《测试胜任力而非智力》（"Testing for competence rather than for intelligence"，1973）[①] 一文中最早提出了胜任力的概念。该文的发表是胜任力研究运动的重要标志，并在世界范围内掀起了胜任力理论及实践研究的热潮。McClelland 认为，胜任力是指与个体工作绩效或生活中的主要创新产品有关联或相似的能力、知识、技能、个性或特质的集合体。该文指出，复杂工作、高层次职位的工作绩效或生活中的成功，并不能依靠传统的纸笔智力测验、分数等级、性向测验和一般的学术测验来准确预测，这对社会中的弱势群体（如妇女儿童、少数民族及较低社会经济地位的人）存在不公平性。因此，他强调应该从更加实际的角度出发，要基于第一手材料，去发掘那些能够真正决定工作绩效的个人条件和行为特征，从而提高组织效率并促进个人事业成功。

随后，大量学者对胜任力展开了深入而具体的研究（见表 2-1），比较有代表性的观点是以下三种。

---

① McClelland DC. Testing for competence rather than for intelligence. *Amercian Psy-Chologist*, 1973，28：1-14.

表 2-1　有关胜任力概念的代表性观点

类型	学者	时间	定义
特征观	McClelland	1973	胜任力是与工作绩效或生活中其他重要成果直接相似或相联系的知识、技能、能力、特质或动机
	McLagan	1980	胜任力是指足以完成主要工作结果的一系列知识、技能与能力
	Boyatzis	1982	一个人所具有的内在的、稳定的特性，它可以是动机、特质、技能、自我印象、社会角色或是此人所能够运用的某项具体知识
	L. M. Spencer, S. M. Spencer	1993	胜任力是可以被测量或计数的、能够区分优秀绩效和一般绩效的个体特征，包括知识、技能、自我概念、特质和动机
	Mirabile	1997	胜任力是与一个职位的高绩效相联系的知识、技能、能力和特征
	Sandberg	2000	工作中的人的胜任力并不是指所有的知识和技能，而是指那些在工作时人们使用的知识和技能
	王重鸣	2000	胜任力是导致高管理绩效的知识、技能、能力以及价值观、个性、动机等特征
行为观	Woodruff	1991	个体的相关行为的类别，是一种明显的、能使个体胜任某项工作的行为
	Mansfield	1996	胜任力是精确与特性行为的描述，员工必须依此进修，才能胜任工作，并提升绩效表现
	Green	1999	胜任力是对为达到工作目标所使用的可测量的工作习惯和个人技能的书面描述
	仲理峰和时勘	2003	胜任力是能把某职位中表现优异者和表现平平者区别开来的个体潜在的、较为持久的行为特征。这些特征可以是认知的、意识的、态度的、情感的、动力的或倾向性的等

续表

类型	学者	时间	定义
综合观	Fleishman，Wetrogen Uhlman 和 Marshallmies	1995	胜任力是知识、技能、能力、动机、信仰、价值观和兴趣的混合体
	Ledford	1995	胜任力包含三个概念：一是个人独具的特质，包括知识技能和行为；二是可验证性，即个人所表现出来的、可以确认的部分；三是产生绩效的可能性，即除了现在的绩效表现，还注重未来的绩效。整合三个概念，胜任力是个人可验证的特质，包括可能产生绩效所具备的知识、技能和行为
	Byham 和 Moyer	1996	胜任是一切与工作有关的行为、动机与知识，而这些行为、动机与知识是可以被分类的。胜任力分为行为胜任力（behavioral competencies）、知识胜任力（knowledgeable competencies）、动机能力（motivational competencies）

第一种是特征观，该种观点认为胜任力是个体的潜在特征，只要能将绩效优异和一般的人员区分开来的所有个体特征都可界定为胜任力。[①] 其代表学者为提出冰山理论的 Boyatzis。冰山理论认为胜任力主要包括五个层次的内容，在冰山水面以上的这部分素质容易被测量、观察和模仿，称为外显的胜任力（如通过针对性的培训学习获得的知识和技能）；而冰山水面以下的部分称为内隐的胜任力，它是区分绩效优异者与绩效一般者的关键因素。相对于知识和技能而言，内隐的胜任力不易被观察和测量，也难以改变和评价（见图 2-1）。

① Mclagan P A. Competency model. *Training & Development Journal*, 1980, 34（12）: 22-26.

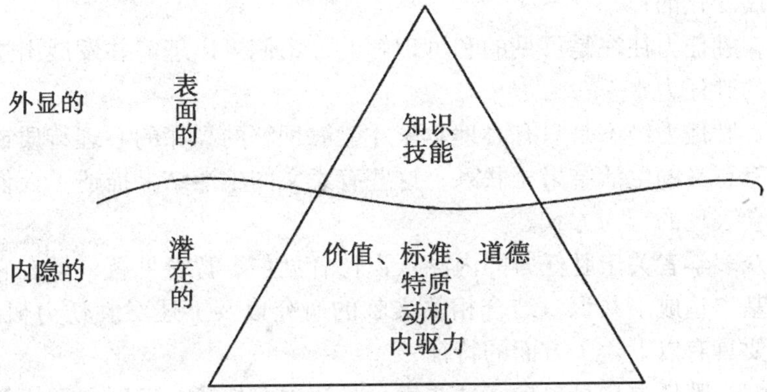

图 2-1 胜任力冰山模型①

第二种是行为观，英国学者 Woodruff 是其主要代表人物，该观点认为胜任力评价应该根据与优秀绩效有一定的因果关系②的外显行为，而这些外在表现的行为往往是在工作岗位上面临不同环境下的动机、个性、知识、技能等的综合运用。胜任力是符合岗位工作要求的个体潜在的、能持续表现的个体外在行为特征与内在特征的集合（可以是认知的、情感的、意识的、态度的、动力的或倾向性的等），是精确与特性行为的描述。

第三种是综合观，该种观点认为胜任力不能用某种单一的维度去简单地概括，而应是几个方面的综合体，对胜任力内涵的界定应该是上述两种观点的结合。

以上三种观点共同之处在于：首先，胜任力包含了个体的特征；其次，这些个体特征必须与绩效相关；最后，胜任力与特定的岗位或任务相对应。所以，胜任力的本质是驱动个体产生优秀工作绩效的各种个性特质的集合，反映的是个体通过不同方式表现出来的各种知识、技能、个性与内驱力，是决定并区分个体绩效好坏差异的重要特征总和，可以判断个体能否胜任某项工作。

（二）胜任力的特征

关于胜任力的特征，McClelland 总结了以下五个方面：

第一，观察人们实际上做了什么而最终获取成功（也就是胜任力）是了解员工绩效的最好途径，而并非依靠基于智力之类的潜在特质和特性的假定；

第二，测量和预测绩效的最佳方法不是实施一个测验来评估潜在的特质和特性，而是让人们表现出你想要测量的胜任力的关键方面；

第三，特质和特性主要通过遗传获得，并且一般较难改变，但胜任力是可以

① Spencer L. M.，Spencer S. M.，才能评鉴法：建立卓越的绩效模式．魏梅金译．汕头：汕头大学出版社，2003.

② Woodruffe C. Competent by any other name. *Personnel Management*，1991，23：30-33.

学习和发展变化的；

第四，胜任力往往是可见的和可理解的，人们可以理解并发展出达到一定绩效所必需的胜任力水平；

第五，胜任力绝不是只有心理学家才能够理解的高深的心理特质或构造，它一般是与有意义的生活结果相联系，这些有意义的生活结果描述了人们在现实生活中可能会表现的行为方式。

虽然众多学者关于胜任力的内涵认识仁者见仁、智者见智，但在它的主要特征上已经基本达成了共识。结合相关文献的研究以及上述对胜任力概念的分析，胜任力主要具有以下六个方面的特征：

综合性，胜任力自身包括多种要素，是知识、技能、态度、动机等内隐和外显特征的综合。

工作情景性，胜任力是员工高质量地完成本岗位各项工作所必备的基本特征，有效地匹配了个人能力和工作情景。胜任力与员工承担的工作是紧密相关的，当员工的个人特征满足其工作需要时，才是胜任力；因为不同岗位的要求存在差异，适用于某一工作岗位的胜任力可能并不适合其他岗位，甚至会成为工作的阻碍。

工作绩效性，它与员工的工作绩效密切相关，能够区分组织中的绩效优异者与绩效一般者，并可以对员工未来的工作绩效作有效预测。

可衡量性，可以通过员工在工作中的具体行为和绩效表现来对其胜任力进行测量，从而明确存在的差距以及未来需要改进的方向和程度。

可习得性，胜任力属于心理特征，但并不与气质相等同，往往能够通过“做中学”和培训等方式加以开发，具有可习得性和迁移性。

动态性，胜任力模型中的每个胜任力要素随着组织管理水平的提高而改变。随着人们的年龄、阶段、职业生涯的层级以及环境等的不同，胜任力的变化程度也有所不同。

（三）胜任力的分类

依照不同的标准可以将胜任力分为不同的类型。其一，依据胜任力的可变化情况，一般将胜任力分为硬性胜任力和软性胜任力。硬性胜任力主要指的是人们为完成工作预期目标而达到工作标准要求的能力集合；软性胜任力则指工作岗位中表现出来的个人行为特征和属性的集合。其二，依据员工工作中表现出来的各种胜任特征，可以将胜任力区分为管理胜任力、技术胜任力与人际胜任力。管理胜任力一般是指组织领导能力，技术胜任力通常指的是与某一特殊专业活动相关的胜任力，人际胜任力则指的是通过有效交流、从而积极建立人际关系的能力。而 Nordhaug 认为胜任力应该从任务具体性、行业具体性和公司具体性三个维度来划分，为此，他提出了元胜任力、标准技术胜任力、行业通用胜任力、组织内胜任力、行业技术胜任力和特殊技术胜任力六种不同的胜任力类型。

建立与运用胜任力模型的基本出发点就是划分胜任力的类别。在企业管理中，可根据不同胜任力的类别及岗位要求来建立任职岗位所需要的核心能力和与岗位技能相匹配的胜任力模型，并将其应用在企业人力资源管理中，有效地指导企业员工培训和用来指导企业选拔和甄别人才，并使之管理作用最大化。所以，我们可以按照不同的胜任力适用范围，将胜任力分为全员核心胜任力、序列通用胜任力和岗位特殊胜任力即专业胜任力（见图 2-2），这种划分方法的特点是直观性强，同时强调人与组织的动态适应过程。

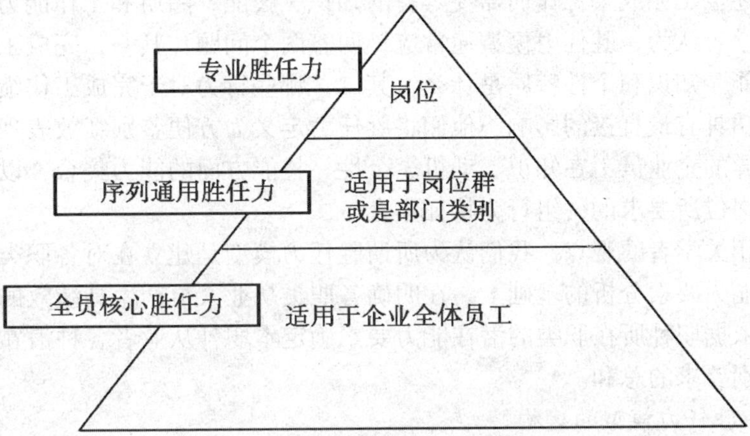

图 2-2　胜任力模型的分层分类

1. 全员核心胜任力

此种胜任力是一种基础且重要的胜任力，充分体现了企业价值观、文化及业务需求。作为一种被企业公认的行为方式，它针对企业所有员工的行为要求，适用于企业全体员工。全员核心胜任力通常可用于建立以素质能力体系为核心的人才储备、选拔、激励和培养等人力资源管理体系，能有效地推广该单位的核心价值观。

2. 序列通用胜任力

此种胜任力是对序列内所有技术人员的要求，但重要程度和精通程度不同。序列通用胜任力往往指的是根据员工所在岗位群或是部门类别不同而需要的专业知识、能力及技巧。

3. 专业胜任力

此种胜任力可看作从业人员知识、技能、经验和行为标准的总和，体现了企业各职类、职种、职层依据企业战略及行业发展要求，大多是针对特定岗位来设定的。

二、胜任力模型及其建构

（一）胜任力模型

按照不同的胜任力观可以构建出具有不同含义的胜任力模型。比如，持特征观的相关学者认为，胜任力模型是有效完成特定工作所需知识、技能和特征的综合体，能够通过培训和开发而得到改善。它与工作绩效相关，并能够用标准测量影响一个人工作的主要部分。持行为观的学者认为，胜任力模型是用行为方式来定义和描述员工完成某工作而需要具备的知识、技能、品质和工作能力等。而持综合观的学者认为，胜任力模型通常应该回答两个问题：其一，完成工作所需要的主要技能、知识和个性特质是什么？其二，哪些行为对于完成工作绩效和对获取工作成功具有最直接的影响？他们将胜任力定义为方便鉴别绩效表现一般与绩效表现优异的企业员工在知识、动机、个性、技能方面的能力集合，以及特定层级或工作岗位所要求的一组行为特征集合。

综合相关学者的观点，我们认为所谓胜任力模型是建立在对各职类从业人员潜在职业能力要素分析的基础上，在明确各职类从业人员产生高绩效的潜在能力要素后，依据职种所在职类的潜在能力要素确定本职种从业者各种潜在能力要素的能力级别要求的总和。

（二）胜任力模型的建构

胜任力模型建立方案的选择因企业的目的、规模、资源等条件的区别而有所不同，其一般建模流程分为以下几个步骤（见图 2-3）：

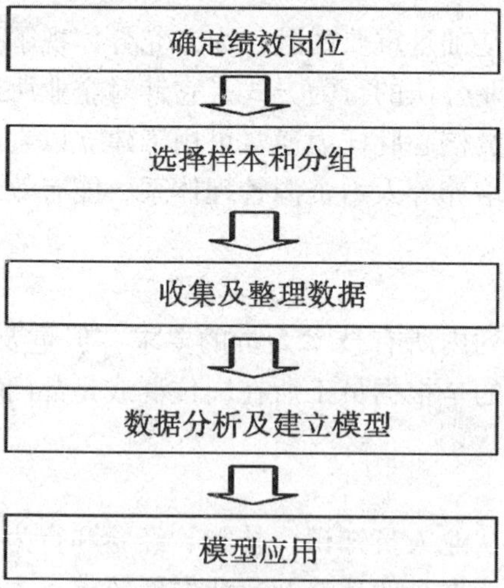

图 2-3　建构胜任力模型流程

第一，了解组织目标和战略，确定关键绩效领域。在建立胜任力模型前，组织必须首先明确两个问题，这是组织成功建立胜任力模型的基础和前提：其一，关注组织的战略，使胜任力的定义和行为描述体现组织个性特点；其二，在分析战略目标的基础上找出能够支持组织战略的关键岗位和部门，并深入研究那些掌握关键资源的、对组织业务成败起到核心作用的、使组织的价值增值的部门和岗位。

第二，筛选样本并进行合理分组，进而选定合适职位及绩优员工。在选择样本之前，要制定出明确的绩效标准，并以此作为衡量员工绩效优劣的依据。根据绩效标准与企业员工的实际考核结果，可选取两组员工（一组为具备胜任能力但是业绩一般的员工，另一组则为业绩较为优秀的员工）作为胜任力模型研究样本。

第三，收集数据，通过专业访谈（访谈对象包括优秀员工和一般员工）来获取模型岗位的第一手资料，这一步是胜任力模型建构的主要工作。我们需要选择合适的方法来收集必要的信息，比如，获取样本的有关数据可采用行为事件访谈法、资料查阅法、现场观察法、专家讨论法等，其中最基本、最关键的方法是行为事件访谈法。收集到的许多与绩效有关的关键事件和导致这些事件的行为表现能为下一步的数据分析做准备。

第四，整理分析收集到的信息数据，提炼区分优秀员工和一般员工的基本要素，组建能力项目，并建立胜任力模型。在获得访谈的资料后，由专家进行对比分析，找出导致两个样本组差异的素质，这些素质即为岗位的关键素质。对这些素质进行进一步提炼和归类，并明确其层级和各个层级的标准，初步确定不同岗位的胜任力模型。

第五，对胜任力模型进行评估、验证、确认。建立好各岗位的胜任力模型后还要进行相关的技术审定。审定的内容主要包括各岗位胜任力模型的相关要素是否全面，各要素界定的程度是否准确无误等。因此，我们要统一分析并进行横向、纵向比较，以提高胜任力模型的准确度。胜任力模型的应用过程中，也要不断地检验和完善，以保证其效力。

三、胜任力模型理论对警察胜任力模型构建及其培养的应用价值

（一）胜任力模型理论在警察胜任力模型建构中的具体运用

作为一种重要的人力资源管理理论研究与应用成果，胜任力模型理论[①]在近年被广泛地运用在绩效管理、人才招聘等方面，并基于相关行业建构了与之适应的胜任力模型。可以说，胜任力模型理论是警察胜任力模型构建的基石。胜任力模型是担任某一特定的任务或角色所必须具备的胜任特征的总和，是一整套针对特定岗位、特定组织个体特征建立的评价标准，通常由与工作绩效最紧密相关的要素构成。一个详细完整的胜任力模型通常包括胜任力名称、胜任力特征的描述和行为指标等级的可操作性说明。警察胜任力培养的各项工作（如人员招录、职

① 有学者将胜任力模型理论其运用于教育界，建构了中小学教师胜任力模型、中学校长胜任力特征模型、普通高校教师胜任力模型等。

业发展与规划、业务培训、绩效管理等方面）等均可以基于其岗位或者是组织胜任特征来进行，胜任力模型理论在其中就发挥了独特的优势。

胜任力特征的相关研究借鉴了多学科的研究成果，是多学科交叉的整合性研究，产生的多个研究流派等为警察胜任力模型研究提供了理论上的可能性。胜任力模型理论是近年来一种重要的人力资源管理理论研究与应用成果，被广泛地运用在绩效管理、人才招聘等方面，并基于相关行业建构了与之适应的胜任力模型。胜任力模型理论不仅为警务组织的警务招考提供了量化的考评依据，还可为警察胜任力培养节省大量的人力和物力等成本。传统的入警考试中，录用计划按《国家公务员录用暂行规定》的要求编制，除了有报考条件的限制以外，还有公共科目、专业科目、体能、心理素质测评和考核，但没有胜任岗位的相关能力和要求测试。如能根据胜任力模型建立基础能力、专业能力、个性特质和学习能力等方面的笔试、面试等招录模式，将能用更科学的方法从大量的求职入警的应征者中挑选合适的警察。

胜任力模型还可为警察绩效考评提供可行性依据，用来区分优秀警察和一般警察。相关研究表明，胜任力是绩效优秀的必要条件和决定因素①。目前警务绩效测评存在以下缺点：评估指标对绩效的指向性不明；评估方法的单一性；评估指标体系的非科学性。建立基层警察胜任力模型可以针对传统的警察胜任力评估中所存在的指标不完备、人为主观因素所占比例大、分类结果随意性大等缺陷，将胜任力模型中的指标体系转化为可测算、可比较、可评估的指标，提高管理者的工作绩效，为基层警察胜任力评估获得更为准确、可靠的人才测评结果。

（二）胜任力模型理论在警察胜任力培养中的重要价值

胜任力研究既可以丰富理论研究成果，又可以应用在人力资源管理的很多方面。根据胜任特征研究体系图谱，或者从胜任特征研究视角来分析警察胜任力，警察胜任特征又可以表述为胜任特征视角下的警察能力理论与实证研究，属于基于胜任特征整合性的范畴，表现为多理论整合，当然整合因问题而起并服务于问题分析与解决。

通过分析胜任力的属性，我们发现它有以下几个特点：其一，将工作岗位视为研究对象，与工作绩效有密切的关系；其二，以个体特征为研究内容；其三，具有动态性，与工作的情景相关联；其四，以激励个人获取良好工作业绩，提升组织整体效能为研究目的，并区分优秀业绩者与普通业绩者。这些特点对警察胜任力的培养有着重要的价值，主要体现在以下四个方面：

1. 有利于帮助警察树立良好的职业道德准则与核心价值观

一方面，我们在警察胜任力的培养过程中并不缺少“政治过硬、执法为民、作风优良、热情服务”等职业道德基本要求，主要缺少具体、实用、可测量的实

---

① Sandberg J. Understanding Human Competence at Work: An Interpreative Approach [J]. *Academy of Anagement Journal*, 2000, (43): 9.

际操作内容。而运用胜任力的方法手段来建立警察职业道德准则能够有效地解决这一问题，这既能具体地指导民警的职业行为，又能促使民警在实践中真实体验职业成就感，并形成具有普遍意义的价值观。另一方面，态度、动机和价值观等隐性特质是挖掘警察胜任力的关键因素，而胜任力模型恰恰注重对这种动机、态度和价值观等隐性特质的挖掘，因而有利于树立警察的核心素质与核心价值观，深化其对工作内涵的理解，保持稳定的心态，最后逐步实现职业理想。

2. 能奠定警察职业发展的方向

胜任力模型认为个人的发展与组织的发展并不冲突，它是基于个人—职位—组织匹配的理论框架来构建的。它是统一在一起的，所以要充分把握个体的特征，了解从业个体的价值需求，激发个体履行职责的内在动力，从而更好地帮助个体胜任岗位工作。在警务工作中，警察个体的职业发展最终能为警务组织的发展提供能量和动力，基于胜任力理论建构的警察胜任力模型为警察胜任力培养指明了发展方向，而且还能从不同的角度调整并改善警察从业的压力，更好地调动警察胜任工作的积极性和主动性。

3. 可帮助民警更好地缓解职业压力

当下我国正处于社会转型期，各种社会矛盾集中出现，违法犯罪现象层出不穷，公共安全危机频繁发生，社会治安方面变得尤为复杂。公安机关承担的任务越来越重，对民警履行职责的要求越来越高。尤其是在法治日趋完善、社会舆论监督日益强大的信息社会，面对重大案件，或者是由自然灾害、群体性事件导致的公共安全危机，要求公安民警既要具备更高的决策水平，又要具备更高的风险责任承受能力。在警察职业压力不断增长积累的情况下，胜任力模型中“个性”“动机”“价值观”等指标无疑可对民警适应新形势发展、胜任工作岗位与工作环境、缓解并释放心理压力等方面产生积极的影响。

第二节　职业生涯理论

一、职业生涯理论概述

职业生涯（career）是指从正式入职以后的所有工作经历（work-related experiences）、过程和结果。纵观职业生涯理论的发展历程，大体可以分为前职业生涯（pre-career，又叫职业前阶段：pre-en-try）、后职业生涯（post-career，或称职业后阶段：post-entry）及职业整合三个阶段。前职业生涯研究将参加工作前的准备作为重点，如职前教育或职前培训阶段；后职业生涯理论关注入职后更具广泛意义的职业变化与发展。①

① 陈璧辉．职业生涯理论述评［J］．应用心理学，2003（4）：60.

(一) 人职匹配理论

个体应该更适合什么样的职业?美国波士顿大学的帕森斯(Frank Parson)教授提出(1909 年)的人职匹配理论[①]做了十分经典的回答。该理论认为,由于人的个性结构存在一定差异,人们需要依据自身的个性特点来选择自己合适的职业,以达到人职匹配的目的。也就是说,个体在进行职业选择时,首先要清楚个人主观条件(如自身态度、能力、兴趣等方面的特征)和求职岗位的客观需求条件(如所需知识、能力、素质等),然后将主客观条件与岗位相互对照和匹配,最后在深思熟虑后选择一种职业需求与个人特长相匹配的职业。

此外,约翰·霍兰德(John Holland)在 1959 年提出的职业性向理论和埃德加·施恩(Edgar H. Schein)在 1973 年提出的职业锚理论也是典型的人职匹配理论,为大学生职业生涯辅导提供了有针对性、可行性的理论支持。[②]

职业性向(Career Orientation)理论认为,人格可以分为六种类型,由于职业类型与劳动者的职业取向或偏好相适应,所以不同的职业类型会匹配不同的个性特质类型。职业锚(Career Anchor)理论认为,职业生涯发展实际上是一个随着外部职业环境变化而不断进行内部调整的过程,随着个体对职业的了解程度越来越深,个人就会越来越明显地形成一个主导职业发展的职业锚。职业锚的核心内容是职业自我观,包括自身的才干和能力、自身的动机和需要及自身的态度和价值观[③]等几个方面的内容。

(二) 职业生涯发展阶段理论

职业生涯发展理论按照时间及发展顺序将个人职业生涯发展划分成不同阶段。例如,1957 年,萨帕(Donald E. Super)提出的职业生涯发展阶段理论主张将个体职业发展分为五个阶段:成长期(0~15 岁)、探索期(15~25 岁)、建立期(25~45 岁)、衰退期(60 岁以上)。Ginzberg(1951)提出的职业发展模型主张将幻想阶段(儿童期)、尝试阶段(青少年期)、过渡阶段(青年期)作为职业发展阶段的重点。Dalton 和 Thompson(1986)通过对数百名科学家和工程师的研究,将个人影响和承担的工作责任变化分为以下几个阶段:①从事具体日常性工作;②进入较深入的问题和技术领域,成为项目的负责人;③具有领导和监督的权力,能产生一定的影响力;④具有指导组织方向的权力,代表组织从事工作。[④]

格林豪斯(Greenhaus)则依据对人生不同年龄阶段职业发展主要任务的研究,将职业生涯发展主要划分为五个阶段。第一,职业准备阶段(主要为 0~18 岁),发展职业想象力、评估和选择职业、接受必需的职业教育是这一阶段的主

① Aryee S, Wyatt T, Stone R. Early career out-comes of graduate employees: The effect of-mentoring and ngratiation. *Journal of Man-agement Studies*, 1996, 33 (1): 95-118.

② 王琦. 大学生职业生涯辅导模式的研究 [D]. 天津: 天津大学, 2006: 12.

③ 王琦. 大学生职业生涯辅导模式的研究 [D]. 天津: 天津大学, 2006: 13.

④ 陈璧辉. 职业生涯理论述评 [J]. 应用心理学, 2003 (4): 61.

要任务。此阶段所做的职业选择一般来说是最初的选择而不是最后的选择，以建立个人职业的最初方向为主要目的。第二，进入组织阶段（主要为18~25岁），在一个理想的组织中获得一份满意的工作，并尽量在获取足量信息的基础上选择一种合适的、理想的职业是其主要任务，个人在此阶段所获取信息的数量和质量将直接影响到个人未来的职业选择；第三，职业生涯初期阶段（主要为25~40岁），学习职业相关技术，发展职业工作能力；熟悉和学习组织纪律和规范，逐步融入组织，并体验和适应未来工作是其主要任务，此阶段将为未来职业成功做好准备；第四，职业生涯中期（主要为40~55岁），重新评估早期职业生涯，强化或转变自己的职业理想，选择职业，努力工作是其主要任务；第五，职业生涯后期（主要为从55岁到退休），继续保持已有的职业成就，维持自尊、准备隐退是职业生涯后期的主要任务。可以说，职业生涯发展理论促使人们开始探讨职业生涯问题，强调能力需求，并使人们认识到职业选择与个人特性的联系，能够帮助职业者预测职业后行为。

二、职业生涯理论在警察胜任力培养中的应用价值

（一）指导警察院校学生合理规划职业生涯

目前，警院学生职业生涯辅导工作还停留在就业前期的片段性辅导阶段，甚至有的还只做表面化、形式化的工作，没有系统性的职业生涯规划辅导。而在警察胜任力的培养中，进行职业生涯的教育是十分必要的，职业生涯理论在警察胜任力的培养中发挥着重要的作用，起到职前指导的作用。

1. 引导警察院校学生进行合理的职业定位

警察院校的高等教育具有鲜明的职业教育性质，不论是人才培养目标的设定还是警务化学生管理，或者教学实训等过程，都体现出警察工作的特殊要求。通过警察院校入学期的职业生涯教育可以引导学生正确进行职业定位，了解职业现实和未来职业要求，明确目前个人知识技能水平与警察职业的现实差距，分析自身从警职业能力的优势和劣势。帮助学生增进自我认知和职业认同，尽快实现从普通大学生到预备警察的角色转变，明确职业发展的方向，对未来从事的警察工作目标明确，富有责任感和献身精神。

2. 帮助警察院校学生树立正确的就业意识

由于人的职业生涯在不断发展和变化中，所以职业生涯的指导工作也应该是动态的、有规划的。在对大学生进行辅导时，一定要汴重职业发展的生涯特点，既要看到其现在，又要看到其过去的背景及未来的长远发展，帮助学生合理地进行职业生涯规划。职业生涯成功的愿望和体验是警察敬业、乐业强大的内驱力①。根据一些调查数据显示，少部分的民警尤其是新警在入职前三年遇到个人

① 佘玉春．论我国警察院校大学生职业生涯教育［J］．公安教育，2012（7）：62.

的发展需求得不到理解和支持时，其对职业的认同度就会降低，甚至会产生不同程度的职业倦怠，在工作中表现出对当前岗位工作提不起兴致、不思进取、得过且过的消极心态。职业生涯方面的辅导工作要从入学伊始就开展起来，直至毕业。引导未来警务工作的中坚力量——警察院校的学生——在探索期就开始具有职业生涯管理的初步意识，逐步培养其职业生涯管理的知识和技能，对未来警察岗位工作有足够的心理准备，尤其是在加入警察岗位工作以后，还能发挥积极的影响和示范作用。

（二）优化警察院校警察胜任力的培养过程

警察院校实施的职业生涯教育中“职业探索”内容将有助于在校学生提前了解警察职业特点，并通过自身兴趣特点、价值观、个性特质等与警察职业的匹配度寻求适合个体发展的职业锚，为具备警察职业胜任力提前做好准备。一般来讲，对职业的规划与执行能力越强，就意味着职业成熟度越高，越能理性地规划未来警察职业，并把握职业发展的重要机会。所以，在校内对警察院校在校生实施职业生涯教育，不仅可以发展大学生的个性，更是其个人职业发展的内在需要。

警察院校在校大学生职业生涯教育理应包括以下三个方面：首先，全面了解警察职业生涯发展与规划的基本概念和特点；其次，根据警务管理遇到的新问题和现代警务发展所面临的挑战来面对警察职业生涯发展的趋势；最后，警察院校大学生职业生涯发展规划的内容。警察职业生涯成功的要素有哪些？警察就业所需的知识结构和岗位胜任力，包括警察职业道德和职业压力、身心健康等都是警察院校学生和入职新警需要了解和把握的问题。警察院校的预备警察结合新形势特点对自身的职业生涯规划应从哪些方面展开？从自我评估、环境评估到个人能力素质与警察岗位的匹配度都是在校学生自身发展的内在需求。

为了提高在校学生的职业生涯方面的教育效果，警察院校可组织开展各种形式的团队主题活动。例如，增加与警务组织单位的联系，邀请各警种或者各层级警务组织的优秀警察陈述个人从警生涯发展经历和经验。有条件的还可以组织学生参加各种警务实践，举办一些警察院校在校学生的活动，如警务素质拓展训练、派出所一日蹲守、职业生涯规划比赛、优秀警察访谈等活动。剖析民警从警经历过程中遇到的典型问题，鼓励学生在见习、实习或社会实践阶段主动了解警察工作的难与易，将来自警察实战部门的真实鲜活的生涯教育素材作为校内课程资源的有益补充，增强生涯教育的现实性。

第三节　目标课程理论

美国著名的教育学家、课程理论专家 Ralph W. Tyler（1902～1994）首先在出版的《成绩测验的编制》（*Constructing Achievement Tests*）一书中建立了“评价原理”，随后在《课程与教学的基本原理》（*Basic Principles of Curriculum and Instruction*）一书中，又建立起“课程的基本原理”，后来这两者被统称为“泰勒原理”（Tyler Rationale）。“泰勒原理”被公认为经典的课程开发原理，使科学化课程开发理论达到了一个新的发展阶段。其中，泰勒关于课程目标的许多理解是“泰勒原理”的重要组成部分，无论是对课程理论还是对课程实践都具有诸多的启示。[①] 在泰勒的课程目标观来看，“我们如果要系统地、理智地研究某一教育计划，首先必须确定所要达到的各种教育目标”[②]，由此可见，“任何单一的信息来源，都不足以为明智而全面地选择学校目标提供基础”[③]。

一、目标课程理论简介

（一）目标课程的主要内容

虽然人们经常用“确定目标”来表征泰勒的课程原理的第一个环节，但“选择目标”的表述或许更为贴切。对此，泰勒曾解释道：“归根结底，确定目标无疑是选择的问题。”[④] 具体来说，泰勒认为，课程目标的选择应包括以下几个方面的内容：

1. 明确课程目标的三个来源

首先，对学习者自身的研究。在泰勒看来，学习者的研究一般由两个步骤组成：一要了解学生现在的状态；二要把了解到的学生现在的状态与已经接受的常模进行比较，找出其中差距。这种差距就是教育要达成的目标，是学生所需要的也是教育需要的。其次，对当下生活的研究。这是由当代社会生活的特点决定的，同时它也是教育目标的源泉。学校是帮助学生更好地适应社会发展，为成人生活做好准备，因此学校需要把社会生活当作确定教育目标的重要依据。最后，学科的专家建议。这种教育的来源是学校和学院最通用的一种方法，也是被大家普遍接受的观点。

2. 选择课程目标的筛选标准

泰勒认为，我们“必须对已经获得的大量庞杂的目标进行筛选，以便剔除那些不重要的和互相矛盾的目标”。但是就筛选的依据泰勒提出了两个标准：一是社会和教育哲学；二是学习心理学。其中，“学校信奉的教育和社会的哲学可用作第一个筛子。人们可以根据学校的哲学陈述的或隐含的价值观，对最初列出的教育目标加以鉴别，确定那些具有高度价值的目标”。另外，“所提出的教育目

---

① 林德全．泰勒的课程目标观及其启示［J］．天中学刊 2010（1）：19.

② 廖哲勋，田慧生．课程新论［M］．北京：教育科学出版社，2003.

③ 施良方．泰勒的《课程与教学的基本原理》：兼述美国课程理论的兴起与发展［J］．华东师范大学学报：教育科学版，1992（4）.

④ ［美］拉尔夫·泰勒．课程与教学的基本原理［M］．施良方，译．北京：人民教育出版社，1994. 3.

标要经过第二道筛子的筛选，这道筛子是学习心理学所提示的选择教育目标的准则”。①

（二）目标课程的理性主义特点

1. 结果取向

众所周知，泰勒的课程范式主要包括确定目标、选择经验、组织经验和课程评价四个基本步骤。在整个课程研制的流程中，呈现出明显的结果取向特点：其一，“确定目标”，即明确“结果是什么”。在课程研制过程中不能与目标设定相违背，因为作为课程研究的初始环节，“确定目标”实际上是为课程研制活动做准备，即为课程实践活动确立一个终极目标。其二，假设“确定目标”就是“确定结果”，那么结果取向就是目标设定的原则，所以在课程研制的其他三个环节中也同样表现出结果取向。设定的课程目标、课程实施或者课程评价都是围绕目标服务的，这也是结果取向特点的体现。

2. 目标预设

泰勒确定的课程范式通常又被称作目标模式，主要原因是：首先，源于泰勒对课程目标“地位”的肯定。在泰勒制定的课程研制四个环节中，目标确定是其他三个环节的基础，无论是选择课程、课程组织或者课程评价，都要按目标来实施，所以，目标也是整个课程研制的出发点和终结点。其次，在泰勒看来，课程目标具有“先置性”。也就是说，在所有教育流程开始之前应该先拟定课程目标，课程目标先“定位”，再设计其他流程。这种先定课程目标再进行课程实践的做法实际上反映的是整个课程活动是围绕着课程目标展开的过程。

（三）目标课程的理论意义

“泰勒原理”在世界范围内产生了广泛影响。第一，它给课程的研究提供了一个研究范式，泰勒也由此获得“现代课程理论之父”的美誉。第二，评价被引入了课程的编制。可以通过评价来搜集各种有关信息，不断更新和完善课程的编制。第三，确立课程编制的目标模式。泰勒把学生、社会生活、学科专家这三方看成教育目标的来源，为目标模式的建立打下了合理基础，并且可以将目标贯穿于整个课程编制的各个环节中，这让目标的可操作性增强。

二、目标课程理论在警察胜任力培养中的应用价值

（一）指导警察院校确立合适的人才培养目标

合理的目标定位在警察院校的人才培养中有着重要的作用，但人们对其的描述往往过于抽象、笼统，很少对其进行具体、翔实的解析。而泰勒《课程与教学的基本原理》一书对课程目标的翔实解析给我们提供了理论上的依据和活生生的

---

① ［美］拉尔夫·泰勒. 课程与教学的基本原理［M］. 施良方，译. 北京：人民教育出版社，1994. 26-29.

实例。这不仅有助于提高我们对人才培养目标重要性的认识，而且有助于我们更好地实现培养目标。《课程与教学的基本原理》一书系统发展了行为目标的理念，作用是“有助于选择学习经验和指导教学”。教育被看成一种能够改变人的行为方式的过程，确立的目标不仅要指出希望学生养成哪种行为，还应指明这种行为能够运用的生活领域或工作岗位。从警察院校人才培养来看，课程目标取向应该反映警察教育的基本特征和内在要求，蕴含警察教育的人才培养观。警察教育要求培养的人才能够掌握警察职业岗位所必需的专业理论知识和技能，由一系列具体、明确的专业岗位能力要素所组成。根据泰勒“行为目标”理论的启示，警察胜任力培养的课程目标的制定实际上应以培养学生掌握警察岗位胜任力为宗旨，既应涵盖学生的行为目标还应包括表现性目标。

（二）指导实现警察院校设置合理的课程结构体系

确定人才培养目标固然重要，但更重要的是围绕培养目标来设置相应的课程。泰勒强调，应从学习者本身的需要、当今社会生活及学科专家的建议三个方面来确立课程目标，课程目标的来源应多样化。每一个课程目标能够指出引起的学生行为变化，学生行为的改变不仅仅局限于外显的行为，还包括思维、情感等内隐因素，而这种突出全面性的课程目标为警察院校的设置课程提供了有益的借鉴。也就是说，在警察胜任力的培养中，我们在课程设置方面应充分考虑学生的职业兴趣需要。既要考虑如何满足学生当前职业发展的需要，又要考虑如何满足学生适应未来职业的需要；既要关注社会生活需要，又要关注警察本身的职业需要；既要充分考虑警察专业的理论学科知识（实质性规范的知识）的教育，又要顾及警察专业的实践技能型知识（应用知识以及技能知识）的训练；等等。

（三）指导警察院校确定完善的人才培养模式

从警察学院现有的人才培养模式来看，由于人才培养目标的定位与公安实战部门的要求不一致导致人才培养的效果不佳。所以，为完善人才培养模式，人才培养过程应该和与用人单位要求一致的人才培养目标紧密联系起来。而人才培养目标的制定首先应根据用人部门所提出的“全面胜任岗位工作的能力要求”来执行；其次还须通过若干程序或者制度设计来保证实现人才培养目标。泰勒曾强调，可利用哲学与心理学“两个过滤器”对从“三个来源”所获得的课程目标进行筛选。事实上这也仅仅是泰勒为完善课程目标提出的一个方面，为了能保障课程目标、课程实施或课程考核等环节，泰勒提出从“行为”到“内容”两个方面对课程目标进行清晰阐述。这种通过制定和完善程序流程的方法来保证课程目标实现对于人才培养模式的改进也是极有借鉴价值和学习意义的。

第三章 >>>

警察胜任力现状调查

警察胜任力现状调查是在综合前期文献分析得到警察胜任力构成框架后，展开的一些了解警察胜任力实际状况的工作，以期为构建警察胜任力模型及其培养策略提供现实依据。本调查通过随机抽取某省 CS 市公安局所辖地区的基层公安机关不同警种警察实施行为的关键事件访谈和问卷调查量表来进行。

第一节 调查设计

一、调查目的的设计

本调查的目的，一是了解 CS 市公安局基层民警的胜任力现状，二是根据调查结果分析警察胜任力维度及其指标，为建构警察胜任力模型和警察胜任力培养提供现实依据。

二、调查对象设计

(一) 确定调查范围

根据目前公安工作的现状，对 CS 市警察胜任力现状进行调查的调查对象主要集中于基层一线民警，因为公安机关的绝大多数执法活动在基层，当前社会人员流动量大，新型案件和跨区域案件不断出现，民警的工作量成倍增加，提升基层一线执法单位的民警胜任力是在当前我国生产力水平和经济实力还没达到发达国家水平的前提条件下，公安机关从内部挖潜、提高每一个民警单兵作战能力的可行性战略。

本研究调查总体根据随机抽样的方式选取 CS 市的刑警、治安警、社区民警、交警等警种岗位群体实施调研，拟建立基层各警种岗位的通用胜任力模型。根据 CS 市公安局机构设置和行政区划分，在确定调查总体后抽样框为：CS 市公安局交通警察支队、CS 市五区两县一市行政区各分局所属的城区派出所和城关镇派出所、CS 市治安管理支队和各区县市公安分局的治安大队所属全部民警名单。以 CS 市公安局交通警察支队为例编制一级抽样框为：CS 市公安局交通警察支队（CS 市公安局公路巡逻民警支队）是 CS 市公安局直属二级机构，现有在职民警、职工 1117 人，其中公安民警 1069 人。CS 市公安局交通警察支队一线警力主要集中在 7 个路面勤务大队、122 个处警大队（交通事故调查处理科）、机动大队等 5 个直属大队。所以，抽样框的名册包含以上各大队人员名单。

（二）调查对象的类型与选择

根据调查目的，在 CS 市市辖六区二县一市中随机抽取三区县的 100 名工作年限在 3~5 年以上警务人员［含 50 名绩优警务人员和 50 名绩差（或一般）警务人员，绩优和绩差警务人员判定标准参考 2013 年绩效考核结果+政工部门领导质性评价］作为访谈调查对象，其中男性 67 名，女性 33 名。根据随机原则抽取的 100 名调查对象的工作地点主要分布在 FR 区、KF 区、CS 县，涉及四个工作单位的刑警、治安警、交通警、社区民警四类警种。

1. 随机抽样的访谈对象（见表 3-1）

表 3-1　访谈对象范围

	行政区	警种		绩效优秀	绩效一般
CS 市公安局随机抽样调查对象	FR 区公安分局 24 人	派出所社区民警	男	3	3
			女	2	2
		治安警	男	4	4
		刑警	男	3	3
	KF 区公安分局 24 人	派出所社区民警	男	3	3
			女	2	2
		治安警	男	4	4
		刑警	男	3	3
	CS 市交警大队 20 人	FR 区交警	男	3	3
			女	2	2
		KF 区交警	男	3	3
			女	2	2
	CS 县公安分局 32 人	派出所社区民警	男	3	3
			女	2	2
		治安警	男	4	4
		刑警	男	2	2
		CS 县交警	男	3	3
			女	2	2
总计	100 人			50	50

2. 问卷调查的对象

问卷调查对象的范围涵盖某省公安厅、CS 市公安局、YY 市公安局、基层派出所、某警察学院，共计 390 名。调查对象范围如表 3-2 所示：

表 3-2 问卷调查对象范围

序号	问卷调查对象	调查对象所属单位	人数
1	警务实践部门领导	省公安厅、市公安局等领导	10
2	警务实战专家	基层公安机关领导	10
3	警务教育家	警察学院教师和指导员	20
4	基层派出所民警	CS 市、YY 市公安局	350

三、调查内容及维度设计

（一）行为关键事件访谈的内容及维度设计

1. 访谈内容设计

首先，根据前期文献分析综述得到的“警察胜任能力框架”有“一般能力与特殊技能”“人格特质”“政治素养”三个方面，界定访谈调查内容为“技能”“心理特质”“政治背景”三个维度，并将实施行为关键事件访谈的内容具体化为“接警和出警过程中的关键行为”“行为实施的意向性”“调查对象的状态特征”三个维度。其次，警察接警和出警行为实施是警察属性和特征的外显表现，是由于警情需要所引发的、具有内在动机的、表露于个体外部的各种特征的总称。一般情况下对个体行为发生有影响作用的有两方面，除了个体的需要、动机、目标等内在性格特质以外，还有调查对象当前所处的环境影响下的状态特征。最后，研究者通过访谈对象的“行为事件”描述可以分析和判断警察胜任岗位工作应具备的专业知识和能力，还可通过意向性来分析警察的性格特质，并通过警察个体所具备的基本特征和基本情况来了解和判断警察政治素养。

考虑到调查对象的状态特征对关键行为实施和实施的意向性都可能产生重要影响，所以调查内容的先后顺序分别是调查对象的状态特征、关键行为、行为实施的意向性。

2. 访谈维度设计

考虑到不同警种、警龄的警察在警察胜任力上存在差异性，为统一量化调查结果，本调查实施半结构化的行为关键事件访谈。根据警察胜任能力框架，行为关键事件访谈的维度设计为状态、行为、意向性三个方面（见表 3-3）：

表 3-3　访谈调查维度

行为关键事件访谈调查的维度		
调查目标	调查维度	实施调查的具体内容
警察胜任力	状态 （陈述工作状态）	调查对象陈述其工作状态：警种、警龄、所受教育背景、婚姻状况和从警经历
	行为 （行为关键事件描述）	调查对象描述从警经历中三件成功或遗憾的接警、出警详细过程
	意向性 （提取行为实施过程中的意向性）	调查对象针对自身经历中的关键行为进行评价及获取该胜任能力的来源

（二）胜任力问卷（量表）的内容及维度设计

1. 问卷（量表）内容设计

警察胜任力现状问卷调查的主要目的是确认并聚类警察胜任力指标，调查的内容主要包括以下三个方面：警察个体的工作现状、警察胜任力指标描述、对警察胜任力指标的态度和看法。

首先，在行为关键事件访谈调查提取警察胜任力指标的基础上，对警察接警和出警中的关键行为进行语义陈述；其次，将这组对警察胜任力指标的态度或看法陈述打乱次序排列；再次，调查对象根据自身工作经历和经验对这组陈述进行“非常不符合”“比较不符合”“不确定”“比较符合”“非常符合”的判断后再分别赋予“1、2、3、4、5”不等的分值；又次，统计每一条陈述的分辨力值、调查对象每条陈述上的得分和全部陈述中的总分后，计算每一条陈述的分辨力，删除分辨力不高的陈述，保留分辨力高的陈述，形成正式量表；最后，通过正式量表实测数据的统计分析，对警察胜任力指标进行聚类，形成警察胜任力模型。

2. 问卷调查维度设计（见表 3-4）

表 3-4　问卷调查维度

（李克特量表）问卷调查的维度		
调查目标	调查维度	实施调查的具体内容
警察胜任力	现状 （个体工作现状信息）	调查对象填写其工作现状的基本信息：警务组织、警衔、受教育程度、警种、警龄、婚姻状况和性别
	行为描述 （警察胜任力描述）	根据行为关键事件访谈提取的指标，描述该指标指向的警察胜任能力
	意向性 （对警察胜任力指标的态度或看法）	调查对象依据描述的警察胜任力，做出“非常不符合”“比较不符合”“不确定”“比较符合”“非常符合”的判断后计算分值

四、调查过程设计

整个调查过程包括访问调查和问卷调查两大部分，其中，访问调查通过行为事件访谈法提取警察胜任力指标并对提取的警察胜任力指标实施排序，而问卷调查则是通过问卷和量表的结果分析获取警察胜任力模型。整个调查过程和步骤设计如图 3-1 所示：

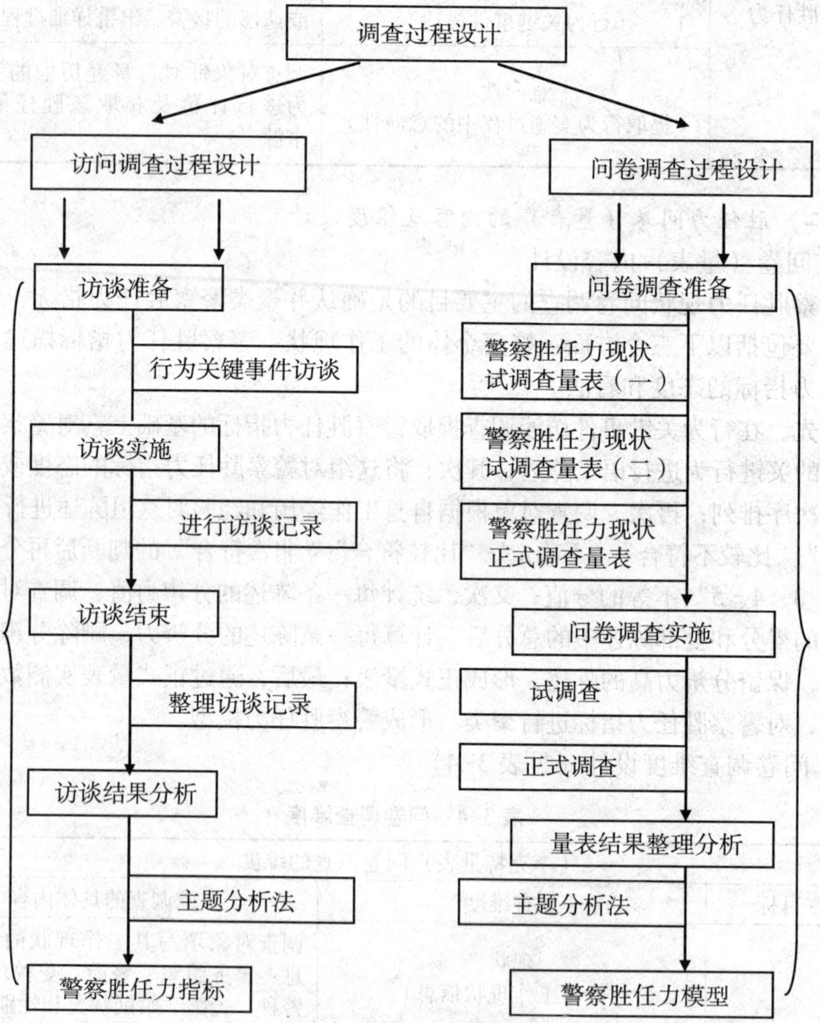

图 3-1　警察胜任力现状调查过程设计

（一）访谈调查过程和方法设计

访谈调查是一种目的性、计划性都很强的实地调查活动。行为关键事件访谈是按照一定的程序与被访者进行面对面的交流与沟通，要求访问对象根据自己的亲身经历描述成功的、失败的三次典型经历事件。所以，根据行为关键事件访谈的过程一般分为三个阶段：访谈准备阶段、访谈实施阶段、访谈结束阶段。

1. 访谈过程设计

(1) 访谈准备阶段。制订访谈计划。就访谈调查的目的、对象、内容、时间等作出明确规定，并准备好访谈所需的物质材料，如访谈提纲、访谈问卷、录音笔等。

选择访谈地点及访谈对象。根据访谈目的，分层抽样选择调查范围是 CS 市 FR 区、KF 区、CS 县等公安分局和 CS 市交警大队，然后按照随机原则抽取刑警、治安警察、交通警察和社区民警四类警种构成代表性样本（详见本节调查对象设计）。

培训访问员。整个调查访问过程需要由访问员与被访问者的沟通和交流才能完成，访问员的素质与访谈工作能否成功关系密切，再加上警务工作的涉密性，访问员应较熟悉警务工作流程和了解警察工作内容，还需要有大量集中的空余时间开展调查访谈和访谈资料整理工作，所以选择警察院校在校的学生（即预备警察）作为访问员。

预约访谈。因为警务人员工作的特殊性和涉密性，访问警务工作人员应该事先向公安机关的主管部门提出书面申请，且征得访问对象所属公安机关人事部门的同意。

(2) 访谈实施阶段。接近访问对象，与访问对象的合作是访谈工作得以成功进行的必要条件。访问员是警察院校的在校大学生，而访问对象是有着丰富工作经验的警务工作者，访问员怎样取得访问对象的信任，通过自我介绍等环节来消除访问对象的顾虑，建立起比较融洽的谈话氛围是实施访谈工作的关键。

展开访问过程。访问员按照访谈提纲实施行为事件访谈，访谈现场过程的控制主要在于对访问对象的引导、追问和非语言的交流，还要在访问过程中保持中立的态度，无论被访问者的回答是否正确或者观点有争议，都不宜作肯定或否定评价。此外，访问员还要善于察言观色，尤其当访问对象情绪低落或者厌烦访问时应该善于利用非指导性话语如“明白了”“请继续说”等来鼓励被访问者继续，或者以学生的身份向资深警察请教实战经验的方式激励对方深入访谈。

做好访谈记录。因为访谈过程中访问员需要关注和引导访问对象，以便控制访谈过程顺利进行，所以大部分访问员不可能在访谈现场进行访谈记录，需要借助录音笔或者录音设备认真记录访谈现场访问员的语言及非语言表达，实施事后记录。要求做到不曲解访问对象的原意和及时整理分析访谈记录。

(3) 访谈结束阶段。注意访谈结束的时机把握，按照行为关键事件访谈的设计，访谈时间一般为 2~2.5 小时。为使访谈者保持注意力，也为不妨碍访问对象即警务工作人员的正常工作时间，访问员应适时把握访谈的结束时间并有礼貌地结束谈话，说“谢谢您参与访谈”“与您谈话我很高兴”。并与访问对象签订书面协议或访问对象口头授权使用该录音资料。

致谢及结束语。结束访谈时访问员要起立，对访问对象的支持与合作表示感谢，或握手向访谈对象致谢，也可征得访问对象同意后留下对方的联系方式。作为访问员的警院在校大学生，也可表达通过此次访谈学到了很多知识，包括有价值的材料和信息。再有，对于访谈中的关键信息点，如在事后补录中有需要进一步调查的可能，需要与被访问员约定下次再访的方式或者时间，也可让访问对象有一个思想准备。

2. 访谈方法设计

（1）行为事件访谈法（又称 BEI 法，即 Behavioral Event Interview）。行为事件访谈法采用开放式的行为回顾式探察技术，让访谈对象找出和描述他们在工作中最成功和最失败的 2~3 件事，然后详细地描述当时发生了什么。具体环节有：这个情境是如何引起的？牵涉到哪些人？被访谈者当时是如何想的，感觉如何？在当时的情境中想做什么，实际上又做了些什么？结果如何？然后，对访谈内容进行主题分析，来确定被访谈者所表现出来的能力素质特征。

实施行为事件访谈的步骤：

①简单调查目的和背景，以及访问员实施访问的流程；

②调查了解访问对象的工作岗位职责以及简单的从警经历；

③要求访问对象运用 STAR 技术对行为事件进行描述；

④访谈结束并致谢访问对象，并着手整理访谈提纲。

（2）访谈记录。为保证访谈记录的真实性和有效性，访问员采用当场记录行为事件要点和事后补录的方式实施记录。行为事件要点记录包括情境描述、参与人、采取的行为、个人事后对行为的感觉和追忆、事件的结果。

录音笔或录音工具的使用。由于访问对象描述事件的发生过程耗时较短，所以访问员同时也是记录员，为完整地记录行为事件的全过程，在访谈的过程中只能实现事件关键点的记录，访谈记录的补录工作将在访问结束后进行。但考虑到访问过程中将涉及警务专业信息，访问员应在访谈前征求访问对象的同意方可实施录音。

3. 访谈设计

（1）访谈提纲一（访问员使用）（见表 3-5）。

表 3-5 访谈提纲一（访问员使用）

访谈步骤	访谈目的	访谈要求
步骤一	引导访问对象进入访问状态	营造一个较为宽松的访问环境，使访问对象放松心态。并陈述访谈工具以及访谈录音的需要，征求访谈对象的同意
步骤二	介绍访谈主题和访谈过程	简单介绍访问主题和本次开展访问调查的目的和访谈实施过程
步骤三	了解访谈对象的个人背景信息	警种、警龄、人该职位时间及岗位名称
步骤四	对照访谈提纲实施行为关键事件访谈	运用 STAR 技术引导访问对象回答
	STAR 技术： S（情景）：什么事？事情发生原因是什么？当时情景如何？事情的基本过程？你在事情中的作用？该事件涉及哪些人？相互之间的关系或分工是什么？ T（任务要求）：在这样情境下，你希望自己做点什么？想到要这样做是有什么原因吗？完成这样的任务需要具备什么能力和素质？ A（行动）：你采取了什么行动？遇到了什么困难？克服这些困难需要什么特殊的技能和知识？ R（结果）：事情结果如何？你认为影响或完成这一结果的因素有哪些？	
步骤五	根据访谈时间长短、访问对象情绪和当时环境有选择性的提问	——您认为个人的哪些特长、性格特点，对于完成警务实践起了什么重要的作用？ ——为提升本岗位的工作绩效，您认为在实战培训中需要加强知识或技能哪一方面的训练？ ——为获得相关知识和技能，您是否有参加过单位或该省公安厅、警察学院、各地市警察学校举办的课程学习班、研讨会或者其他网上学习的经历？另外您的学习活动形式主要是什么？ ——请描述您参加这些持续学习和提升岗位专业能力的具体深刻经历？

（2）访谈提纲二（访问对象使用）（见表 3-6）。

××警司（××警督）：您好！该辅助表格可帮助您厘清思绪、更清楚地表达您的意思。首先，您可在“事件名称”一栏写下该事件的关键词语；其次，您可根据情景、任务要求、行动、结果四方面对六件事进行详细描述；最后，希望您能回忆起具体行动的真实关键点。感谢您的合作！

表 3-6 访谈提纲二（访谈对象使用）

	事件名称	S（情景） 1. 什么事 2. 发展过程 3. 涉及的人	T（任务要求） 1. 任务要求 2. 完成任务的想法及缘由	A（行动） 1. 行动实施方案 2. 困难及办法	R（结果） 1. 事情结果 2. 结果反思
引以为豪的第一件事					
引以为豪的第二件事					
引以为豪的第三件事					
较为遗憾的第一件事					
较为遗憾的第二件事					
较为遗憾的第三件事					

（3）访谈记录簿（见表 3-7）。

表 3-7 记录员使用的记录纸/记录过程

访谈内容	主题分析
一、背景介绍 警种： 警龄：　　年 岗位职责： 从警经历： 访问员/记录员： 二、成功事例介绍 成功案例一（STAR） 　S 情景： 　T 任务要求： 　A 行动： 　R 结果： 成功案例二 　…… 成功案例三 　…… 三、失败事例介绍 失败案例一（STAR）	根据行为事件的过程描述提取警察胜任力指标，并且统一命名。

（二）问卷调查过程与方法、工具设计

1. 过程设计

（1）问卷调查的准备阶段。第一，确定调查范围和调查对象。对问卷的回复率产生影响的因素有调查对象配合调查工作开展的意愿性及其书面答卷的能力、调查人员对问卷填答的指导等。一般情况下，熟悉问卷调查内容，且文字表达能力和理解能力较强的调查对象都会愿意配合调查工作开展，反之，对问卷调查工作的配合度较低。所以，为提高问卷回复率，选择恰当的调查对象进行调查具有重要意义。本调查中，调查对象的范围比访谈对象更加广泛，因为不同层级的警务工作人员对同一警察胜任力的理解是不同的，再有，考虑到同一警种的警察对警察胜任力的理解会出现“天花板”效应，在实际调查过程中，为了从更大范围和空间扩大警察胜任力现状调查的力度，调查对象涵盖了公安机关的局级领导、警务实战部门的领导、警察院校从事警务专业人才培养的教师和教辅工作人员和基层组织的普通警察。

第二，确定调查维度及其具体内容。问卷调查是在前期访谈调查的基础上展开的，访谈调查以提取警察胜任力指标为目的，问卷调查的目的是确认警察胜任力的维度和指标名称，并对正式问卷的结果实施主成分分析，建构警察胜任力模型。所以，问卷调查的维度和内容主要集中在调查对象的状态（调查对象的基本信息情况）、调查项目（警察胜任力语义表述）、对调查项目的意向性表态三个方面。

第三，调查问卷（量表）。问卷调查共计三个量表：第一个量表“警察胜任力维度量表”是测量警察胜任力维度的，第二个量表“警察胜任力试调查量表”和第三个量表“警察胜任力正式调查量表”都是测量警察胜任力现状的。

（2）问卷调查的实施阶段。第一，分发问卷。问卷分发时需要关注两个重要方面：一要有利于提高问卷的填答质量，二要有利于提高问卷的回收率。所以，在征求上级组织同意的前提下，需要提前与调查对象所属的行政部门联系，取得支持与配合。由调查者到现场分发问卷与委托组织或他人发放问卷两种方式相结合，大规模问卷分发需要调查者到现场作问卷填答说明。

第二，指导问卷填答。问卷分发后应采用口头说明的方式向调查对象讲解答题注意事项，尤其是为提高问卷的回复率和有效率应告知答题者避免无效问卷。应用于警察胜任力现状调查的李克特量表主要测量各类型的不同警察对该警察胜任力语义表述的认同程度。一个李克特选项对应一个警察胜任力陈述，答题者可根据自身的警务工作经验和经历对该选项进行五种态度的选择，五种态度分别是“非常不符合”“比较不符合”“不确定”“比较符合”“非常符合”。

第三，回收问卷。回收问卷是调查实施阶段的最后步骤，也是问卷调查结果统计分析的前提和基础。为提高问卷的有效率和回复率，问卷应当场回收。另外，问卷的统计结果是否具有代表性、科学性与问卷调查对象的选择、发放问卷的数量、问卷回收的有效率等因素有着直接关系，也就是说，有效问卷的数量直接影响到问卷统计结果。所以，为了统计分析的有效性和科学性本调查考虑采用现场分发问卷并且当场回收的方式进行。

（3）问卷调查结果整理分析阶段。第一，审核及整理回收问卷。问卷回收时要当场粗略地检查填写质量，主要检查是否有漏填和明显的错误，以便能及时纠正，并提高回收问卷的有效率。如果对回收问卷进行统计分析前不审查问卷，极易造成调查结果无代表性和无效的严重后果，只有保证调查问卷的有效性才能得到有代表性和科学性的调查结论。但问卷回收后，还有可能出现一些回答不合格的无效问卷。例如，从警时间长的警察其专业知识的运用和警务技能就会比新入警的警察更胜一筹，如果发现问卷量表中出现应届毕业生的警察警务技能的熟练程度比从警时间五年以上的警察分值更高的，这份问卷就应当作“无效问卷”处理。

第二，统计分析问卷结果。首先，制作“警察胜任力编码手册”。有了编码手册，不同的分析员（或调查员）就可按照相同的标准和方法对回收的问卷开展编码工作。编码手册就是指导问卷结果的分析人员录入数据的“说明书”，方便在计算机数据录入时规范操作。编码手册分为三大部分：第一部分，对“项目名称、变量名、含义、字符宽度、栏码位置、答案赋值及说明”做出明确规定；第二部分，将量表中的问题和对应的胜任力名称一一对应起来，并对填答者选择的答案赋值；第三部分，对“无回答”和“不知道”的处理说明（详见附录六“警察胜任力编码手册”）。

其次，进行数据录入和分析。在编码处理后，回收问卷中的一个个具体答案就已成功系统地转换成由0~9这10个阿拉伯数字构成的数码，接下来将这些数码输入计算机，以便进行统计分析。利用SPSS软件对警察胜任力进行主题分析（也称主成分分析）。该分析法是一种数学变换的方法，可以把给定的一组存在相关性的数据通过线性变换转换成另一组不相关的变量，并且按照变量的特征值从大到小排列。舍弃特征值比较小的变量后，保留下来的变量称为这一组数据的主题或主成分，反映了这一组数据的综合性关键要素。在设计警察胜任力量表时，因考虑到众多影响因素的存在，为了更全面、系统地分析问题，量表中设计了多个警察胜任力测试项目，代表不同的警察胜任力，并且每个项目（警察胜任力）之间具有相关性，所以警察胜任力现状的调查量表反映的警察胜任力项目在一定程度上有重叠。这就要求我们对调查结果进行深入分析，利用主题提取的分析方法，把量表中的众多胜任力项目聚类为几类综合性维度，并结合维度下的胜任力指标共同生成警察胜任力模型。

2. 问卷（量表）调查的工具设计

（1）量表。第一，警察胜任力试调查量表（一）。为能准确划分各警察胜任力维度，虽然在访谈分析的基础上提取了不同的警察胜任力，并统一警察胜任力名称，而且还利用节录分析表对警察胜任力名称进行排序，但各警察胜任力应归属于哪个维度并不清楚。所以制作警察胜任力现状试调查量表（一），要求调查对象根据警务工作经验在“测试维度”一栏做出判断和“1、2、3、4、5”的选择。其中各数字代表含义：“1”代表“政治素养”维度；“2”代表“专业知识”维度；“3”代表“业务技能”维度；“4”代表“个性特质”维度；“5”代表“其他”维度（详见附录三）。

第二，警察胜任力现状试调查量表（二）（含量表 1、量表 2、量表 3、量表 4）。此调查量表由四部分组成，分别是标题、填答指导语、测量内容（量表 1、量表 2、量表 3、量表 4）、态度选择。首先，在设计量表测量内容时，为使每一胜任力指标的语义表述更完整，试测时会采用将同一胜任力指标分别表述成 2～3 个胜任力语义的方法，并编码以示区分（编码示例：同一胜任力指标“A”的语义表述编码分别为“A1、A2、A3”）。其次，为保证测试对象在规定时间内对每一个胜任力语义表述实施准确判断，量表测试时间不宜过长，故每一份量表所包含的胜任力语义的数量控制在 13～16 个。最后，为使每一份量表能最大化地包含不同类型的胜任力指标，同一个胜任力的不同语义表述将分别放到四份不同的测试量表中，以形成由不同胜任力的语义表述集合而成的分量表 1、2、3、4。

第三，警察胜任力现状调查正式量表。该量表也由“标题、指导语、测量内容、态度选择”四大部分组成，在“指导语”部分告知测试对象调查背景、调查目的和填答要求；“测量内容”由警察胜任力现状试调查量表（二）（量表 1、量表 2、量表 3、量表 4）中胜任力语义分辨力值高的胜任力语义表述组合而成（经统计将分辨力值低的语义表述删除处理）；“态度选择”是测试对象对每一条胜任力语义表述在态度方面的判断选择，即测试对象按照自己真实想法对每一个胜任力语义表述在“非常不符合”（赋值 1）、“比较符合”（赋值 2）、“不确定”（赋值 3）、“比较符合”（赋值 4）、“非常符合”（赋值 5）中进行选择判断（详见附录五）。

（2）警察胜任力编码手册（节选）（见表 3-8）。

表 3-8　警察胜任力编码手册（节选）

项目名称	变量名	含义	宽度	栏码	答案赋值及说明
个案号	ID	问卷	3	1~3	根据问卷上的号码填写
警务组织	V	所属城区	1	4	1=CS 市公安局公安机关 2=CWLN 四县公安机关 3=KF 区公安分局 4=FR 区公安分局 5=YL 区公安分局 6=某警察学院 7=CS 警校 8=其他
警衔	JX	警衔级别	1	5	1=一级警督 2=二级警督 3=三级警督 4=一级警司 5=二级警司 6=三级警司 7=一级警员 8=二级警员
受教育程度	JY	受教育程度	1	6	1=大专 2=本科 3=研究生 4=博士
警种	JZ	警种	1	7	1=刑警 2=治安警 3=交警 4=社区民警 5=警察院校教师 6=警务管理 7=其他

（三）编制调查问卷（量表）

1. 问卷（量表）的结构设计

因为问卷是现场发放并当场回收，所以问卷结构设计以指导填答者在较短时间内高效完成为主要目标。为此，问卷结构设计形式简单、层次清晰、内容完整和填答时间适中，问卷结构包含标题、填答说明、测试内容（即量表项目）、态度选择四个部分。

（1）标题。开宗明义告知所有被调查对象该调查的主题及调查的名称。

（2）封面信和指导语。在封面信中告知填答者调查背景、内容及选择填答人员的缘由、保密约定等信息。指导语直截了当地告知填答人员作答的方式及注意事项。如果是现场指导需要由指导人员向填答者当面阐释。

（3）量表项目即李克特项目是针对每一种警察胜任力进行的语义描述，填答人员可根据自身的从警经历和经验实施态度选择。

（4）答案设计为“非常不符合”“比较不符合”“不确定”“比较符合”“非常符合”五种选项，且各种回答分别赋值 1~5 分。被测者按要求从中选择一种答案得到一个分数，对每道题的回答分数加起来得到一个总分，调查者依据得分情况分析被测者的态度或行为倾向。

2. 制作量表的步骤

量表是对抽象事务、现象的操作化度量，也是研究变量的经验工具。量表往往由一组测量指标综合而成，测量指标就包含对若干个问题或经验的语义描述。例如，在本研究中，要达到警察胜任力现状调查的目的，就需要调查对象基于各类警察胜任力实施自我评价，而调查对象在各项警察胜任力上实施自我评价的前提就是各项警察胜任力的语义描述。或者说，各警察胜任力的语义描述集合体构成了量表的测量内容（也称测量项目），由于测量项目是测量量表的关键和主体部分，所以测量项目的制作过程也是测量量表的制作过程。测量项目的制作过程如下：

首先，对根据访谈主题分析提取的各警察胜任力指标进行汇总，分析得出警察胜任力指标名称。根据每一份访谈记录中主题分析后提取的警察胜任力指标，归纳出各警察胜任力指标在该访谈记录中出现的次数，即获得与每一份访谈记录相对应的胜任力节录分析表，节录分析表包含各警察胜任力指标及其对应的详细语义描述；再针对各地区各警种警察胜任力节录分析表进行汇总和实施警察胜任力指标排序，得到一份汇集所有访谈记录的“警察胜任力指标排序汇总表”。

其次，归类提取出来的警察胜任力指标，并初步获得警察胜任力维度。利用“警察胜任力现状试调查量表（一）”对提取出来的警察胜任力指标进行归类，即对警察胜任力排序汇总表进行定性分析，提取同类型的警察胜任力并归类，初步建立警察胜任力模型中各维度和指标体系。

再次，设计与警察胜任力指标相对应的不同胜任力语义描述。第一，在“警察胜任力现状试调查量表（一）”统计结果的基础上，对各维度下属的各警察胜任力指标进行语义描述。一般而言，为保证对警察肸任力语义描述的完整性，一个警察胜任力指标会对应三种不同的语义描述，语义描述就是充分利用访谈节录分析表中的语义描述元素，且每一种语义描述都对应不同的编码。第二，将同一胜任力指标对应不同编码的胜任力语义描述放入不同编号的警察胜任力试调查量表，组合成警察胜任力试调查量表（二）（见附录四表 1、表 2、表 3、表 4）。

最后，计算警察胜任力指标分辨力值，将分辨力值高的语义表述确定为正式调查的量表内容（即调查项目）。小规模发放量表实施警察胜任力试调查，后计算各警察胜任力试调查量表（二）（表1、表2、表3、表4）的分辨力值，根据统计的分辨力值删除分辨力值低的胜任力语义表述，再汇总分辨力值高的胜任力语义表述集合，形成一份正式的警察胜任力现状调查量表。

第二节　调查实施

一、争取公安部门支持与配合，安排调查实施

（一）提出申请，争取支持

因为调查对象三大警种岗位警察工作的特殊性，再加上警务组织管理的严肃性，在对调查对象实施半结构性访谈时需要通过组织认可和安排。为此，笔者特向HN省公安厅政治部人事处提出“基层民警胜任力现状调查”的申请，并获得省公安厅政治部人事处的批准和大力支持。

（二）联系调查单位和调查对象

在省公安厅政治部人事处的协调和安排下，调查样本采取二级抽样框，首先通过随机抽样获取CS市KF区、FR区、CS县分局名单。其次通过各分局政工科获取四大警种岗位群，分别是刑事警察、治安警察、社区警察、交通警察。另外，因为CS市交警支队不隶属于区分局，故KF区和FR区公安分局仅抽取刑事警察、治安警察和社区警察三个警种。最后将访谈对象的要求明确告知各公安分局政工科室，抽取涉及四大警种的在职基层民警作为访谈对象。设计调查对象时，安排有100名基层警察，但在实际调查过程中却发现由于少部分基层警察工作的特殊性和警情的突发性，导致13名调查对象无法及时赶到调查现场，所以，实际访谈调查对象仅有77名。

二、确认调查对象、调查时间与地点

（一）根据分层抽样获得访谈对象（含访问员）的名单和时间、地点（见表3-9）

表3-9　访谈调查对象、时间、地点一览

××区公安分局（2013年7月10日）						
序号	工作单位	警种/警龄	姓名	性别	绩效	访问员和记录员
1	刑事侦查大队	刑警/21年	G警官	男	一般	王、刘同学
2	刑事侦查大队	法医/11年	Z警官	男	优秀	申、李同学
3	刑事侦查大队	刑警/8年	L警官	男	优秀	刘、曾同学

续表

4	刑事侦查大队	刑警/4年	L警官	男	优秀	叶、张同学
5	刑事侦查大队	刑警/4年	L警官	男	一般	彭同学
6	经济犯罪侦查大队	经侦/10年	Z警官	男	一般	申、李同学
7	第一治安管理大队	治安/9年	P警官	男	优秀	张、湛同学
8	第一治安管理大队	治安/34年	Y警官	男	优秀	叶、张同学
9	第一治安管理大队	治安/30年	H警官	男	一般	李、唐同学
10	第二治安管理大队	治安/8年	Z警官	男	一般	叶、张同学
11	DZ街派出所	社区/4年	L警官	男	一般	范老师、彭同学
12	FH街派出所	治安/5年	L警官	男	一般	叶、张同学
13	JCY派出所	法制内勤/5年	H警官	女	优秀	范老师、彭同学
14	WY路派出所	代理副所长/10年	Z警官	男	一般	申、李同学
15	CY街派出所	社区/10年	L警官	女	一般	王、刘同学
16	CY街派出所	社区/10年	Z警官	女	优秀	王、刘同学
17	WLP派出所	社区/15年	L警官	女	优秀	刘、曾同学
18	HX派出所	社区/25年	M警官	男	一般	张、湛同学
19	DTD派出所	社区侦查/7年	Z警官	男	优秀	李、唐同学
20	MWD派出所	社区/10年	L警官	男	优秀	刘、曾同学
21	MPL派出所	社区/6年	S警官	男	一般	李、唐同学
22	LP高科技园派出所	社区/13年	W警官	男	优秀	张、湛同学
23	FR区交警大队	交警中队长/17年	L警官	男	优秀	申、李同学
24	FR区交警大队	交警/1年	T警官	男	优秀	刘、曾同学
25	FR区交警大队	交警/21年	M警官	男	优秀	刘、曾同学
26	FR区交警大队	交警/11年	W警官	男	优秀	李、唐同学
27	FR区交警大队	交警/14年	L警官	男	优秀	叶、张同学
28	FR区交警大队	交警/10年	Y警官	男	优秀	
××区公安分局（2013年7月11日）						
序号	工作单位	警种/警龄	姓名	性别	绩效	访问员和记录员
1	DF路派出所	社区/7年	Z警官	男	一等	李、唐同学
2	DF路派出所	社区/32年	W警官	男	一等	叶、张同学
3	DF路派出所	社区/20年	C警官	男	三等	刘、曾同学

续表

4	WJL 派出所	社区/13 年	J 警官	女	一等	申、李同学
5	WJL 派出所	社区/25 年	D 警官	男	一等	叶、张同学
6	WJL 派出所	社区内勤 1 年	L 警官	女	二等	王、张同学
7	SFP 派出所	社区/22 年	C 警官	男	一等	叶、张同学
8	SFP 派出所	社区/24 年	W 警官	男	二等	李、唐同学
9	XY 路派出所	社区/24 年	T 警官	男	一等	范老师、彭同学
10	刑事侦查大队	刑警内勤/12 年	P 警官	女	一等	申、李同学
11	刑事侦查大队	禁毒/13 年	X 警官	男	二等	叶、张同学
12	刑事侦查大队	刑警	Y 警官	男	二等	王、张同学
13	刑事侦查大队	刑警/6 年	L 警官	男	一等	刘、曾同学
14	刑事侦查大队	侦查/4 年	L 警官	男	二等	叶、张同学
15	刑事侦查大队	侦查/2 年	OY 警官	男	二等	李、唐同学
16	第一治安管理大队	治安/20 年	S 警官	男	一等	王、张同学
17	第一治安管理大队	治安/20 年	X 警官	男	二等	申、李同学
18	第二治安管理大队	治安/10 年	L 警官	男	二等	刘、曾同学
19	第二治安管理大队	治安内勤/7 年	Z 警官	女	二等	王、张同学
20	KF 区交警大队	交警指导员	L 警官	男	二等	李、唐同学
21	KF 区交警大队	交警指导员/20	X 警官	男	二等	叶、张同学
22	KF 区交警大队	交警/12 年	Z 警官	男	二等	王、张同学
23	KF 区交警大队	交警办公室/5 年	T 警官	男	二等	申雷、李同学
24	KF 区交警大队	交警/34 年	P 警官	男	二等	范老师、彭同学
25	KF 区交警大队	交警/21 年	J 警官	男	二等	刘、曾同学
CS 县公安局（2013 年 7 月 12 日）						
序号	工作单位	警种/警龄	姓名	性别	绩效	访问员和记录员
1	XS 派出所	派出所治安/8 年	M 警官	男	优秀	王、刘同学
2	XS 派出所	社区/9 年	L 警官	男	优秀	申、李同学
3	XS 派出所	社区/13 年	H 警官	女	优秀	叶老师、刘同学
4	XS 派出所	社区/22 年	W 警官	男	一般	范老师
5	XS 派出所	社区/12 年	Z 警官	男	一般	叶、湛同学
6	XL 派出所	社区/9 年	L 警官	男	优秀	叶、湛同学

续表

7	XL 派出所	社区/14 年	C 警官	男	优秀	叶老师、刘同学
8	XL 派出所	社区/18 年	X 警官	男	一般	李、唐同学
9	XL 派出所	社区/10 年	Z 警官	男	一般	王、刘同学
10	XL 派出所	内勤/8 年	L 警官	女	优秀	申、李同学
11	XA 派出所	内勤/15 年	Z 警官	女	优秀	李、唐同学
12	XA 派出所	内勤/13 年	L 警官	女	一般	王、刘同学
13	CS 县交警大队	交警执勤/5 年	C 警官	男	优秀	申、李同学
14	CS 县交警大队	交警执勤/5 年	Y 警官	男	优秀	王、刘同学
15	CS 县交警大队	交警执勤/5 年	H 警官	男	优秀	李、唐同学
16	CS 县交警大队	交警事故/25 年	L 警官	男	一般	叶老师、刘同学
17	CS 县交警大队	交警执勤/12 年	Z 警官	男	一般	申、李同学
18	CS 县交警大队	交警执勤/15 年	X 警官	男	一般	王、刘同学
19	CS 县交警大队	交警处罚/18 年	Y 警官	女	优秀	范老师
20	CS 县交警大队	交警车管所/10 年	Z 警官	女	一般	申、李同学
21	刑侦大队	刑警/8 年	W 警官	男	优秀	李、唐同学
22	刑侦大队	刑警/5 年	Y 警官	男	优秀	叶、湛同学
23	刑侦大队	刑警/6 年	Z 警官	男	一般	叶老师、刘同学
24	刑侦大队	刑警/10 年	H 警官	男	一般	王、刘同学

（二）根据随机抽样获得问卷调查对象的名单和地点

问卷调查是为了确认胜任力指标的有效性和准确性，所以，问卷调查的对象分为两部分：第一部分为在职民警；第二部分为警务专家和警察院校的教师和教育工作者。

1. 问卷量表调查对象之一：30 名警务专家和警察院校教育教学工作者

该调查的调查内容为附录三“警察胜任力现状试调查量表（一）”。某省警察学院下属的警官培训中心承担全省公安机关领导干部培训、警种、部门岗位和专业技能培训、新警培训和教官培训等工作。利用培训专家来学院上课或者交流之际，本研究采用主观判断抽样的方法问卷调查了这些参与培训的外省市、公安部、公安厅等专家和教授。再有，因为该警察学院作为全省唯一一所培养警务专门人才的全日制普通高等本科院校，其所属的教师资源也是本省行业最丰富的。所以，问卷调查的对象主要来源于这两个主要群体，通过对这两个群体的调查获得警察胜任力维度（见表 3-10）。

表 3-10 “警察胜任力现状试调查（一）”的调查对象

序号	单位/职务/职称	研究方向
1	公安部刑侦专家	预审
2	公安部某局长	刑侦
3	上海市公安高等专科学高级教官	刑侦
4	浙江省××市公安局刑侦支队长	刑侦
5	湖南省公安厅治安总队领导	治安
6	湖南省公安厅政治部领导	警务管理
7	CS 市公安局政治部领导	警务管理
8	CS 市公安局 FR 分局政工室领导	警务管理
9	CS 市公安局 KF 分局政工室领导	警务管理
10	CS 县公安局领导	警务管理
11	CS 市公安局 WYL 派出所领导	社区治理
12	CS 市公安局 DZJ 派出所领导	社区治理
13	CS 市公安局 WLP 派出所领导	社区治理
14	CS 市公安局 MPL 派出所领导	社区治理
15	CS 市公安局 DFL 派出所领导	社区治理
16	CS 市公安局 SFP 派出所领导	社区治理
17	CS 市公安局 XYL 派出所领导	社区治理
18	CS 市公安局 XS 派出所领导	社区治理
19	CS 市公安局 XL 派出所领导	社区治理
20	CS 市公安局 XA 派出所领导	社区治理
21	某警察学院领导	公安管理
22	某警察学院教授	刑事侦查
23	某警察学院教授	治安管理
24	某警察学院教师	治安管理
25	某警察学院教师	交通管理
26	某警察学院教师	网络监察
27	某警察学院学生大队领导	学生管理
28	某警察学院学生大队领导	学生管理
29	某警察学院学生大队学生指导员	学生管理
30	某警察学院学生大队学生指导员	学生管理

2. 问卷量表调查对象之二：150 名公安基层一线民警

该调查的调查内容为附录四“警察胜任力现状试调查量表（二）”，通过该调查提取与警察胜任力指标相对应的语义表述。随机发放的调查对象工作地点主要分布在 FR 区、KF 区、CS 县，涉及治安警察、刑事警察、交通警察和社区民警四类警种、5 个工作单位，见表 3-11。

表 3-11 “警察胜任力现状试调查（二）”的调查对象 （单位：人）

	行政区	警种	性别	数量
CS 市	FR 区 50 人 2013 年 12 月	派出所社区	男	10
			女	5
		刑事侦查	男	10
			女	5
		治安	男	20
	KF 区 50 人 2013 年 12 月	派出所社区	男	10
			女	5
		刑事侦查	男	10
			女	5
		治安	男	20
	CS 县 50 人 2014 年 1 月	派出所社区	男	10
			女	5
		刑事侦查	男	10
			女	5
		治安	男	20
总计	150			150

3. 问卷量表调查对象之三：200 名公安基层一线民警

该调查内容为附录五“警察胜任力现状（正式）量表”。随机发放的调查对象考虑到与访谈调查的对象的一致性，故调查对象的工作地点主要分布在 FR 区、KF 区、CS 县，涉及治安警察、刑事警察、交通警察和社区民警四类警种，5 个工作单位（因 FR 区、KF 区交警大队直属 CS 市交警大队），见表3-12。

表 3-12 “警察胜任力现状”正式调查对象　　（单位：人）

	行政区	警种	性别	数量
CS 市	FR 区 60 人 2014 年 3 月	派出所社区	男	15
			女	5
		刑事侦查	男	15
			女	5
		治安	男	20
	KF 区 60 人 2014 年 4 月	派出所社区	男	15
			女	5
		刑事侦查	男	15
			女	5
		治安	男	20
	CS 县 50 人 2014 年 5 月	派出所社区	男	15
			女	5
		刑事侦查	男	15
			女	5
		治安	男	10
	CS 市 交警大队 30 人 2014 年 6 月	交通事故	男	15
		车辆管理	男	10
			女	5
总计	200			200

三、访谈调查的实施过程

（一）做好访问前的准备工作

1. 招募并挑选专业访问员

在访问员的选择上兼顾公安工作的特殊性，面对公安民警的访谈需要访问员较为熟悉公安工作，且能在关键事件的访问中更好地倾听和引导不同岗位的公安民警客观、真实地呈现事件内容，尤其需要访问员在访谈过程中能理解公安工作的专业术语。此外，访问员还需有大量的时间去整理、修改访谈记录资料。综合客观要求，访问员的招募主要考虑警察学院公安专业大三、大四的学生。

2. 培训访问员

一是选拔有一定访问基础的学生作为预访问员。

二是组织预访问员进行访谈练习，目的是锻炼其成熟的访谈心态和高超的访谈技能，先统一强调：“访谈的心情放松”“访问员展现亲和力”“自我介绍并拉近与访问对象间的距离”“访谈资料的保密处理及意见征求”“录音和记录准确”“提问和要求表达清晰”“探测追问及时到位”“中途记录的要求到位”“结束致谢到位”。

三是对每个预访问员尝试半个小时以上的模拟情景访谈，老师和其他访谈员对其进行观察和分析。

四是访谈小组进行分享、评论和取长补短，负责人做总结，做到对每个访谈的访谈表现肯定之处和需要改进之处准确指出，并提出要求和鼓励。

（二）访谈过程需注意的事项

1. 根据调查对象和时间安排，充分了解被访谈对象

访谈对象的选择一般要服从访谈内容的需要，找最了解情况的人来回答最适合的问题。选准访问对象后，在条件可能的前提下应尽可能多地了解基层民警的思想状况和精神状态等基本情况，不能用学生的思维方式去与有丰富警务工作实践经验的基层民警对话或者分析，切忌在访谈前不对访谈对象的背景做任何准备工作就直接进入访谈现场。

2. 访谈现场需要建立良好的人际关系

表明来意，消除访谈对象的顾虑。访问员不管采取何种方式接近被访问员，都应利用适当的机会表明来意，例如，向访问对象介绍本次访谈的目的、意义和内容、实施流程，努力消除对方可能存在的种种顾虑和怀疑，使访谈对象能够放下包袱，对警察院校的学生访问员说真话、讲实情，并在取得访问对象的同意后才能开始实施访谈记录。还有就是在引导访问对象进入访谈现场后，需要访问对象自己介绍本职警务岗位工作在内的相关信息。

3. 平等交流，保持中立立场

访谈过程中双方的交流是互动的，访问员的一言一行都将对访问对象产生一定影响，为了能创设友好、平等的交流氛围，学生访问员既不能置身事外，仅仅按照访谈提纲“流水”式提问，又不能无原则地奉承和吹捧对方，对于有争论或者过激的言行言论，访问员都应该保持客观、中立的态度，绝不能有任何倾向性和诱导性的表示，以免影响被访问对象发表违心之论。例如，可以通过鼓励的方式引导对方将真实意愿表达出来，如“你的看法很有代表性”“我们能明白你的意思”“请你继续讲下去”。

4. 访问技巧需要关注非语言交流

访问技巧首先是语言技巧，但在人际交往中，不仅语言可以传递信息，人的外貌、行为、面部表情、目光，甚至周围的环境等非语言因素也能传递重要的信息。所以，在访谈过程中访问员不仅要找寻时机提问，更要重视非语言信息交流的技巧。

（三）实施行为关键事件访谈

根据从警以来的经历回忆并汇总本职岗位工作中成功与失败的关键事件，然后对胜任本职岗位工作的能力和素质进行比较并提出个人建议。

访谈按照访谈提纲展开，注意观察访问对象的情绪及兴奋点，适时引导并控制好访谈时间，实施步骤如下：

1. 请访问对象叙述本人信息及本岗位主要工作职责和内容

个人姓名、性别、警种、警龄、目前从事职位与职务、工作调动等情况介绍。

简单介绍本岗位平时开展哪些具体工作？例如，每天固定的工作内容。

2. 请访问对象举例描述日常工作中成功或棘手的三件事情

（访谈提纲二 STAR）

日常工作中哪些是特别重要、应该做好的工作？可按以下要求举例说明：

日常工作中做得最成功的三件事情过程关键点的介绍，包括：在执行警务活动过程中的任务介绍、活动实施的设想、执行任务过程中的困难及处理结果、成功执行任务后的体会与感受等关键点。

日常工作中处理最棘手的三件事情过程中关键点的介绍，包括：在执行警务活动过程中的任务介绍、活动实施的设想、执行任务过程中的难点及处理结果、未能处理好的原因分析及感想等关键点。

因为大多数的调查对象都不愿意接受“失败”，所以在调查设计中避免用失败的字眼来刺激和影响调查对象的情绪。

3. 请访问对象反思以上六件事情实施过程中自身在职业能力和素质上的现状及需要调整或改进的地方

反思：个人有哪些业务技能对做好该项警务工作有促进意义？认为自身个性特质里哪些能力是最重要的？从执行警务活动的全过程来看哪些能力需要进一步提高？

建议：针对同一岗位或者新入警的同事有何好的建议？

（四）访谈记录

1. 做好记录

（1）访谈记录的准备工作：速记练习、准备现场记录工具、熟悉访谈提纲并按 STAR 与访问员交流、沟通，如实地记录访谈过程。

（2）访谈实施过程中的访谈记录：告知访谈对象资料将经过保密处理，并征求本人意见和签名；按照访谈提纲 STAR 实施访谈记录，对行为关键事件中涉密内容的处理；暗示访问员控制访谈时间和内容；就访谈记录的疑点与访问对象沟通。

（3）访谈记录中关键信息核实：对照访谈提纲整理访谈记录、与访问员交流行为事件关键点、简单完善访谈记录并存档。

2. 结束访谈及对无回答情况的处理

适时结束访谈，首先，真诚致谢访问对象抽时间接受访问；其次，感谢对方对调查工作的配合，尤其是对于学生访问员的尊重和理解；最后，还需要告知访问对象如确因研究需要可能会再次沟通或与之致电交流。

访谈过程中，往往会由于访问对象没有时间或者不愿意合作、不愿意回答的情况。遇到这种情况访问员不能轻易放弃，可以考虑引导访问对象谈其感兴趣的话题或者调整访谈提纲，如果访问对象实在没有时间继续进行访谈可以考虑寻找另一个熟悉情况的对象进行访谈。

（五）访谈记录资料的整理分析

1. 主题分析

根据 77 名访谈民警的访谈记录，提取警察胜任力因子。在行为关键事件访谈中有针对日常岗位工作中成功或棘手的三件事情的描述，由访问员根据访谈记录和回忆，结合警务常识，提取各警种岗位工作所需的胜任力因子，并在访谈记录中做好标识和记录。

2. 主题分析结果的节录统计

以各访谈记录中主题分析的警察胜任力因子为依据，以单个的访谈记录为单位，建立警察胜任力因子汇总表。即统计各访谈记录中的警察胜任力因子，并且按照警察胜任力因子出现的次数进行频次统计。

3. 警察胜任力频次统计

综合所有访谈记录的节录统计，以基层警务组织为单位，汇总各基层警务组织各警种的警察胜任力频次，然后对各基层警务组织的警察胜任力频次进行排序统计，出现频次最多的警察胜任力排在最前位。

四、问卷调查的实施过程

（一）试调查

1. 警察胜任力现状试调查过程

（1）通过“警察胜任力现状试调查量表（一）”获取警察胜任力维度。虽然通过行为关键事件访谈获得了所有的警察胜任力指标排序汇总表，但统计出来的胜任力指标并未呈现出归属，所以为了解警察胜任力频次统计分析的结果即掌握各警察胜任力指标的归属，问卷（量表）调查第一步就是根据访谈主题分析的结果“警察胜任力指标排序汇总表”实施“警察胜任力现状试调查量表（一）”（详见附录三），以期获得警察胜任力维度。

此调查的调查对象是有着丰富警务实战经验的公安局领导或者公安厅领导、从事警察院校专业教学的教师或教辅人员（名单详见本节第二点“根据随机抽样获得问卷调查对象的名单和地点”之“问卷量表调查对象之一：30 名警务专家和警察院校教育教学工作者”），这部分人员的工作时间相对固定，所以问卷发放的时间是正常工作日的上班时间。调查对象长时间的工作经历和丰富的工作经验都预示着他们对警察胜任力指标分类的主观判断有着正确的认识基础，调查量表发放时一并附上国内外文献分析结果“警察胜任能力要素框架”。为了方便调查对象有充分的思考空间和时间，所以调查量表的发放和回收并非现场完成。该调查量表的回收一般为 3 个工作日以后电话联系，再预约上门收取。根据统计的结果对所有警察胜任力指标进行归属，从而获得警察胜任力模型的维度。

（2）通过“警察胜任力现状试调查量表（二）”获得分辨力值高的警察胜任力语义表述集合。在“警察胜任力现状试调查量表（一）”的调查结果分析基础上对各警察胜任力维度下所属的警察胜任力指标进行语义描述，同一个警察胜任力指标对应 2~3 种不同的警察胜任力语义描述（且编码），并将同一警察胜任力指标对应的不同语义描述放入不同的警察胜任力试调查量表进行测量，为了尽量缩短警察胜任力试调查量表的测试时间，故设计出四个警察胜任力试调查分量表。接着，发放警察胜任力现状试调查量表（量表 1、量表 2、量表 3、量表 4）进行测试，调查对象为 150 名公安一线民警（名单详见本节第二点“根据随机抽样获得问卷调查对象的名单和地点”之“问卷量表调查对象之二：150 名公安基层一线民警”）。调查实施过程要与调查对象所属单位的政工部门取得联系，就设计的调查对象名单进行沟通，在确认无误的前提下，委托政工部门将打印出来的问卷按照名单分发给所属各业务部门的警察。为了方便问卷回收，建议政工部门将调查时间定在部门会议时间，而且要求提醒被调查对象本次调查的重要性及填答问卷的要求、时间安排等注意事项。

最后通过“警察胜任力现状试调查量表（二）”的分辨力值统计结果，提取分辨力值高的警察胜任力语义表述（删除分辨力值低的语义表述）集合成警察胜任力正式调查量表，为后续实施警察胜任力现状调查做准备。

2. 警察胜任力现状试调查数据分析步骤

首先，根据“警察胜任力现状试调查量表（一）”的统计数据，在“国内外综述概括得到的警察胜任力要素框架”基础上扩充警察胜任力维度为“个性特质”“心理健康”“政治素养”“专业知识”“业务技能”五个维度。

其次，将行为关键事件访谈的结果“警察胜任力频次统计汇总表”中筛选后的胜任力指标归入以上五个维度。

最后，根据“警察胜任力现状试调查量表（二）”的四个分量表统计数据，将分辨力值高的警察胜任力语义描述集合生成警察胜任力正式调查量表。

（二）正式调查

1. 调查准备

将“警察胜任力现状试调查量表（二）”结果中高分辨力值的警察胜任力语义表述进行认真核对，并将筛选后的警察胜任力语义表述打破维度归属进行排序，汇总成警察胜任力正式量表。

2. 调查对象

“警察胜任力现状正式调查量表”（详见附录五）分发对象为200名公安一线民警（名单详见本节第二点“根据随机抽样获得问卷调查对象的名单和地点”之“问卷量表调查对象之三：200名公安基层一线民警”）。

3. 调查过程

利用警察胜任力现状正式量表实施警察胜任力现状正式调查，按照确认调查对象、发放问卷、回收问卷、整理问卷的过程展开。在确认调查对象阶段，需提前与各警务组织单位的政工室联系，就调查的要求和时间进行沟通；问卷发放阶段，为提升调查问卷的有效性和回收率，采取现场组织问卷发放和填答要求的宣讲，力求填答人员能清楚知晓填答的要求，并在15~20分钟内完成问卷填答工作；回收问卷时，采用当场回收的方式进行，通过前期对问卷填答工作的认真组织，大多数填答问卷的警察都在20分钟以内将问卷呈交上来；整理问卷阶段，总共发放问卷调查表200份，回收问卷200份，有效问卷190份，问卷回收率达到100%，有效率达到95%。由此得知，该调查结果有效，且适合运用于统计分析。

4. 调查结果分析

根据本调查结果利用主题分析法获得警察胜任力模型（详见第三节“调查结果分析”）。

第三节 调查结果分析

一、访谈资料整理及分析

（一）访谈记录的主题分析

1. 访谈资料主题分析过程

（1）在访谈记录中定位警察胜任力名称并作出标识。将访问员分成两个小组，每个小组有一位指导老师，分别就访问员的访谈记录进行主题分析。首先，每小组的访问员根据自己所学的公安专业课程知识，再结合文献分析结果“警察胜任力要素框架”和“警察胜任力编码手册”（附录六）区分每一份访谈记录中出现的警察胜任力名称，并在访谈记录中做出标识，然后再统计此胜任力名称在同一访谈记录中出现的次数。其间，有些胜任力名称在文献分析结果“警察胜任力要素框架”和“警察胜任力编码手册”中找不到，需要分析人员用自己的语言和理解进行初步的归纳和命名，指导老师在小组内统一成员意见后进行汇总。

（2）将命名的警察胜任力指标提取出来。第一，胜任力指标命名。将两个小组得到的胜任力名称进行对比，发现对于同一含义的胜任力名称或者是对关键事件所反映的同一行为理解会有分歧。因为每一个胜任力名称的含义是依据相应的关键事件所反映的行为来确定的，所以两个小组需要就每一个访谈记录中的关键事件和相应的行为进行反复分析和讨论，务求就某一关键事件所反映的胜任力行为名称达成一致意见，确定该行为所指向的胜任力名称趋同。

第二，提取警察胜任力指标。访谈的内容包括状态、行为、意向性三个维度。而访谈的结果就是通过主题分析提取警察胜任力指标，并结合文献分析结果对该胜任力指标命名（见表 3-13）。

表 3-13　以访谈对象（FR 区公安分局派出所某社区民警）为例的主题分析

<table>
<tr><th colspan="2">访谈背景</th></tr>
<tr><td colspan="2">访问地点：FR 区公安分局行政办
访问员：刘同学
记录员：曾同学
时间：2013. 7. 10（8：40 PM～9：50PM）
姓名：L 警官　　　　性别：男　　　　警龄：从警近十年了
职务：以前是派出所民警、现为副所长，做过法制、内勤工作
工作经历：1997 年 9 月参加工作，原在法院工作（当时想调回某法院但没成功，所以调来派出所工作），2004 年调至××派出所工作，最开始是在派出所担任社区民警，历经刑警、法事专干等工作现为副所长。在××派出所由于每月接警频繁所以每月出警的次数也非常多。我经手的群众意外死亡的事件就很多，由于发生的事情太多，且每天都面对，故很难讲有什么事情是引以为豪的。因为接触的事情不仅多且相似性极高，所以没什么特殊印象。例如我昨天值班，出警 10 多趟（一般频率为 15～20 件/天），基本没时间睡觉。</td></tr>
<tr><th>访谈内容</th><th>主题分析</th></tr>
<tr><td>事例记录（情境、任务、行为和结果）
成功事例 1：
具体时间不记得了，当时还是刑侦民警，应该是 2006 年或者 2007 年，当时值班经手一个案子，刘某（女）因一件琐事（好像是再度结婚）在派出所的内坪把另外一女性的上衣扯掉了，行为造成较恶劣的影响。处理意见是无法定论，因为男的把女的衣服扯掉了可定侮辱妇女罪，但女性扯女性衣服如定性为侮辱罪，公安部门是不能受理的。当时我是刑警出身，故据理力争，当时我正好看到一本书中对“刑法分则的解释原理”部分正好有相同案例，认为这个不能与侵害主体的性别联系起来。后来我根据这本书提供的法律解释条文找了 FR 区法院，刘某被判了侮辱妇女罪拘留了四个月。当时所有人都认为不妥但我能力排众议，且法院采信了，所以小有成就感。</td><td>基本法律知识、
立场坚定、
抗打击能力</td></tr>
<tr><td>得出的结论：
我的总结就是在一个单位上要生存下去，必须要有自己的专长，有些人总体素质比较好，抓人、驾车等技能也得自身条件适合才行，我们戴眼镜的不好实施抓捕，所以在单位很难找到自己的立足点。</td><td>专业技能</td></tr>
</table>

续表

访谈内容	主题分析
我原来在刑事侦办厅工作过，所以这方面的能力比一般人强一些。 处理该事情的影响： 其他影响倒没有，唯一的影响就是办案民警遇到疑难案件会来找我，这是一种被大家肯定的感觉，所以，当别人认为是错的时候，你如能把它证明是对的，这种感觉比较好。	抗打击能力
为什么要力排众议： 我相信自己是对的，我认为我做得对。而且我认为我是对的，我能够找到相应的依据，他们认为我是错的，找不到相应的依据。	立场坚定
遇到困难： 当有人抱着怀疑的态度，让我证明自己所持观点正确的话，我可以把书上的法律条文找到并且解释清楚。	熟悉法律常识
成功事例 2：（注重事件发生过程的描述） 去年××蔬菜集团公司改制，处置上访闹事群体，天天闹事的就是一些退休人员。这些人在公司办公室安营扎寨，住了近一个月，后来 CS 市政法委副书记都曾多次组织召开协调会，因为我分管菜市场，派出所安排我参加。上访人员睡在沙发上，还在办公室的房间内打牌，导致其他人无法正常上班。但很多闹事人员都是年纪偏大的退休人员，又不能使用武力强制他们离开。 原单位破产后集体改制，原来的职工就退休，以前是深圳一公司控股，现在效益变好，原蔬菜公司只算其中一个股东，内退的职工就不能享受现在巨大的利益。他们认为自己曾经在这个企业流过汗、出过力，现在改制了公司生意又好，为何分不到一杯羹？所以他们多次信访，后来到了省一级，信访三次的结果都认定他们提的要求无理，后来他们就住到办公室。因这些人员年纪太大，公司方面没法将他们赶走，他们就选择报警，派出所接警后感觉也没有很好的解决办法。后来是到 CS 市某宾馆跟他们面对面交流，并通报信访结果，告知他们的要求不予采纳。后来派出所去了人并进行法治训诫，但棘手的问题是当时我们人少，只去了两个人，从当时现状来看他们是不可能接受训诫的。他们在办公室住了近一个月，中间一直在做协调工作，其间他们也离开过办公室，但只要第二天单位开门他们就又进来，且每次来的人都不同，所以他们使用的是轮回战术（笑了笑）。	问题解决能力
我也是没办法，不愿意去处理这个烂摊子，但单位派我去了就必须认真应对。第二次训诫的时候，我们就精心组织了，我们明确告知对方派出所可能采取的强制措施，如果他们还不执行就只能采取强制措施。后来那个会开过之后，就再也没有人去了。实际上他们也是懂道理的，认识到自己有错误，因为他们工龄已经买断了。当时做了前期准备，尤其是法律资料的准备，第一是公安机关采取强制措施所适应的条款；第二就是公安机关的职能，公安	责任心 专业知识

续表

访谈内容	主题分析
机关的性质，他们行为的危害性，派出所依法可采取的措施，作为当事人应该选择什么样的途径申诉。当时就有人讲怪话，说我们这些退休老人难道是在犯罪？我们住在自己的企业里面也算犯罪？现场由于公安机关的执行力强，且事态控制较好，所以处理这个过程的结果还是令人满意的。因为我们考虑得较周全，过程进展也比较顺利，事情的结果就是他们再也没有去闹事。深圳的公司还是很满意这个结果的，当然上级领导也满意。 得到的结论： 给我的启示就是处理问题的原则性要强，毕竟是一级执法行政单位。但现在的警察感觉太像保姆。美国人写了本书《警察与社区》，讲的就是老警察传帮带新警察的事，经验就是先得把在学校学的教条主义、本本主义都忘掉，因为实际工作与理论是有很大区别的。	问题解决能力
有时候把事情处理好了群众并不见得给你好评，因为他认为这是警察应该做的，当然这也是公民意识的一种体现，像我们单位45个警察，大部分都挨过打。处置群体性事件时，有人趁机袭警，也是正常的。我们也只能想开些，进行自我调节。 成功事例3： 个人在单位工作这么久，工作日都要出警值班，去年我带的是一个分组，带了十几个人，今年工作调整，我又带了一批新治安警，民警都愿意跟着我，这一点让我很自豪。私下里我们感情非常好，闲暇之余还会选择小酌一杯。作为领导与下属，最重要的是共事，既不是同学，也不等于一般的朋友，不可能所有的同事都成为你的朋友。为什么大家愿意跟我干，我觉得主要是我从不发号施令，但凡大案都自己上，小事他们做。例如侦办命案等大要案件，我都主动亲力亲为，这样就减轻了大家的工作压力。大家就愿意跟你一起开展工作，你与大家一起做，大家就愿意做。在这个过程中，派出所所领导自己动手，做个榜样、带个头，大家就都心甘情愿了。今年带的值班民警能力还强一些，自己做得也少一点了。	心宽豁达
比较开心的时候就是搞刑侦的时候，把案子办了，找到犯罪嫌疑人后就会到外面吃个夜宵，感觉特别开心。前面的案子印象深也比较满意。派出所做的基本上都是非常普通的工作，因果关系很明确，办案就是履行程序。	自我调节
昨天有个在省检察院的上访人员，叫谭某，63岁，睡在省检察院门口，睡了好久，硬是劝不走，后来我把他接到所里，做了工作他就回去了。因为拆迁问题要求当地检察院立案侦查，其实我们也没做什么，就是多一些同情，多换位思考，他就被劝说回去了。上访群众的诉求不管合不合理都需要耐心与他们沟通。其实我们只要跟他讲两句道理，他觉得被尊重了，也就心满意足了。	服务人民的意识、沟通协调能力

续表

访谈内容	主题分析
与前面那个公司不同的是，处理的对象群体不同。如果讲不通道理，软硬兼磨都不行的话就得强制了。现在的矛盾并不是公安机关管理不到位，我们处理案件需要多一些灵活性：有时候需要强硬，有时候要人性化。在法律的尺度内用什么方式把事情处理好需要具体问题具体分析。	灵活性、问题解决能力
失败事例 1： 当警察需要好记性，去年陕西某大学的一名女大学生来长沙游玩。她同学在长沙一酒店做 KTV 陪唱（小姐），这个同学跟她姐夫发生过不正当关系，当天跟她姐夫开了一间房。那个女同学吸毒，这名女大学生因好奇也吸了，甚至产生了幻觉，从 5 楼摔下来当场死亡，当时我们出警处理时只看到尸体，并通知法医勘查现场，报警人就是那 KTV 小姐，嘴上硬说死了的朋友不是吸毒是因为吵架负气才跳楼的。结果我们调出监控录像，并对 KTV 小姐做尿检，尸体做了血检，发现了吸毒的真相，后来我们把这个 KTV 小姐进行行政拘留，死者的姐夫也刑事拘留。排除了他杀，犯事的人都处理好了。	
这个事为什么有遗憾呢，就是想找宾馆补偿一部分损失，因为死者家属很可怜，但是宾馆老板跑了。当时我们想做工作让犯罪嫌疑人家属多少赔些钱给死者家属，死者的父母亲年纪都很大了，但是没有赔偿，宾馆老板也没有这个赔偿的义务和责任。最后死者还是没有得到赔偿，看着这个可怜的老人一直在等赔偿但始终没有如愿，后来看到那个老人走的时候于心不忍。受害人的家属最终没有得到抚慰，这是我的遗憾。 原因分析：为什么没有达到要求？ 确实是犯罪嫌疑人家里太穷，宾馆老板又跑了，也不能通过法律途径去找宾馆赔偿。	同情心、服务人民的意识
失败事例 2： 2010 年省××局发生群体性事件，原因是一个员工因交通事故轧死了一个人，家属来堵单位的门，当时我们民警遭受攻击，我也挨了打。当时我很气愤，虽然这个家属值得同情但也不能不分青红皂白就动手打人，按规定无理打人的人是应该受到法律制裁的，但最后按照上级要求没有处理他们。所以我们虽觉得心里很委屈，尤其是我的同事也挨了打。难道民警挨了打就没人管了？但上级领导已经决定了，也只能服从了。	自我调节服从意识
哪些特质最适合干这份工作？ 第十个年头了，我感觉这个职业呢，第一，这个岗位的专业知识还可以，相比警务技能而言法律知识是我的长处。我自认为做事很认真，凡事亲力亲为，尽量做好。最重要的就是现在所有的民警学习主动性不强，大部分人在业余时间不注意学习，年轻人只想着玩，但是我觉得法律知识的学习还是应该持续进行，善于学习相当重要，我原来不懂电脑，现在我们的电脑都是我在修。我不打牌，业余时间就爱看书，多学习。年纪大就更加不想去外面玩了。我们得善于自己找乐子，善于自我调节才行呀！	基础法律知识、责任心、终身学习的能力 自我调节

2. 主题分析的节录表

针对每一份访谈记录的主题分析结果进行节录统计，节录统计包含两部分内容，其一，将相同的警察胜任力名称进行归类并统计频次；其二，将同一警察胜任力名称对应的警察胜任力情景描述提取出来，以便呈现出该警察胜任力指标的语义描述情形。表 3-14 是根据前面主题分析统计的节录示例（因篇幅关系仅节录排名前两位的胜任力）。

表 3-14　主题分析节录示例

胜任力	访谈摘录
基础法律知识	“当时我是搞刑警，我就据理力争，我正好看到一本书，刑法分则的解释原理好像正好论述到一个案例，认为这个不能根据侵害主体的性别定论。后来我根据这本书，找了 FR 区法院，后来这个刘某被判了侮辱妇女罪拘留了四个月……” “当时做了前期准备，尤其是法律资料的准备，第一是公安机关采取强制措施所适应的条款……” “法律知识，是长处，警务技能不是很长……”
立场坚定	“当时所有的人都认为不是，我能够力排众议，当时法院采纳了，所以还是有点成就感……” “当所有人认为是错的时候，但是你能把它证明成了对的，这种感觉比较好……”
抗打击能力	“当时所有的人都认为不是，我能够力排众议，当时法院采纳了，所以还是有点成就感……” “当所有人认为是错的时候，但是你能把它证明成了对的，这种感觉比较好……”
专业知识	“在一个单位上要生存下去，必须要有自己的专长……” “第一呢这个岗位呢专业知识还可以……”
问题解决能力、灵活性	“但是处理这个过程还是非常令人满意的，考虑比较周全过程比较顺利，结果他们再也没去了，这个事情没吵了……” “有时候需要强硬，有时候要显得平民。把事情处理好，这是目的，暂时省检察院恢复了平静……”
心宽豁达	“处置群体性事件的时候，部分群众趁机袭警，这很正常的。应自我调节离开单位就暂时忘掉所有工作上的事……”
人际交往（新增）	“作为领导同事，最重要的是共事，他不是同学，不等于一般的朋友，不是所有的同事都是你朋友……”

续表

胜任力	访谈摘录
服务人民的意识	“作为执法者，其实我们就是同情多一点，讲话温柔一点，他就说回去了。处置这个事情绝不是能力问题，上访群众不管合不合理，他需要人去跟他沟通。其实我们只要跟他讲两句，他觉得尊重他，他就回去了……” “最后还是没有做得成，看着这个老人很可怜的，他等不下去了，后来等了很久很久了。后来看到那个老人走的时候于心不忍。受害人的家属没有得到抚慰……” “当时要考评，当时是先跟群从沟通一次，不满意的再做工作，上级部门来回访的时候就好一些。当时是基于考评来考虑的，但是确实搞得还可以……”
沟通协调能力	“作为执法者，其实我们就是同情多一点，讲话温柔一点，他就说回去了。处置这个事情绝不是能力问题，上访群众不管合不合理，他需要人去跟他沟通。其实我们只要跟他讲两句，他觉得尊重他，他就回去了……”
灵活性	“有时候需要强硬，有时候要显得平民。把事情处理好，这是目的……”
责任心	“我做事比较认真，做事情亲力亲为，比较认真，尽量把它做好……”
终身学习能力	“更重要的一点就是在所有的民警中间学习能力比较强……”
心宽豁达	“我们是善于自己找乐子，善于自我调节……”

（二）警察胜任力频次统计汇总表

在对 FR 区、KF 区、CS 县公安局共计 77 名访谈对象的访谈记录实施主题分析和主题节录统计后，获得所有警察胜任力指标的频次统计结果（如表 3-15 所示）。

表 3-15　警察胜任力频次统计汇总

胜任力指标	总频次	胜任力指标	总频次
爱岗敬业	88	原则性	16
沟通协调能力	75	耐心	13
责任心	64	心理学知识	12
分析判断能力	62	人际交往	11
问题解决能力	57	同情心	10
服务人民的意识	56	立场坚定	8
抗打击能力	49	较强的语言表达能力	7

续表

胜任力指标	总频次	胜任力指标	总频次
胆大心细	48	政治敏感性	7
专业知识	47	实战技能	6
突发事件处理能力	43	预见性	6
抗压能力	42	沉着冷静	5
沉着机警	40	敏感性	5
团队合作	39	执行力	5
心宽豁达	37	坚韧性	4
灵活性	36	文字表达能力	4
敏锐的观察力	36	关系处理能力	3
意志坚强	35	果断性	3
终身学习能力	31	枪械知识技能	3
自我保护意识	30	计划性	2
自我调节能力	28	协调能力	2
健壮的体魄	27	秉公执法	1
自律性	26	创新意识	1
基础法律知识	25	电脑操作知识	1
文明执法	17	管理能力	1
公正性	16		

二、问卷（量表）的数据处理分析

问卷（量表）的数据分析是结合访谈调查结果“警察胜任力频次统计汇总表”展开的（见图 3-2）。

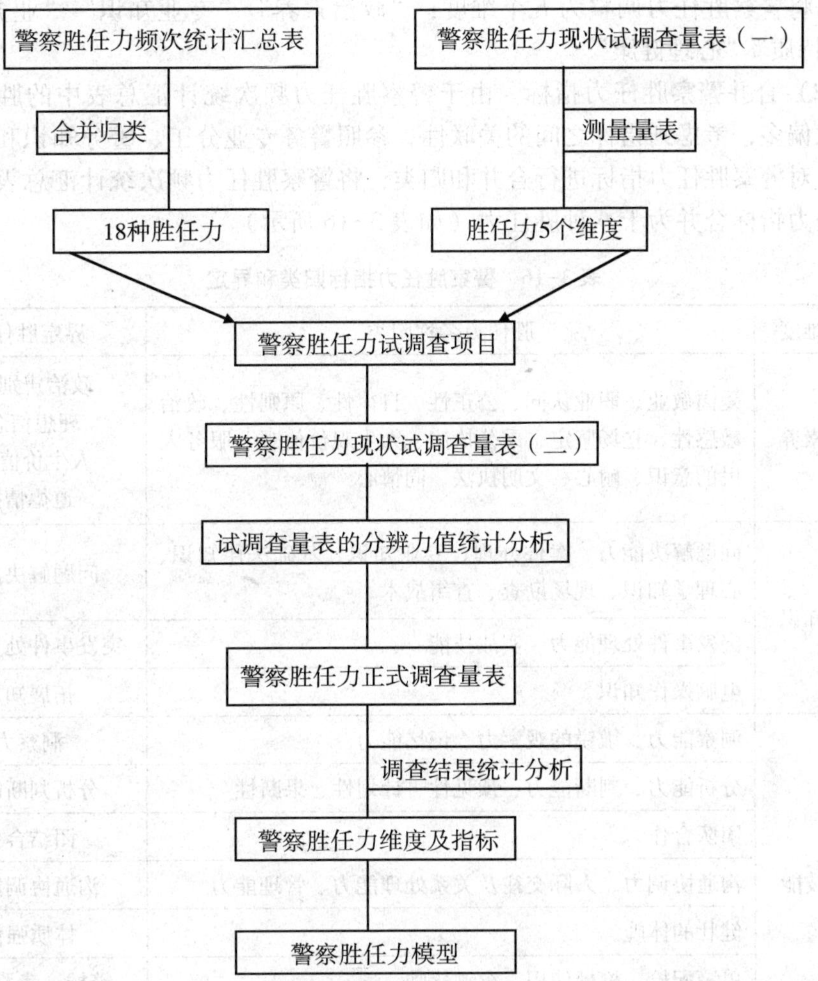

图 3-2 问卷调查数据统计分析过程

（一）调查问卷（量表）的统计及分析

1. 警察胜任力维度量表的统计

（1）维度定性分析。多数警务专家和在职警察在填答“警察胜任力维度量表”时对“四个维度”的警察胜任力模型建构表现出极大的兴趣和认同。但结合警察胜任力的现状，大家一致认为在呈现出“政治素养”“专业知识”“业务技能”“个性特质”四个维度的基础上应添加“心理健康”维度，理由是心理不健康的警察即使政治素质、业务技能、专业知识如何优秀，也不可能胜任岗位工作。警察职业是一个高风险、高压力的特殊职业，公安工作的性质和特点决定了警察必须承受比普通人更大的心理压力和心理挑战，这也意味着警务人员必须有比普通人更好的心理健康水平和心理素质。综合警察胜任力维度量表的评估结果，是将警察胜任力调整为五个维度：“政治素养”“专业知识”“业务技能”“个性特质”“心理健康”。

（2）合并警察胜任力指标。由于警察胜任力频次统计汇总表中的胜任力指标个数偏多，考虑到指标之间的关联性，参照警务专业分工、警务知识和技能的要求，对警察胜任力指标进行合并和归类，将警察胜任力频次统计汇总表中的警察胜任力指标合并为十八种胜任力（如表 3-16 所示）。

表 3-16　警察胜任力指标归类和界定

测试维度	胜任力名称归类	界定胜任力
政治素养	爱岗敬业、职业认同、公正性、自律性、原则性、政治敏感性、立场坚定、秉公执法、人生观价值观、服务人民的意识、耐心、文明执法、同情心	政治辨别力、理想信念、人生价值观、道德情操
专业知识	问题解决能力、案件办理、专业知识、基础法律知识、心理学知识、现场勘查、查缉战术	问题解决能力
	突发事件处理能力、实战技能	突发事件处置能力
	电脑操作知识	拓展知识
业务技能	洞察能力、敏锐的观察力、记忆能力	洞察力
	分析能力、判断能力、预见性、计划性、果断性	分析判断能力
	团队合作	团结合作
	沟通协调力、人际交往及关系处理能力、管理能力	沟通协调能力
	健壮的体魄	体质强健
	单警配枪、枪械使用、车辆驾驶	警械、武器使用
	询问能力、较强的语言表达能力、文字表达能力	特殊技能
个性特质	自我保护意识、责任心	责任心
	沉着机警、沉着冷静	沉着机警
	胆大心细、灵活性、敏感性	胆大心细
	意志坚强	意志力强
	创新能力、终身学习能力、创新意识	创新性
心理健康	抗打击能力、执行力、坚韧性	抗打击力
	自我调控、化解压力、任劳任怨、心宽豁达	自控调整

2. 警察胜任力试调查量表分析

（1）警察胜任力试调查项目及编号。根据警察胜任力指标合并的结果，建立起警察胜任力维度、胜任力名称和测试项目（胜任力语义描述）之间的对应关系，并对每一条胜任力描述即测试问题进行编号，见表 3-17。

表 3-17　警察胜任力指标测试项目及编号

序号	胜任力名称	胜任力语义描述（测试项目）	编号
1	爱岗敬业	工作经常加班家人有怨言，但选择服从工作安排	A1
		那些能破大案的警察都很优秀，每天忙于处理群众鸡毛蒜皮等小事儿的警察，并不怎么光荣	A2
		家人都支持我当警察，警察是一个光荣的职业	A3
2	沟通协调能力	日常工作中当自己的想法与上级不同时，要善于与上级沟通交流，一味地顺从是不利于工作开展的	B1
		面对受害群众，单纯地闷头执法是不可以的，要通过有效沟通让群众充分理解自己的工作	B2
		沟通干群、协调同事与上下级关系也是一门功课	B3
3	责任心	没有及时告破的案件绝不放弃追查，直到案件告破为止	C1
		工作最重要的是问心无愧，而不是一味地追求上级的满意度	C2
		警察如果不能保护好自身安全就无法正常履职	C3
4	分析判断能力	一名优秀的警察能够对案情及事件发展原因或结果的可能性和重要性进行分析，衡量不同行动方案的价值	D1
		询问证人时应注意抓住主要矛盾，做好疏导工作	D2
		在行动前，根据案情发展规律及时准确地分析案情以保证行动成功	D3
		处理案情时应综合案情发展的规律，选择最佳的行动方案	D4
5	问题解决能力	遇到棘手的问题时先请示上级再执行下一步方案	E1
		勘查现场时保持冷静即指理性观察与思考每个环节	E2
		一名优秀的警察，不仅不惧怕问题，而且有能力迅速解决问题	E3
6	服务人民的意识	面对报案的群众或是受害者，应多一些安抚与劝解	F1
		人民警察也是人，好的警察也不一定对每一位群众都有耐心	F2
		作为一名警察不仅要打击犯罪同时还要服务好人民群众	F3

续表

序号	胜任力名称	胜任力语义描述（测试项目）	编号
7	抗打击力	即便人民群众对自身工作不理解，仍需要坚持完成工作	G1
		如果自己努力工作得不到上级认可，那就没有必要太努力	G2
		警察大多工作在艰苦环境之中，所以要吃得了苦，耐得住寂寞	G3
8	胆大心细	侦破案件时，要全面整合已掌握的线索，勇敢、细致缺一不可	H1
		反复揣摩细节并有效观察才能成功处理案件	H2
		一名好警察不仅需要过人的胆量，很多时候细节关注更重要	H3
9	特殊技能	警察办案不仅依靠经验更需掌握足够的专业知识和技能	I1
		警察工作大多数人都能胜任，不需要更多的专业知识	I2
		警察日常办案中更多地需要较强的语言和文字表达能力	I3
10	处突能力	一名优秀的警察能在突发状况下依照外在环境需求改变自己的工作方法或行为方式，并出色地完成任务	J1
		出警时遇到突发状况要当机立断，犹豫可能会带来意外的危险	J2
		出警时遇到突发状况应当快速反应，并根据外在环境需求做出改变和调整	J3
11	沉着机警	作为警察遇事应该沉着冷静、谨慎踏实，不浮躁冒进，急功近利	K1
		出警时无论案件大小，犯罪嫌疑人多少，都要时刻保持警惕	K2
		出现场时应随时保持冷静的头脑，并实施理性的观察与思考	K3
12	团结合作	为完成警队共同目标而与单位同事共享信息、有效沟通，才能如期完成既定任务	L1
		现场查缉信息研判的及时与准确需要团队成员和领导一同协作	L2
		团队工作时遇到大家意见不统一的时候，将影响破案效率，所以还是一个人独立行事最好	L3

续表

序号	胜任力名称	胜任力语义描述（测试项目）	编号
13	自控调整	做警察不管工作有多忙，业余时间都要有一些自己的爱好	M1
		面对上级领导的批评和严格要求，自己要找到合理的发泄渠道	M2
		因为工作任务繁重，自觉愧对亲人	M3
14	创新性	处置各类刑事或治安案件时能灵活运用自己掌握的知识方法尽快解决问题	N1
		案情处理时不按常理出牌往往才能取得突破性进展	N2
		警察工作经验很重要，但是不能局限于经验	N3
15	洞察力	搞警察工作，“好眼力”是必要的，能在人群中迅速锁定嫌疑目标	O1
		进行排查时，敏锐的观察力是逮捕犯罪嫌疑人的有力保障	O2
		优秀的警察很多时候都是通过对细节的有效观察而成功侦破案件的	O3
16	意志力强	对于没有及时告破的案件不放弃追查，直到案件成功告破为止	P1
		当警察很多时候要处在艰苦的环境中，所以要吃得了苦，耐得住寂寞	P2
		警察虽是高危职业，但选择了就无悔	P3
17	体质强健	每天坚持锻炼，身体素质过硬才能在对敌作战时慑服对手	Q1
		没有好的体力是不能应对加班的	Q2
		强健的体质不仅是工作需要更是对家人负责	Q3
18	枪械使用	警察执勤配枪既是对自我的保护更是震慑悍匪的需要	R1
		执法警察应考取驾驶证 B 照以上方可应对不同类型的车	R2
		警察配备枪械的作用在于使犯罪分子迅速屈服	R3

（2）试调查量表。打乱测试项目的编号顺序，将同一警察胜任力的不同语义表述归入不同的警察胜任力试调查量表，将不同类警察胜任力的胜任力语义表述组合成试调查量表（二）（量表 1、量表 2、量表 3、量表 4）（见附录四）。

（3）试调查量表的分析。对警察胜任力试调查量表中每条语义陈述句进行分辨力值计算，表 3-18 是 20 位警察胜任力现状试调查量表（二）的测试结果（节选）。

表 3-18　警察胜任力指标测试项目分辨力值统计表

受测对象/编码		A1	B1	C1	D1	D4	E1	F1	G1	H1	I1	J1	K1	*	总分
总分高的25%的人	警察 1	5	4	3	5	5	3	4	3	5	4	4	2	2	49
	警察 2	4	5	4	3	4	5	4	3	4	3	4	3	2	48
	警察 3	3	4	5	4	3	5	5	2	3	5	3	2	2	47
	警察 4	3	5	3	3	5	4	4	2	2	3	3	2	1	40
	警察 5	4	2	3	3	4	5	3	2	3	4	3	1	2	39
	警察 6	3	3	4	4	4	3	2	2	2	3	4	2	1	37
	警察 7	5	4	3	2	3	3	2	1	3	4	3	1	2	36
	警察 8	4	2	3	2	3	4	3	2	4	3	2	1	1	34
	警察 9 ……	4	3	2	3	2	3	2	2	3	2	3	2	1	32
	警察 15	3	2	3	2	4	1	3	2	2	1	2	1	2	28
总分低的25%的人	警察 16	3	2	1	2	1	2	3	3	1	2	2	3	2	27
	警察 17	2	3	2	2	2	2	1	3	2	2	1	1	2	25
	警察 18	3	2	3	2	3	1	2	2	1	1	2	1	1	24
	警察 19	2	3	1	1	2	3	1	2	2	1	1	2	1	22
	警察 20	1	2	2	2	2	1	3	1	2	1	2	1	1	21
总分高的25%人的平均分		3.8	4	3.6	3.6	4.2	4.4	4	2.4	3.4	3.8	3.4	2	1.8	
总分低的25%人的平均分		2.2	2.4	1.8	1.8	2	1.8	2	2.2	1.6	1.4	1.6	1.6	1.4	
分辨力值（系数）		1.6	1.6	1.8	1.8	2.2	2.6	2	0.2	1.8	2.4	1.8	0.4	0.4	

利用试调查量表，既方便了解调查者的相对同意程度，又容易理解和操作。其分辨力是指一个陈述到底能否区别出人们的不同态度和态度的不同程度。分辨力系数越小，意味着此语句的分辨力越低，可以考虑将其删除。由表 3-18 发现第 G1、K1、* 条语句的分辨力较低，将剩下的 10 条分辨力较高的语句组合成警察胜任力正式量表。以此方法利用李克特量表测量出警察胜任力试调查量表（二）表 2 中编码 A2、C2、I2，表 3 中编码 C3、E3、L3，表 4 中编码 K2、N3、P2 的分辨力系数低，所以，考虑将其删除，原量表 1、2、3、4 中剩下的共计 44 条分辨力高的语句进行整合形成一份警察胜任力正式量表（附录四）。

（二）警察胜任力正式问卷（量表）调查结果统计分析

根据前面实证调查的结果，本研究的警察胜任力模型包括“政治素养”“专业知识”“业务技能”“个性特质”“心理健康”五个维度，再根据警察胜任力模型的试调查结果形成了一个包含 18 种胜任力和 44 个调查项目的警察胜任力正式量表（附录四）。这些胜任力和调查项目均是依据前期的理论研究和小样本分析结果得到的，但缺乏调查数据的验证，所以，需要对获取的 200 个警察胜任力问卷结果进行数据分析，确认警察胜任力模型的 5 个维度与 18 种胜任力之间的对应关系，进而构建完整的警察胜任力模型。为实现这个目标，研究借助主成分分析法对 200 个量表调查结果进行运算，以期找出警察胜任力模型中的维度与胜任力之间的定量关系。

1. 问卷（量表）资料统计

根据编码手册对每一份问卷实施编码，编码结果（节选）如表 3-19 所示。

表 3-19　警察胜任力现状问卷调查结果编码（节选）

编号	008	
区	开福区公安分局	3
警衔	三级警司	B
受教育程度	本科	B
警种	治安警	B
警龄	1~5 年	A
婚姻状况	未婚	A
性别	男	A
A1	爱岗敬业	2
B1	沟通协调力	3
C1	责任心	4
D1	分析判断力	3
D4	分析判断力	5
E1	问题解决力	4
F1	服务人民意识	5
H1	胆大心细	3
I1	专业技能	4
J1	处突能力	5

2. 相关性分析

对 200 个量表调查结果进行主成分分析的前提条件是警察胜任力正式量表中的 44 个项目之间存在一定的相关性。在社会调查研究中，一般采用对各项目进行 Bartlett 球形检验和计算 KMO（Kaiser-Meyer-Olkin 的取样适当性量数）系数的方法，寻求各项目之间的相关性。KMO 值越大，各项目之间的相关性越强，调查结果也就越适合进行主成分分析，一般来说，KMO 值在 0. 600 以上时，就可以进行调查结果的主成分分析了。依据这一理论，对 200 个量表调查数据计算其 KMO 系数和 Bartlett 球形检验值，具体如表 3-20 所示。

表 3-20　KMO 系数和 Bartlett 球形检验值

项　　目		计算结果
KMO 系数		0. 863
Bartlett 检验	球形检验值	1400. 237
	自由度 df	153
	显著性水平 sig	0. 001

根据表 3-20 的结果显示：本次访谈数据的 KMO 检验值为 0. 863>0. 600；Bartlett 球形检验值为 1400. 237（自由度 df 为 153），显著性水平为 0. 001，表示极其显著，说明警察胜任力量表的 44 个项目之间存在明显的相关关系，因此可以利用本次调查结果进行主成分分析，计算警察胜任力模型的 5 个维度与 18 种胜任力之间的关系。

3. 主题分析

（1）特征值选择。利用 SPSS 软件对 200 个量表调查数据进行主成分分析，获得如图 3-2 所示的特征值分布图。

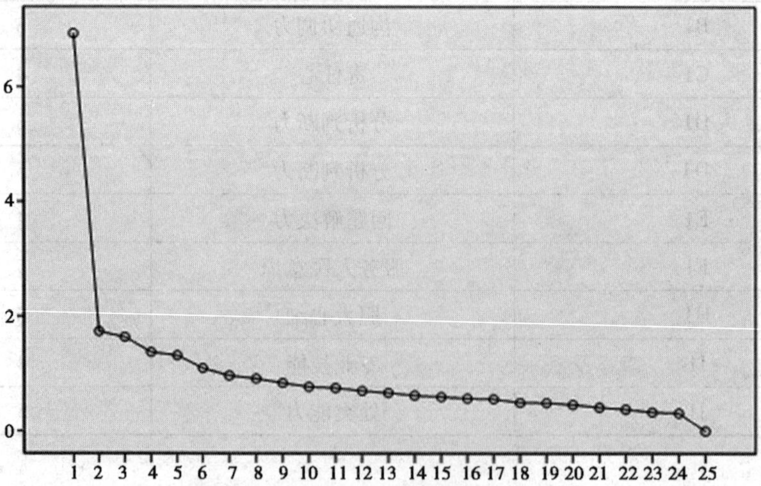

图 3-2　实际调查结果特征值分布

对图 3-2 进行观察，并以特征值大于 1 为标准，发现有 5 个特征值满足要求，共可以解释总体变异的 52.010%。理论上，这 5 个特征值恰好和我们预先确定的警察胜任力模型的“政治素养”“专业知识”“业务技能”“个性特质”“心理健康”5 个维度一一对应，我们将其用编号 1、2、3、4、5 代替。

（2）调整胜任力指标。第二次使用主成分分析法计算 5 个维度在每个项目上的旋转因素负荷矩阵，旋转因素负荷矩阵在 7 次迭代后收敛。其输出结果如表 3-21 所示：

表 3-21　旋转因素负荷矩阵表

项目	警察胜任力模型维度				
	1	2	3	4	5
A2	0.688				
A14	0.628				
A17	0.595				
A5	0.578				
A3	0.522	0.324			
A11	0.511				
A18	0.491				
A9	0.465	0.324			
A12	0.450	0.309	0.339		
A15		0.625	0.301		
A23		0.594			
A22		0.576			0.338
A4		0.565			
A25		0.555			
A21		0.542		0.484	
A24		0.499			
A1		0.469			
A29			0.640		
A13			0.635		
A26			0.598		
A30			0.525		
A27	0.389		0.483		

续表

项目	警察胜任力模型维度				
	1	2	3	4	5
A16		0.354	0.426		
A10			0.342		
A19				0.786	
A20				0.729	
A6				0.639	
A28			0.336	0.449	
A8					0.903
V81					0.903
A7					0.470

旋转因素负荷矩阵中，每一个项目在维度上的负荷值表示该维度与项目的相关性，项目在某个维度上的值越高，表明该项目与维度的从属度越高；若项目在某个维度上的值越小，则说明该项目不能反映出该维度所体现的本质特征。同时，若一个项目在两个或两个以上维度的值均比较高且两个值相似，这样的项目应该在量表中予以剔除。因此根据表 3-21，警察胜任力正式量表中的 A9、A12、A21、A27、A16、A28 共 6 个项目需要剔除。

（3）胜任力维度负荷计算及结果说明。根据删减后的警察胜任力量表中的项目及警察胜任力模型中的 18 种胜任力与项目的对应关系，对获取的 200 个调查样本研究采用正交方差极大法进行计算，获得最终的警察胜任力维度负荷矩阵，如表 3-22 所示：

表 3-22　警察胜任力维度负荷矩阵负荷矩阵（样本数 200）

项目内容	警察胜任力模型维度				
	维度 1	维度 2	维度 3	维度 4	维度 5
服务意识	0.646				
爱岗敬业	0.605				
责任心	0.560				
实战枪械		0.909			
问题解决能力		0.685			
处突能力		0.666			
团结合作			0.611		

续表

项目内容	警察胜任力模型维度				
	维度 1	维度 2	维度 3	维度 4	维度 5
分析判断能力			0. 606		
洞察力			0. 590		
自我调节			0. 585		
沟通协调			0. 507		
体质强健			0. 573		
创新性				0. 660	
沉着机警				0. 628	
胆大心细				0. 597	
意志力强				0. 551	
抗打击力					0. 804
自控调整					0. 735

依据表 3-22 提供的警察胜任力维度与胜任力关系的分析结果，警察胜任力模型的第一个维度“政治素养”包括 3 种胜任力，方差解释量为 27. 717%，其主要内容是指“服务意识”“爱岗敬业”“责任心”；第二个维度“专业知识”包括 3 种胜任力，方差解释量为 6. 952%，其主要内容是指“实战枪械”“问题解决能力”“应变处突”；第三个维度“业务技能”包括 6 种胜任力，方差解释量为 6. 554%，其主要内容包括“团结合作”“分析判断”“洞察”“自我调节”“体质强健”“沟通协调”；第四个维度“个性特质”包括 4 种胜任力，方差解释量为 5. 508%，其主要内容是指“创新性”“沉着机警”“胆大心细”“意志力强”；第五个维度“心理健康”包括 2 种胜任力，方差解释量为 5. 280%，其主要内容是指“抗打击力”“自控调整”。

第四章 >>>

警察胜任力模型分析

本书在文献综述、实证调查（访谈、问卷）的基础上经过逻辑分析建构出警察胜任力模型（见图4-1、图4-2、图4-3），这些不同的结构模型图分别从不同视角阐释警察胜任力模型的存在方式。经研究发现，警察胜任力模型具有多维性、层级性、动态性和具体性的特征，且受到个体、管理、物质和教育等多方面因素的影响。

第一节　警察胜任力模型的维度及指标分析

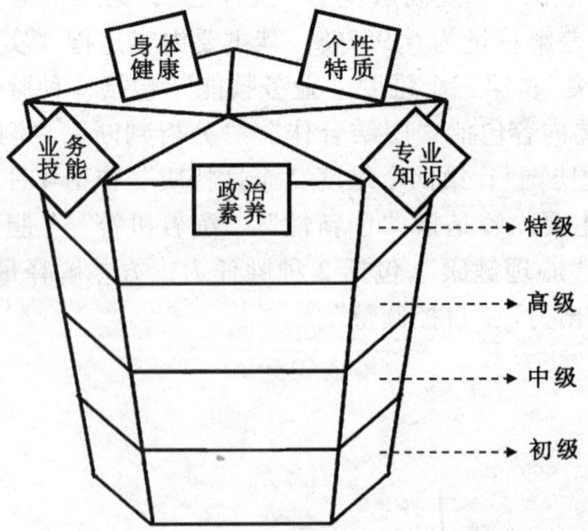

图4-1　警察胜任力的“立方体”结构模型

图4-1警察胜任力的“立方体”结构模型，呈现的是警察胜任力在五个维度上的立方体效果。根据警察胜任力试调查量表（一）的统计结果显示，警察胜任力模型呈现出五个维度，分别是“政治素养”“专业知识”“业务技能”“个

性特质”“身体健康”。五边形的每个面就代表一个维度，每个维度面又呈现出由低到高的递进层级趋势，分别是初级胜任力、中级胜任力、高级胜任力和特级胜任力。意即最底层的是初级胜任力或合格胜任力，层级越高意味着其代表的胜任力水平越高。而本调查研究的是初级胜任力，也就是警察入职时需要具备的合格胜任力。

图 4-2 警察胜任力的“圆柱形”结构模型呈现的是警察胜任力的五个维度在整个警察胜任力模型中的结构样式。在警察胜任力模型的结构体系中，五个维度由于受个体、管理、物质和教育等相关因素的影响而呈现出不同的比重系数及相关度，但本研究并未分析不同影响因素下的五个维度的比重系数及相关度。

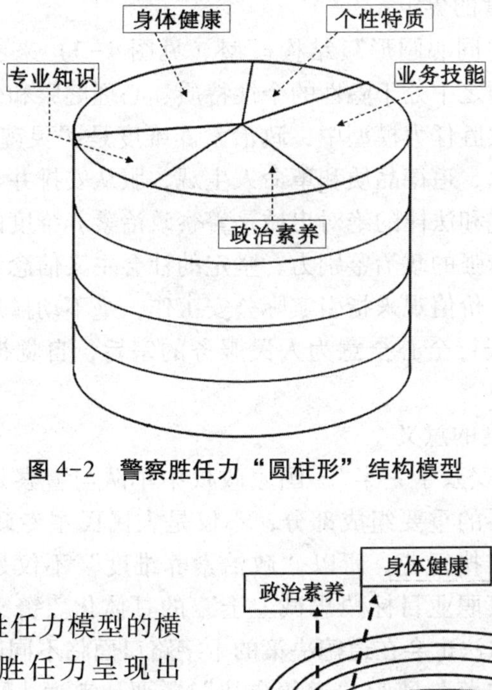

图 4-2　警察胜任力“圆柱形”结构模型

图 4-3 的警察胜任力模型的横切面表示整个警察胜任力呈现出“同心圆形”切面，五个胜任力维度由内至外分别是个性特质、身体健康、政治素养、专业知识、业务技能。处于横切面最内部的是最不容易被观察和测量到的，往往也是难以评价和后天习得的，但横切面最外层的却是最容易被观察和发现的，也是最易于评价和培养的。

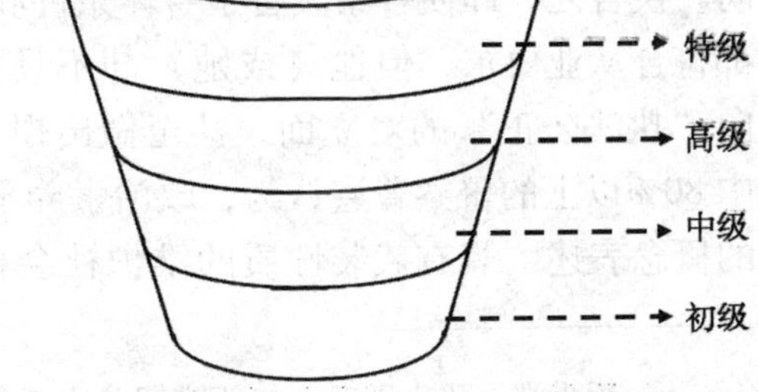

图 4-3　警察胜任力的“同心圆形”结构模型

一、警察胜任力模型维度分析

警察胜任力模型是一个综合有机复合体，不仅涵盖了警察胜任工作岗位的方方面面，而且呈现出一定的结构特征。就整个胜任力模型来看，各个维度之间既有联系又有区别，相辅相成、缺一不可，共同建构基层警察胜任力模型的有机整体。具体而言，各个维度在警察胜任力模型中价值表现各不相同。其中政治素养维度是灵魂，个性特质维度是前提，身体健康维度是保障，专业知识维度是基础，业务技能维度是关键。

（一）政治素养维度

1. 政治素养维度的界定

从警察胜任力“同心圆形”结构模型（见图 4-3）来看，警察政治素养维度在警察胜任力模型之中处于隐性的个性特质、心理健康和外显的专业知识、业务技能之间。在警察胜任力模型中，政治素养维度是“灵魂”，也是警察具有政治鉴别力、理想信念、道德品质和革命人生观、服从安排并与人有效沟通和责任心的综合体现。对党和法律的绝对忠诚是警察政治素养维度的第一指标，做好公安工作，必须具有较强的政治鉴别力、坚定的社会主义信念和共产主义理想，才能用正确的人生观、价值观来指引实际公安工作，毫不动摇地坚持党的基本方针和路线政策，并且践行全心全意为人民服务的宗旨，自觉抵御外来腐朽思想的侵蚀。

2. 政治素养维度的意义

“国家安危，公安系于一半”，国家政权中军队与警察是最主要的支柱。公安机关作为国家机器的重要组成部分，不仅是人民民主专政的重要工具之一，[①]更是国家意志的忠实执行者。所以“政治素养维度”不仅是公安机关性质和职能的体现，更是警察职业目标“忠诚卫士”的具体化。警察执法环境会面临不同的诱因，而警察执法也会在道德决策的十字路口面临不同的抉择。警察个体能否自觉抵制“道德失范”回归“道德自律”需要比普通人更坚定的自制力。警察政治素养维度是警察胜任力的本质特征体现，因为它引导着警察从业的坐标方向。换言之，即便警察具备了身体条件和业务能力，甚至是心理特征和个性特质都符合从业要求，但他（或她）却不具备这种道德定力的时候，随时都可能走向“执法公正”的对立面，甚至做出损害国家利益、人民利益的事情。在调查中 80%以上的警察普遍认为，政治素养不仅体现出政治建警的重要原则，与警察的概念表述“具有武装性质的维护社会秩序、保卫国家安全的国家行政力量”[②]

---

① 缪世淮．邓小平理论与新时期公安工作论要［J］．四川省公安管理干部学院学报，1998（8）．

② 公安部政治部．公安基础知识（修订本），2003：1．

相匹配，更是对党、国家、人民和法律忠诚的保障。

警察虽是一个受人尊敬的职业，但也是一个十分辛苦的职业，警龄5年以上的警察大多成家立业，且都处于“上有老、下有小”的年龄，但在这样一个高危职业的背后其薪酬总额仅仅能满足其基本生活需要而已。所以，从警5年以上的警察在大多数情况下都会认为“爱岗敬业”的前提就是要有讲政治、忠于党的职业操守，没有绝对的政治素养就不会有“爱岗”和“服务”的现实行为表现。所以政治素养在胜任力结构体系中，是“统率”其他胜任力的“灵魂”，更是提高专业知识和业务技能的动力和源泉。警察职业的特殊性要求警察在执法活动过程中具备自觉抵御外来风险和防止腐败蜕化的能力。在实际的警务活动中，如何运用政治素养维度来解决道德方面的危机呢？例如，警察在执法过程中遇到“自由裁量”权时，是将公正的天平倾向“老百姓”还是“权势方”？对群众的服务能否落到实处而不是停留在口头呢？遇到“邪恶”是挺身而出还是明哲保身、逃之夭夭？作为一个普通人遇到这样的境遇可以选择避让或者离开，但是对于警务执法实践中的警察而言这是不容回避的。

在警务组织协同作战的大背景下，警察个体之间、警察个体与警务组织之间、警务组织与警务组织之间都面临“协调”与“沟通”的关系，所以访谈中80%以上的民警都谈到“团结协作”与“沟通协调”能力既是警察个体履职的前提条件，更是警务组织开展警务工作的重要保障。学历在硕士以上的警察较之于学历水平低的警察，更倾向于警察的服务意识一般，警龄在10年（含）以下和15年（含）以上的警察认为警察的服务意识较好，警龄在10~15年的警察却普遍认为警察的服务意识一般。担任行政职务的警察相对于非行政职务的警察更倾向于较强的服务意识和提升服务水平。

（二）个性特质维度

1. 个性特质维度的界定

个性特质是警察个体区别于其他职业个体、稳定的心理品质特征集合，也是各项警务工作开展的前提。根据图4-3可知，警察个性特质处于“同心圆形”切面的核心层，其对从警职业生涯的稳定性，尤其对警察胜任力的影响作用较大。个性特质维度是警察胜任力维度中的核心层，与其他维度相比具有内隐性特点。“五因素个性理论”认为人的个性内容主要包括外向、愉悦、自觉性、情绪稳定和经验五个方面①，也有人认为依据“五因素个性理论”的个性维度包括神经质（N）、外向性（E）、开放性（O）、顺同性（A）和严谨性（C）②。而警察的个性特质可概括为社会外向性、待人随和、意志力、情绪稳定等指标内容。

① 张振声．论五因素个性理论与警察工作表现预测［J］．公安大学学报，1998（4）．

② 戴晓阳、崔占军．深圳市警察心理素质研究（Ⅰ个性特征调查）［J］．中国心理卫生杂志，2003（7）．472.

2. 个性特质维度的作用

著名个性心理学家美国奥尔波特（G. W. Allport）提出："能够为人的内部身心系统提供强大动力支持的组织系统是人的个性特质，因为这能使人产生不同于其他个体的思想和行为。"① 虽然个性特质与警察胜任力本身没有直接的关系，但其稳定性不仅影响警察的创造性、责任心，而且对警察职业的稳定性和成就感影响深远，但由于警察胜任本职岗位工作的能力会不同程度地受到警察个体所处环境、所受教育程度等多种因素的长期影响，所以，个性特质维度虽不能直接对警察胜任力产生影响，但可与其他维度共同作用于警务人员的工作行为表现。例如，个性特质会使警察勇于面对危险、灵活应对突发事件，甚至比普通人群承受更多的工作和生活压力。个性作为个人能力体系中的一个重要方面，西方国家早已将其作为警察选拔和晋升的重要内容，许多国家也把个性特质和心理健康作为选拔和训练警察的重要内容。

通过行为关键事件访谈，发现个性特质与年龄和文化程度有相关性。警龄在10年以上的警察，包括从部队转业从警的军人，个性特质表现为内向和小心谨慎，情绪大多倾向于稳定，人际交往时的协作性也表现突出。性别方面，女性警察积极、开朗的开放性特征明显高于男性警察，但男性警察在坦诚、谦虚、工作协同方面的个性特质却高于女性警察。另外，文化程度越高的警察其情绪也越倾向于稳定，个性特质中的外向、开放化程度也较高，但人际交往时往往会表现出工作中不易于合作、竞争性较强的个性特点。大多数访谈对象（基层警察）提出在面对"高危、艰苦、易腐蚀"的职业环境时，使用较频繁的词有"意志力坚强""执行力强""吃苦抗压""胆大心细""沉着机警"等。可见，不同警种的警察对个性特质的认同感趋向一致，这也意味着从警的行业特征已然内化为执业人员的个性特质，而且这个稳定的气质特点将长期伴随警务人员，甚至影响其职业生涯发展。这也充分表现出"由于职业者处于相同的职业文化背景下，面临的工作环境和工作压力相似，从业者会由此产生出较为相似的行为规范和心理行为模式"。② 这一维度的确立可为警务人员选拔在个性特质方面的测评提供较好的测量工具。

（三）身体健康维度

1. 身体健康维度的界定

从图 4-3 来看，警察胜任岗位工作需要的身体健康是开展各项警务工作的保障，身体健康维度受个性特质的影响，但同时也会作用于政治素养、专业知识、业务技能三个维度。随着形势的发展和社会变化，公安工作的危险性、对抗性在与日俱增，同时对警察的身体素质提出了更高的要求。无论是抓捕、查缉，还是

---

① 高玉祥．个性心理学［M］．北京：北京师范大学出版社，2002.

② 王登峰，崔红．文化、语言、人格结构［J］．北京大学学报，2000（5）.

连续作战、长距离作战等，无不以强健的体质为条件。在强健体质的基础上强调持久耐力的体能是因为公安工作具有很强的对抗性，有时会有危险的搏斗，有时需要快速地奔跑，这些无疑都是对警察体能耐力的严峻考验。从警察自身来说，养成良好的生活习惯、坚持强身健体是非常必要的，因为强健的体魄和充沛的精力不仅是警察开展业务技能的基础，更是适应不同工作环境的需要。所以，警察身体健康维度包含体能适应性、耐力持久、强健体质等方面的指标内容。

2. 身体健康维度的作用

据公安部统计，近五年来，年均有441名民警牺牲，“过劳死”成首因。从数据显示来看，牺牲人数排前五名的警种有交警、刑警、派出所民警、治安警、消防警。警察近五年因劳累过度猝死1098人，2012年因劳累过度猝死234人，分别占同期牺牲民警总数一半以上，创历年最高数字①。所以，“和平年代最危险的职业警察排名靠前”已成为多数职业人的共识，只有全面发展警察身体素质、增强警察体质和适应不同工作环境的能力才是开展各项警务工作的前提基础。

由于受影视作品等媒体的宣传影响，多数人都认为警察是钢铁硬汉，不存在身体健康方面的问题。但其实不然，在警察胜任力的现状调查中发现，对于从事高效率、快节奏警务工作的警察而言，身体单薄、疾病缠身会大大削弱其战斗力。“小病撑、大病扛，轻伤不下火线”是多数警察的口头禅，同时警务工作人员也反映自身身体机能易受病菌侵袭、工作中耐力差，甚至受疾病困扰多年，由此出现抗打击力和自我调控方面的心理承受力较差的现象。根据访谈调查资料来看，一线的基层民警身体问题症状主要表现为：身体长期处于亚健康状况致使生理机能退化，心血管疾病、头晕、胸闷、肠胃功能紊乱等职业病层出不穷；因受高强度工作的影响，家庭生活中会面临家庭关系紧张、婚姻生活不和谐的困境，大多数警察会因收入不高、与家人团聚的时间不多、看不到个人成就和价值体现而感觉自责和内疚；工作行为过程中，由于受上述因素的影响，再加上警察执法过程的不可预估、执法对象的未知性和社会媒介对警察执法过程的聚焦，将间接导致警察工作行为的失调，轻则工作积极性受挫，情绪易怒、暴躁，重则有自残、自杀甚至伤人的过激行为。为建设祖国保一方平安而增强体质不仅可以培养警察的团队精神和警察职业道德规范，还可以磨炼警察服从命令、听从指挥、遵守纪律、机智灵活、勇于拼搏、不怕牺牲等警察必须具备的精神品质和意识。所以，警察只有拥有强健的身体才可以具有充沛的精力，才能更好地履行保护人民、打击犯罪的职责。一方面，警察个体要勇于面对工作、生活、学习各方面的压力，提高身体适应各项工作事务的能力；另一方面，警务组织内部需要建立引

① 安瑛．我国警察职业保障制度初探［J］．中国人民公安大学学报（社会科学版），2014（6）．

导身体健康的具体机制，例如，为警察个体提供身体健康的训练场地和训练时间。警察个体只有保持良好的身体健康水平，以应对和适应不同的工作挑战，才能保障各项警务工作顺利开展。

（四）专业知识维度

从图 4-3 来看，专业知识维度处于业务技能维度之内，又在政治素养维度之外。可见，专业知识维度在政治素养和业务技能维度之间起到“承内启外”的作用，亦是开展各项业务工作的基础。

1. 专业知识

专业知识是实施各项警务技能的基础，特指警察在执行警务工作过程中运用到的各种知识，既包括专业基础知识，还包含各种可以转化为业务技能的理论知识或专业拓展知识。为避免知识的片面性和局限性，民警不仅应掌握纵向“精”“深”的各警种业务知识，迅速进入本行业成为“内行”，还应具备横向广博的知识面，即熟悉与各警种业务直接或间接相关的各类科学知识，方能开阔视野、触类旁通，成为业务“能手”。

专业知识主要是指专业基础知识、专业理论知识、专业拓展知识。首先专业基础知识主要是指警察执法过程中的基础法律知识，这是任何警种专业的警察都需要掌握的入门知识。其次就是处于专业基础知识之上的专业核心理论知识，主要是指根据各警种业务需要开展警务工作时需要运用的专业核心知识。最后就是专业拓展知识，是指能提升本专业能力的，在专业理论知识之外，又能对专业核心知识形成包围的能力拓展知识。

2. 纵横知识

我国著名科学家钱学森曾经对知识分类进行过精心的研究，认为科学知识可以分为不同的门类和层次，横向可以分为自然科学、社会科学、思维科学、数学科学、系统科学、人体科学、行为科学、军事科学、文学艺术理论科学九个门类，纵向可分为哲学、基础科学、技术科学、工程技术四个层次①。基于此分类法，警察胜任力模型中的专业知识也包括纵横知识。其中纵向知识包括专业基础知识、专业理论知识、相关专业拓展知识三个层面，横向知识包括哲学知识，社会学知识，自然科学方面的数学、生物、天文、医学等知识，人文艺术类知识等。

综上所述，专业知识维度是警察胜任力模型存在的执业基础，警察执法水平的高低主要取决于警察对专业知识的掌握和熟悉程度，业务技能水平高低也大多取决于其对专业知识的熟悉度。

① 陈志军，徐立忠．我国当代刑事警察的知识结构［J］．江西公安专科学校学报，2001（9）．

横向知识“面广”：哲学知识、社会学知识、自然科学方面的知识、人文艺术类知识等

纵向知识层——『精、深』：
- 专业基础知识：法理学、宪法学、民法学、刑法学、行政法学、三大诉讼法学及证据学
- 专业理论知识：侦查学、刑事侦查技术、刑事照相、治安案件查处、交通事故处理、现场急救、痕迹检验、道路交通管理、民事纠纷的调节、群体性事件处置、谈判技巧
- 专业拓展知识：心理学与犯罪心理学、专业英语应用、医学等科学知识

图 4-4 警察胜任力模型中专业知识维度的“T”形结构图

（五）业务技能维度

1. 业务技能维度的意义

业务技能维度在整个警察胜任力模型之中处于外显层，所以是衡量各项警务工作成败的关键。业务能力维度，顾名思义即从事警务工作所需要的各项技能集合，不懂得、不熟悉警务工作业务技能的警察是不具备岗位胜任能力的。业务技能是公安工作对警察从事本岗位工作最直接、最具体的外在要求，也是由警务工作的职业性和专业性所决定的。衡量一个警察、一个警种、一个警务组织的工作质量如何，最有说服力的指标就是业务工作开展的效果如何、警务实战技能如何。所以，从警察胜任力模型的外部来看，业务技能维度对警务工作的开展具有极其重要的意义。

2. 业务技能维度的构成

综合各种研究方法，基层警察在实际警务工作中的业务技能表现可总结为“看”“听”“问”“想”“做”五个方面，如图 4-5 所示。

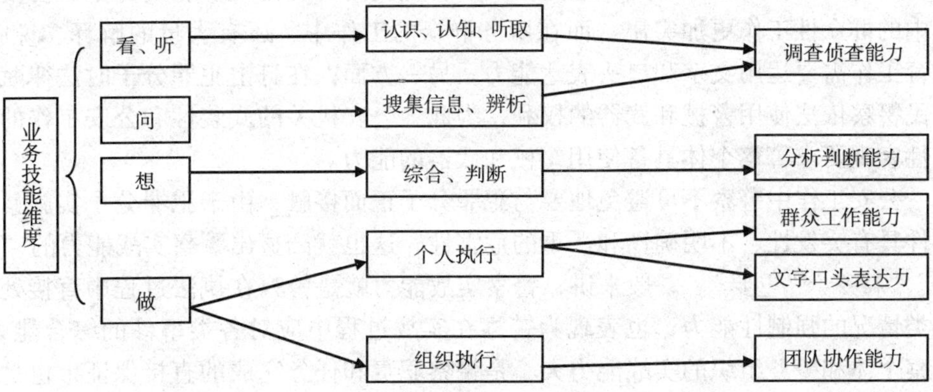

图 4-5 警察胜任力模型中业务技能维度结构图

“看”“听”“问”“想”“做”表现为在警务实战工作中相互连贯的五个方面，以交通事故处置为例，警察从“看”（观察）和“听”（接听）报案人陈述或到事发地点现场“看”（勘查）、“问”（询问）开始，再将信息汇总后认真“想”（分析），最后才能“做”出正确判断直至结案。

“看”“听”“问”的方面：警务实战的各项工作均要求以事实为根据，才可以做到证据充分。所以，业务技能维度中的“看”与“听”就是指调查侦查的能力。在与基层警察的访谈中，大多数警察都戏称自己有“火眼金睛”“千里眼”或“顺风耳”。常年的警务实践过程锻炼了警察在人群中迅速识别“嫌疑”人或“有犯罪动机”嫌疑人的“侦查”能力，刑侦民警或社区民警更是将“眼线”布控在百里甚至千里之外，放长线钓大鱼，“调查”与警情和社情有关的有价值的信息。所以，“看”“听”“问”即调查侦查的能力是业务技能中的首要能力。

“想”的方面：警务工作的另一个显著特征就是重证据，不管是出警处理各种群众纠纷还是刑事、治安案件的处理过程，都是通过对证据的分析、审查、判断来证明案件事实、还原真相的过程。然而，证据本身并不能自动证明事实如何，如果没有警务人员对证据进行综合汇总并做出准确判断且“输出”信息，证据也就成了毫无价值的“信息”。所以，访谈中50%以上的“一线”民警都谈到作为一个合格的警察不应局限于事物本身传递出来的信息，对案件侦破或事故处理的关键信息可能会掩藏在表面现象之下。可以说，没有“调查”后的“联想”“判断”能力，对案件和事故的“分析”也许就会被“搁置”很久都找不到头绪。所以，“想”的方面主要表现为分析判断能力。

“做”的方面：既包括警察个体的执行力，也包括警务组织的执行力。作为警察个体的执行力主要表现在个体的“群众工作能力”“文字口头表达能力”“警械和武器使用能力”三个方面，组织执行力主要体现在“实战能力”方面。

公安机关的职能就是“服务群众”和“打击犯罪”。一方面，“走群众路线”不仅是公安工作的一项原则，也是公安工作优良的历史传统。新形势下，公安工作中的群众性工作更加突出。而在服务群众的工作中，还有大量的解释、说服、教育工作需要运用文字和口头表达能力。另一方面，在打击犯罪分子时法律赋予人民警察依法使用警械和武器的权利，为此，公安机关的武装性和公安工作的强制性客观要求警察个体具备使用警械和武器的能力。

公安工作中警察不可避免地要与犯罪分子正面接触，由于犯罪分子实施暴力事件具有突发性、不明确性和严重的危害性，这也就凸显出警察实战能力的“特色”“特殊”“重要”。一般来讲，警察实战能力就是警察在执法过程中直接处理各类情况的强制性能力，也表现为警察在实战过程中应对各类事件的综合能力。警察个体和警务组织的实战能力大小是警察职责和任务完成的直接保证，也是减少警察伤亡的重要前提。警察如果没有过硬的实战意识、实战身体素质、实战技术、实战战术和实战心理，就不能更好地“打击”犯罪。

二、警察胜任力模型指标分析

根据对警察胜任力五个维度的分析，在警察胜任力模型中，各维度与所有警察胜任力指标之间的一一对应关系如表 4-1 所示：

表 4-1 警察胜任力模型中各维度和指标一览

<table>
<tr><th>胜任力维度及权重</th><th colspan="2">胜任力指标</th><th>层级</th><th>作用</th></tr>
<tr><td rowspan="8">业务技能</td><td>看、听</td><td rowspan="2">调查侦查能力</td><td rowspan="8">外显层</td><td rowspan="8">关键</td></tr>
<tr><td>问</td></tr>
<tr><td>想</td><td>分析判断能力</td></tr>
<tr><td rowspan="5">做</td><td>群众工作能力</td></tr>
<tr><td>突发事件处置能力</td></tr>
<tr><td>文字口头表达能力</td></tr>
<tr><td>警械和武器使用能力</td></tr>
<tr><td>实战能力</td></tr>
<tr><td rowspan="7">专业知识</td><td rowspan="4">横向知识“面”</td><td>哲学知识</td><td rowspan="7">中间层</td><td rowspan="7">基础</td></tr>
<tr><td>社会学知识</td></tr>
<tr><td>自然科学知识</td></tr>
<tr><td>人文艺术知识</td></tr>
<tr><td rowspan="3">纵向知识“线”</td><td>专业基础知识</td></tr>
<tr><td>专业理论知识</td></tr>
<tr><td>专业拓展知识</td></tr>
<tr><td rowspan="7">政治素养</td><td colspan="2">政治鉴别力</td><td rowspan="7">次中间层</td><td rowspan="7">灵魂</td></tr>
<tr><td colspan="2">团结协作</td></tr>
<tr><td colspan="2">理想信念</td></tr>
<tr><td colspan="2">道德品质</td></tr>
<tr><td colspan="2">革命人生观</td></tr>
<tr><td colspan="2">服从安排并与人沟通</td></tr>
<tr><td colspan="2">责任心</td></tr>
</table>

续表

胜任力维度及权重	胜任力指标	层级	作用
身体健康	体能适应性	次内隐层	保障
	耐力持久		
	强健的体质		
个性特质	社会外向性	内隐层	前提
	待人随和		
	意志力		
	情绪稳定		

（一）业务技能类指标

警察不仅需要具备纵横交织的专业知识体系，更需要有运用专业知识解决各类问题的能力，比如，利用本警种专业知识实施接警案件的现场处置和操作能力，或现场解决突发性事件的应变能力，尤其是在事件处理过程中为防止事态进一步恶化、能综合运用各类知识进行案件分析和重建犯罪现场的能力。所以综合来说，人民警察须熟悉和掌握好本职工作的业务技能主要体现为“看、听、问、想、做”五个方面的能力，与之相对应的具体能力指标有“调查侦查能力、分析判断能力、群众工作能力、突发事件处置能力、文字口头表达能力与警械和武器使用能力、实战能力”等。

1. 调查侦查能力

在现代警务活动中，调查和侦查作为公安机关获得信息、取得证据的基本手段，构成了几乎所有行政处理或执行刑罚的处置前提或必经程序。例如，在打击刑事犯罪、治安秩序、道路交通等各项管理活动中，不进行调查或侦查就无法发现违法行为或安全隐患，就不可能做出最终行政处理、执行刑罚的决定。警察行政和刑事双重管理的职能要求警察应具备调查和侦查能力，无论是行政调查还是刑事侦查，都是以事实为依据，按照法律相关规定采用调查或侦查的方式取得证据材料。

经过艰苦、深入、细致的调查和侦查才能取得真实、清楚且充分的证据材料，警务活动中采取的调查或侦查方式主要有“问”（询问或讯问）、“看”（勘验、检查、搜查、辨认和鉴定）、“听”（搜集信息）。从刑事侦查人员的角度来看，“听”表现为运用各种侦查方式和手段，组织多类侦查力量，全面掌握犯罪分子或犯罪嫌疑人的情报，从而为案件“告破”指明正确的方向。通过“看”与“听”，侦查人员才能在人群中“发现”嫌疑人的蛛丝马迹，例如，治安警察能“捕捉”群体性治安事件爆发的导火线、交警可以“识别”车牌真假、社区警察会“观察”群众困难等，这些“看”的能力无不体现警察对事物的敏感和认知。“听”的能力在调查和侦查过程中表现为警察善于发动群众，多渠道、多途径地搜集警情信息的来源，就好比长着“顺风耳”一样，不论敌情还是社情、案情或民意、地形或气候等各方面的情况都能通过各种渠道源源不断地“汇总”输入警察手里。

从组织层级来看，公安领导的“看”与“听”对警务活动的正确实施意义重大。例如，通过组织指挥机关采取不同的方法及时收集各种情报信息，只有能“看”常人所未见、“听”常人所未察，才能具备“想”常人所未想的能力。从而由表及里地辨认情报信息真伪，分析判断各种情况的内在规律和联系，抓住重点关键信息，并做出准确判断。所以，在现实出警过程中，包括与社区民众的沟通都需要警察在掌握大量信息的前提下才能做出正确的选择和判断。无论是处于警务活动的开始阶段，还是执行阶段，抑或是实施的细节过程，要想及时准确地了解事态的发展变化，就得善于将“看”“问”“听”的能力结合好，才能准确预测警务活动开始、发展、变化和结局，尤其善于把控外在环境对执法活动的影响，做到提前规避可能遇到的风险和困难，从而识别假象，达到全面、准确、及时了解地复杂现象的目的。

2. 分析判断能力

警务工作中“想”的能力主要表现为“分析判断能力”，一是指对警务活动过程的思考能力，也称“分析判断”能力；二是指调动各方资源对信息进行“研判”的能力。刑警、治安警察、交警等警种在访谈中均表示“分析判断能力”是警务人员从业技能之一，对于警务活动的正确开展具有重要的影响意义。警务工作人员在确定警务活动发展的方向后，只有在对前期情况进行充分分析的基础之上才能处置人、事、物，进行下一步方案。可以说，准确的分析判断为警务人员实施正确决策奠定了基础，相反，错误的判断将导致错误的决策。由于警务活动过程中存在很多不确定的因素，有些警务活动的客体会制造各种假象，抑或是由于外界环境因素的改变导致客体的状态或意向性没有真正表现出来，所以在做“研判”时要保持清醒的头脑和顽强的毅力，既要善于观察各种细节，还要善于辨别真假，以保证判断的准确性。若对信息不能适时作出研判，就会影响警务活动的正常开展，甚至会由于研判不及时而贻误战机。所以，“想”的能力是警务工作人员从各种复杂易变的现象中抓住关键，并找到内在联系和规律的重要胜任力的体现。

3. 群众工作能力

警察群众工作的能力就是“三懂四会”的能力。孟建柱同志曾指出：“各级公安机关一定要采取措施，切实提高广大民警做好群众工作的能力。会不会做群众工作，我看，关键是能不能做到‘三懂四会’，即懂群众心理、懂群众语言、懂沟通技巧、会化解矛盾、会调处纠纷、会主动服务、会宣传发动。”① 开展群众工作不仅是党的群众路线的体现，也是公安工作的出发点和落脚点，更是社会稳定的基础。

新形势下，社会治安综合治理中建设“社区警务”的方针战略实施是“群众路线”新时期在警务工作中的具体体现，能否依靠群众解决社会治安综合治理中的问题将直接决定着新时期警务工作的成败得失。群众工作的能力可以简单概述为“开展群众工作的能力”②，可表现为为群众提供服务、解决纠纷、组织沟通等保护群众生命财产安全的能力。但在访谈和问卷调查中，很多警务工作人员均表示虽然当前警察职能中的“服务”性更加凸显，但警察的群众工作能力面临诸多问题，例如，服务主体即警察个体或警务组织主观上更愿意以处理刑事案件作为警务工作的主要内容，甚至在具体的群众工作中找不到方法和突破口，导致“警民关系”紧张。

4. 突发事件处置能力

警察突发事件处置能力就是指警察在现场执勤或警务活动中，面对危害社会治安秩序或公共安全的突发事件的一种应激性反应能力，通过突发事件处置，可以最大限度地降低危害后果。由于事件的突发性和危害性，可能造成严重危及社会治安秩序和公共安全的后果，所以需要警察现场采取紧急措施予以处置③。而突发事件的特点也决定了妥善处置机会“弥足珍贵”，甚至因为现场处置不当极有可能造成人员伤亡。访谈中，交警、社区警察、治安警察都提到警察处置“突发事件”的能力是考验警察业务技能的重要指标，因为警察在现场处置突发事件中，需要具备综合运用各种专业知识和战术技能的能力，例如，迅速搜集突发事件的起因、性质和特点等情报，到现场进行分析预测，从而就事件的发展态势做出准确预估和判断，通过对现场局势的有效控制使事件朝有利方向发展，可以说，处置突发事件的能力是一种警察综合业务技能的体现，是警察心理承受能力、战术处置能力、自我保护能力、沟通协调能力综合使用是否得当的体现。

5. 文字口头表达能力

警察的口头表达能力就是指能用群众熟悉的语言沟通，达到服务群众的目的。基于新时期公安部对警察群众工作要求“三懂四会”，“懂群众心理”是开展群众工作的基础，“懂群众语言”却是关键。因为，“懂群众语言”就是指能熟练掌握并运用群众语言，表达各级警察组织或单位对群众的重视，是推动群众工作、构建新型警民关系的警务工作技能。例如，作为与群众打交道最多的基层

---

① 田克东．“三懂四会”是做好群众工作的基本功［N］．人民公安报，2013-3-17(3)．

② 王海燕．提升警察群众工作能力的现象与模式建构研究［J］．法治与社会，2014(7)．

③ 李炜．现场处置突发事件警察应急能力建设研究［J］．武警学院学报，2011(1)．

警务组织派出所来说，接警、出警、处警工作内容繁多，尤以邻里居民打击斗殴等纠纷矛盾最多见，民警要在最短的时间内出警并且到达现场后能尽快控制、解决矛盾，警察口头表达能力最为关键。出警到达现场后要能尽快处理并厘清思路就需要以“听”为主，少说多听。处理过程中还要使用适当的语言发“问”，探寻当事人的心理诉求，找到疑点。在处警后期，更要用规范的语言表述“说”给当事人处理意见和结果。在此期间，尤其应注意用语规范得体，不得带有刺激性或者挑衅语言。例如，“我是警察你得听我的”“你到底懂不懂呀!”这些用语极易导致当事人滋生对立或负面情绪，影响处警结果。

警察的文字表达能力是指作为行政机关的警务组织或警务个体在日常警务活动过程中运用规范的文字表述进行上下级沟通的能力。在大量的警务工作中会涉及不同的文书材料处理工作，例如，接警、询问或讯问、处理、结案等工作，这些工作的进展都需要提交大量的正规化的书面材料。

6. 警械和武器使用能力

警察使用警械和武器的能力就是指警察在执法过程中合法、合理、正当使用警械和武器的能力。随着恶性犯罪、袭警案件的增加，警察有效使用警械枪支的能力显得越来越重要。《人民警察法》和《人民警察使用警械和武器条例》都对公安机关人民警察依法使用警械、武器做了明确规定。所以，为及时制止和打击违法犯罪、维护公共安全和公民的合法权益，同时也为维护公安民警的自身合法权益，人民警察应该具备准确使用警械和武器的能力。

在警务实战活动中，警械武器的正确使用已越来越受到广大基层民警的重视，在访谈中，很多警种警察都谈道：以前是“不愿带、被迫佩带”，才被动接受单警装备，现在却是“积极使用、主动佩带”，这都说明了警察使用警械和武器装备的意识提高了，证明了单警装备的使用价值正在逐渐被认可。但由此而来的问题却是：“如何保证警械武器在使用中规范化操作呢?”可见，规范化使用警械武器是警务实战中的一个重要环节，比如，动作上如何规范、安全地操作和使用警械和武器，在执法中最小代价地使用警械武器，怎样避免在警械武器使用过程中出现不必要的伤亡，在细节上如何做到“精准化”等一直是困扰执法过程规范化的问题。

按照《人民警察法》和其他相关法律规定的要求，“人民警察依法使用警械和武器的行为受法律保护①。人民警察在遇到暴力犯罪行为的紧急情况下，经警告无效的可以使用武器。②”警察掌握各种警械和武器使用的专门知识是保障人民警察依法履行职责的前提，只有正确把握警械、武器装备的使用才能取得执法战斗的胜利。在执法过程中，警察有可能单兵作战，也有可能协同作战，但不管

① 《人民警察使用警械和武器条例》第5条。

② 《人民警察使用警械和武器条例》第9条。

是哪种情况都要合法、合理、合情地使用警械和武器。尤其是当警察单独面对敌情时，既能在第一时间对自身面临的敌情与险情及时做出科学评估，使用合法的武器装备控制局势，还能在警务战术行动中恰当地运用武器装备。因为掌握警械和武器使用常识不仅可以在突发事件时保护警察自身的安全，还能起到临时震慑犯罪分子的需要。所以，如果把枪械的使用常识当作从警人员必备专业基础知识的话，那么面对暴力犯罪正确恰当地使用枪械就可看成是保护警察职业“生命线”的警务技能。

7. 实战能力

“广义的警务实战是指警察在执勤执法过程中处理的全部工作。狭义的警务实战是指民警依法妥善处置各种暴力抗法行为的过程。”① 不论是警察组织或是警察个体，在警务实战中都会面临职业风险。所以，完成任务、降低职业风险的能力是警察实战中最重要的能力。与此同时，在与犯罪分子周旋的过程中还有一种“特殊技能”对克敌制胜起着至关重要的作用，如在防卫不法侵害和控制伤害发生时，擒拿格斗、防卫与控制的战术运用对制敌起到至关重要的作用。其实在警务实战中也有很多基层民警提到“特殊警务技能”可以起到决定打击犯罪力度大小的作用。例如，刑事犯罪暴力化趋势严峻，警察在面对穷凶极恶的悍匪时可能单兵作战，也可能协同作战。在通常情况下，犯罪分子不会束手就擒，有的会选择行凶拒捕，有的公然挑衅甚至做出伤害警察的举动。如果此时警察临场经验不丰富，很有可能会被犯罪分子“突围成功”，但如果警察具有擒拿格斗能力，身体素质、体态表征、力量、速度都能积极应对的话，就能表现出明显的优势，降服对手。警察由于职业的特殊性，上下班时间经常无规律可循。例如，在下班时间遇到不良侵害发生就应当履行警察的职责，实施防卫与控制。但是警察能力运用有着法律规定的防卫义务和约束责任，也就是说，为制服嫌疑人，行使正当防卫权与合理运用控制技能可凸显警察个体执行力的强弱。

总之，在当前阶段，犯罪分子利用高科技手段犯罪、犯罪组织集团化、犯罪分子内部 MPA 管理的趋势都对警察实战技能提出了更多、更高的要求。在警务组织案件处理程序上要求“大配合”与“专管员”两相结合，“大配合”指的是刑侦案件要求多警种联动配合办案，以求在最短时间范围内侦破影响大、破坏程度显著、群众反响强烈的大案和要案；“专管员”指的是在交通案件处置过程中车、人、路、事故从始至终均由接警员负责到底。警务工作人员需要有广博的知识面、熟悉与公安业务直接或间接相关的横向知识结构，才能提升解决问题的能力。

（二）专业知识类指标

警察需要掌握的知识体系包括纵向知识和横向知识。

① 石斌．论警察的实战能力［J］．中国人民公安大学学报（自然科学版），2010（2）．

1. 纵向知识“层”

纵向知识“层”包含专业基础知识、专业核心理论知识、专业拓展知识。

专业基础知识。主要指基本法律知识，包括法理学、宪法学、民法学、刑法学、行政法学、三大诉讼法学及证据学等。如果不懂法律知识，离开法律的约束，警务工作就无法顺利开展。法律知识不仅是警察执法的“武器”，也是执行警务工作的“准则”。警务“执法”不仅需要知晓法律基础知识，更需要理解抽象的法律知识才能将其灵活运用到实际警务工作之中。也只有掌握牢固的基础法律知识，具备法律素养，才能进一步学好各警种专业理论知识和拓展知识。

专业核心理论知识。虽然警察行业各警种分工明确，但“专业”知识并非就指各类“警种”知识，而是开展各项“执法”工作和“服务”工作需要掌握的所有“基础知识”，包括“侦查学、刑事侦查技术、刑事照相、治安案件查处、交通事故处理、现场急救、痕迹检验、道路交通管理、民事纠纷的调节、群体性事件处置、谈判技巧”等。这些知识相互渗透，成为民警完成业务工作的“力量源泉”，也只有掌握这些“专业知识”才能在工作时“游刃有余”。警察执法水平的高低也取决于对这些专业理论知识的掌握程度。

专业拓展知识。随着警察执法环境的复杂化，警察执法工作面临越来越大的挑战，与此相适应的是要求警察具备丰富的综合知识，如心理学与犯罪心理学、计算机、英语、驾驶、医学等科学知识。警察的专业拓展知识包括运用现代科学技术相关知识、文史哲知识以及艺术涵养知识。这类知识的作用在于提升警察的人文素养和求真的科学精神，还能为警察的身心健康提供智力支持。

2. 横向知识“面”

横向知识“面”主要围绕纵向知识的需要而展开，可根据纵向知识的需要进行弹性化设计，主要包括哲学知识、社会科学知识、自然科学知识、人文艺术类等知识。

哲学知识。哲学知识是横向知识面当中最高层次的知识，因为哲学可以启发人的智慧，使人变得聪明。哲学作为高级形态的思维存在，具有能动认识事物普遍性和必然性的作用，形成科学的世界观和方法论，从而指导各项警务工作的顺利进行。

社会科学知识。社会科学作为一门研究社会现象本质及其规律的系统科学，是具有多重研究范式的学科。由于立足于社会现状，通过对社会发展中的重大问题研究来客观呈现社会问题，完成建立和完善合理的社会制度可能路径的基本使命。社会科学涵盖的学科有社会学、政治学、经济学、伦理学、心理学、教育学、管理学、人类学等。通过社会科学的学习可以用经验范式对复杂的社会事务进行主观分析和研究，增强警察专业知识底蕴。

自然科学知识。自然科学的根本目的在于发现自然现象背后的规律，自然科学基础知识的习得可以让警察更快掌握现代科学技术知识，进而具备应用现代科学技术的能力，培养创新意识，不断开拓公安工作的新局面。

人文艺术类知识。赫胥黎说过："单纯的科学教育确实和单纯的文学教育一样，将会造成理智的扭曲。"① 通过对人类生存意义和价值的关怀，可以在警察执法的理念、执法行为、执法程序方面更具有人性化，并且树立起正确的且与时代要求一致的人生观和价值观，从而建立积极向上的理想和奋斗目标。

（三）政治素养类指标

政治素养类指标包括政治鉴别力、团结协作、理想信念、道德品质、革命人生观、服从安排并与人沟通、责任心，这类指标集中反映了警察作为社会化的职业主体，评价自身警务行为时所产生的内心体验，也是警察存在的职业价值体现。

1. 政治鉴别力

"讲政治"一直被视为警察从业的"标识"，警察的"专政"职能是人民民主专政的重要体现。警察的根本性问题在于"政治立场是否坚定"和"政治观点是否正确"，警察的政治觉悟表现为"能否自觉接受党的绝对领导""言行是否与党中央保持一致"，这是具有中国特色的警察政治能力要求。如果没有在复杂多变的国际形势下准确把握方向、在各种腐蚀和诱惑面前保持清醒的头脑，就不算是一支具有大局意识，并且值得"党和人民群众可以信赖的纪律部队"。

2. 团结协作能力

团队执行力当中最重要的能力就是"团队协作"能力，"团队协作"能力就是指在警务活动过程中根据计划安排与外在环境分析，通过对警力资源的有效配置，使团队协同作战的效果大于警察个体集合的效果，即提高整体作战的效能，也就是实现"1+1>2"的价值。团队协作的能力首先体现在个体与组织之间，组织通过制度约束、法律规范、有效监督等多种方式对不同的警察个体实行统一指挥。例如，"多警种联合作战"就是在现代条件下集团作战的主要形式，组织作战中会遇到复杂多变的不确定因素，加之各警力所属组织的情况、特点各不相同，协作的效率和效益要实现最优化就需要"沟通协调"。

3. 理想信念

警察完成工作任务、克服困难都有赖于坚定的理想和信念。在警察的职业生涯中，理想与信念贯穿于警察的精神生活之中，在与犯罪分子作斗争的过程中会遇到各式各样的艰难困苦，如工作复杂繁重、环境恶劣、加班加点。如果没有坚定的理想信念支撑，发扬连续作战的精神，将很难适应公安工作。

4. 道德品质

公安机关的性质和责任决定人民警察必须忠诚于党、国家、人民和法律。"忠诚、正义、公正"的警察形象要求其具有良好的、高尚的、被社会认可的道

① 鲍遂献．走向公安法治的阵痛与希望［J］．公安研究，2003（9）．

德品质。人民警察要遵守职业道德，在现实生活中需践行道德规范，在思想意识中应当具备职业认同、服从命令、尊重他人、工作奉献的要素。所有被访问或问卷调查的对象在警察“道德品质”的测量指标上都有近乎一致的趋同，调查中发现作为警察个体，既要不负重托、不辱使命，又不得不直面自己微薄的薪资收入和繁重的工作任务；作为警务组织群体，在面对智能化装备犯罪个体或集团时还不得不应付缺少装备和经费的无奈。

5. 革命人生观

警察需要树立正确的人生观、价值观，将对党和人民的忠诚化为无限的为人民服务之中。正确的“人生观”的内涵是警察作为执法管理者不能“高高在上”，而应以“服务员”的身份为公众提供各种类型的“服务产品”。首先，作为从业人员要有服务人民的热情，当人民群众求助时能够及时处理，当群众遇到危险时敢于“亮剑”。其次，为公众呈现真正有服务内涵的“产品”，比如，具备岗位所要求的胜任力就是警察提供“服务产品”的表现。以社区警察为例，“服务”群众既可以表现为破案缉拿凶手，还可以表现为解决邻里纠纷。打造安全祥和的治安环境不仅是警察英雄本色，帮扶社区百姓更应是警察敬业精神的直接体现。“服务”内涵还可以表现为：愿意独立承担群众服务问题的责任，担任可信赖的顾问角色，根据群众的需要和问题提出具有独特见解的意见，以长远的眼光来解决群众的问题。

6. 服从安排并与人沟通

“服从安排并与人沟通”不仅要求警务工作人员服从上级组织的工作安排，还要求在个体与组织、组织与组织之间形成一种合力，这也是警务活动中各级警务组织的一项重要职能。警务管理中不仅主体是人，绝大多数的客体也是人。所以，人与人之间的打交道是警务工作能否成功的重要标志。无论是保护人民生命财产安全、稳定社会秩序，还是服务社区，都免不了接触各式各样的人群或个体。但由于人的主观性特点存在，与人打交道最难的就在于无法“攻心”，了解对方的真实意图。例如，讯问犯罪嫌疑人、询问证人和被害人时需要根据不同的年龄、性别、职业背景或者受教育程度甚至心理特点来开展“沟通”工作，而“沟通”的效果就代表工作的效果，往往是有较强沟通能力的警察能从对方的言语或肢体行为中迅速找到案件处理的关键点。与犯罪分子沟通，“威而不言、怒而不发”可使人敬佩，从而愿意主动交代问题，与普通群众沟通，“面带微笑、态度和蔼”，极具亲和力，群众会主动求助，甚至自愿提供线索，帮助警察寻找有力证据。所以，不论是警察个体还是警务组织，良好的沟通协调能力可以形成合力，并且充分发挥集体作战功效，最终确保作战任务目标的落实。

7. 责任心

从年龄来看，警龄长的警察的责任心、对职业的认同感明显高于年轻警察；从性别来看，女警察认为警察社会地位高且责任心强于男性警察；从工作成就方面来看，随着警龄和职务提升，学历越高的警察其责任心往往还低于学历较低的退伍军人。这说明责任心、职业认同感与警龄成正比，却与学历成反比。

总之，警察胜任力模型中的政治素养维度及其指标的确立，为警务管理目标“政治合格”“公正执法”的实现提供了理论依据。警察执法环境周围存在很多不良诱因，再加上警察个体面临社会监督、工作职责、家庭责任的三重选择时，能否自觉地将“法”的实质要求自动内化为个体的职业操守，并且运用于实际行动当中，需要比平常人更为坚定的敬业精神。所以，尽管警察的政治素养指标处于指标体系的中间层，但这种职业品德决定着职业生涯规划的开端，或者说，警察政治素养指标的成熟度直接影响着“国家机器”的正常运转。

（四）身体健康类指标

警察身心健康维度包含强健的体魄、与人交往和沟通、社会适应力、抗挫折、有效自我评估、意志力等方面的指标内容。警察的身心健康水平不仅要达到更要超出一般个体的身心健康需要，这是公安工作的特殊要求。心理学研究表明，警察仅在任职头三年内耳闻目睹的丑陋现象和感受就比普通人一生中见到、感受的还要多。[①] 如果不能尽快消除这些“负性”因素对警务工作的影响，警察心理将长期处于不健康或亚健康状态，情绪失调，挫折、失败等消极情绪不可控的话，平日里看上去内向、稳重的警察就会变得暴躁且具有攻击性。

1. 体质强健

强健的体魄是警务工作开展的重要基石。当前警务工作开展有一个不容忽视的现象就是基层警察由于工作任务繁重积劳成疾，甚至猝死在工作岗位上，这是造成行业内因公牺牲的主要原因。警务工作的危险性和对抗性要求从警人员无论是抓捕嫌疑犯、查缉毒贩，还是连夜蹲守，或是远距离奔波缉拿犯罪分子归案，都是“敌我”双方智慧的较量，更是对警察身体素质的严峻考验。此外，当遭遇犯罪分子负隅顽抗、拼死逃命时，危险的格斗、近距离快速的追逃都会对警察身体功能提出挑战。为此，在警察职业工作之余，锻炼身体、强健体质并非日常生活中简单的身体“保养”所需，更多也是为了工作顺利开展。所以，在实现个人执行力的过程中摆在首要位置的就是警察个体的强健体质。

2. 体能适应性

人们对于相同的压力源所产生的应激反应和排解压的能力是有差别的，“调控”能力强的人员对待压力可以保持乐观、积极的态度，缓解压力，甚至将压力转化为动力，使自己保持平和的心态去面对工作。相反，“调控力”较弱的人在苦难面前会表现出颓废、紧张的心绪，积攒压力、形成恶性循环，甚至降低对打击的容忍度，造成新的职业倦怠。

---

① 王震，缪金祥，范颖华．基层民警心理压力及其调适［J］．公安教育，2002（11）：13.

3. 耐力持久

现代社会道德观、价值观的多样化特点使得部分警察感到迷茫，面对警力不足、工作环境恶劣的职业环境，再加上制度的部分缺失，警察自我实现的内部驱动力更显不足。警龄 3~5 年的年轻警察因为承受不了工作、生活的巨大压力，出现了与同龄人不相适应的性格内向，待人接物时缺乏自信心，怕做错事，有的警察还过分小心谨慎，工作之余表现出一些病理性症状，如失眠、心悸、盗汗等。面对这样的精神压力，有些警察甚至发表“为防止出事不如不干事”言论，尽管这些说法有些偏激，但由此可见，“怕投诉、怕失误”也是警察工作积极主动性受打击的最主要方面。

警龄在 5 年以上的一线警察，不论何警种（刑警、交警、治安警察）都近乎一致地表示警察抗打击能力和自我控制力有待尽快提升，因为公安工作的复杂性、艰巨性，要求警察必须具备健康的心理素质。例如，在执行公务过程中，面对极具挑衅、充满敌意的犯罪嫌疑人时有可能会无法控制自己的情绪，甚至采取极端措施如开枪伤人、刑讯逼供等危害犯罪嫌疑人生命安全的行为。这种由于心理压力过大造成的行为个体失控的现象，将会给公安工作的顺利开展造成严重阻碍。再加上与社会安全防范形势所要求配备的警力相比，现阶段警察数量严重不足，所以高强度的工作量将直接导致警察身心健康受到威胁。提高警察的抗打击力和自我调控能力，将是提升警察心理健康的重中之重。

警察的职责是“保护人民生命财产安全和维护社会稳定”，履行这些职责的应该是一支身心健康、积极向上的职业群体，心理健康类指标就是警察正常生活、开展工作和出色完成任务的前提条件。“从心理学的角度来看，造成警察心理缺陷的原因不外乎期望心理失衡、矛盾心理失调和逆反心理失控。”① 如何保持良好、积极的心态，增强警务组织的整体战斗力，已显得十分重要。过高的压力已成为危及警察生命安全的杀手，面对如此问题，我们有必要加强对警务人员身心健康的重视。

（五）个性特质类指标

警察的个性特质维度包含社会外向性、待人随和、意志力、情绪稳定等指标内容。在警察胜任力现状的调查当中，数据显示警龄 10 年以上的警察情绪稳定、处理事务的开放程度大于警龄在 10 年（不含）以下的民警；学历硕士以上的警察心态积极、乐观向上，敢于创新，而学历专科以下或从部队转业的军人入警后更倾向于日常工作严谨、责任心强烈的工作作风，不赞成冒险激进的处事风格。由于警察职业的特殊性，外界警务管理环境会对不同性别的警察产生不同程度的影响，例如，治安情况的恶化、犯罪率上升将会给男性警察压力，导致其易于焦虑、情绪稳定性明显低于女性。这意味着个性特质与警龄、学历、性别有正相关

① 刘基政．转型期我国警察心理干预机制研究［D］．吉林：吉林大学，2007：4.

关系。

1. 社会外向性

外向性警察一般表现为善于社交活动，喜欢冒险刺激，敢于找寻机会，遇到挑战兴奋感增强。相反，内向性警察一般表现为爱独立思考、不好交际且安静稳重，富于严谨，办事偏于保守但可靠，善于自我控制。警龄在10年以下、学历在本科以上的警察因为刚刚接触社会，对事物充满好奇心和较强的上进心，其冒险程度和不按常理出牌的性格明显高于警龄在10年以上的警察。

2. 待人随和

因为警务工作需要解决的纠纷矛盾多数在事后，如果警察不能站在当事人的角度设身处地考虑，起到稳定双方情绪、消除矛盾双方抵触心理，而是高高在上地“教训”或者“训斥”双方，事件的处理将难以维持，甚至还可能引发群体性事件。“随和”的品质特点可以帮助警察与不同意见的人友好沟通，拉近双方的心理距离，从而尽快解决纠纷和化解矛盾。

3. 意志力

警察意志力属于警察心理健康范畴，是警务组织和警察个体自觉自愿确定警务工作目标，按照法律法规、组织安排和预先设定的工作任务来落实和调配自身的执勤警务行动，并积极主动地克服困难和完成各项任务，以达到统治阶级意志和目的的心理过程。与其他职业相比，为了能抵制住各种诱惑警察更需要具有坚强的意志力才能履行人民所赋予的神圣职责和使命。对于警察组织或者警察个体，警察意志力不仅与自身的身心健康密切相连，并且直接关系到社会稳定。警察意志力涵盖自觉性、果断性、坚韧性、自制力四大因子。①

4. 情绪稳定

以窗口服务的派出所户籍民警为例，每天都可能遇到各类“问题”群众，或因手续不全无法当时办理户口迁移，或因证明材料缺失无法更改姓名等，甚至有部分群众还会因为情绪激动，将愤怒和不满发泄在窗口的户籍民警身上。对此，警察如果情绪不稳定，言语稍加不注意就有可能引发群体性事件。所以，在自身情绪稳定的情况下还必须设身处地地体谅与理解群众的心理，起到安抚群众情绪的作用。

第二节　警察胜任力模型特点及价值

一、警察胜任力模型特点

警察胜任力是指警察履行本职岗位工作所需具备的能力标准体系，而警察胜

① 郝火炬，张坤．警察意志力与社会支持相关关系探析［J］．中国国情国力，2013（10）：46.

任力模型是警察个体匹配警务组织工作的各项胜任力要素排列及组合顺序的集合体。不同警种因从事不同的专业警务工作，其对应的胜任力模型也会呈现出不同的形态特征，另外随着警龄的增长，其岗位对应的胜任力模型内部结构也会有变化和调整。本节警察胜任力模型包含各警种警察在不同层级的胜任力。

（一）警察胜任力模型的多维性

警察胜任力模型是一个立体模型，不仅涵盖外显和内隐各个层面，而且各个维度及指标构成要素在模型整体中的作用不尽相同，具体表述如下：个性特质是职业稳定的保障，身体健康是履职的物质基础，政治素养是职业品德的体现，专业知识是执业基础，公安业务技能是履职的关键。总之，上述五个维度各代表警察胜任力模型立方体中不同的“面”，承担不同的作用；而且“面”与“面”之间相互联系，共同建构起基层警察胜任力模型的有机整体。

（二）警察胜任力模型的层级性

从图4-1警察胜任力“立方体”结构模型呈现来看，警察胜任力模型是呈现多维特征的立方体，且由不同层级的胜任力维度构成。

从立方体的单个维度来看，每一个维度都由不同胜任力构成。低层级的胜任力经过个体自身职业生成，在教育和培训的作用下不断向上一层级发展，经过初级、中级、高级的演进，最终将形成特级警察胜任力。在这个层级的发展过程中，每个高级别的胜任力都是由底层级的胜任力进化而来的，不会出现断层或者越级演进发展。

从立方体的整合角度来看，每一个平面的警察胜任力都会与其他的警察胜任力共同组合成一个完整的警察胜任力集合体。这个集合体将作用于不同的警察个体，使得不同的警察个体呈现出不同的胜任力层级。

从图4-2警察胜任力的“圆柱形”结构模型呈现来看，警察胜任力的五个维度在整个警察胜任力模型之中占有不同的权重比。将警察胜任力的五个维度放进同一个球平面来看，会因为各自不同的权重比呈现出“饼形”。但纵向来看，不同的球平面就代表了不同的层级，初级、中级、高级、特级的球平面层层递进，而且下一级的球平面是上一级球平面的必经阶段。

（三）警察胜任力模型的动态性

胜任力模型的“立方体”“圆柱形”“同心圆形”结构虽呈静态结构，但实际的警察胜任力模型是对应具体岗位的，而且还会在不同的警种岗位上表现出不同的形式。例如“刑侦警察”岗位相对“交警”岗位而言，对专业知识维度中的“枪械使用常识”指标要求更高；又如，在专业技能维度中“看、听、问、想、做”的能力会针对不同的警种岗位或者不同的管理客体呈现出不同的胜任力比重。

（四）警察胜任力模型的具体性

警察胜任力模型由外显胜任力和内隐胜任力两大部分组成，外显胜任力由

“政治素养、专业知识、业务技能”等部分组成，内隐胜任力由“个性特质、身体健康”等部分构成。对于具体岗位工作而言，警察个体的胜任力不管是显性的还是隐性的都是有具体表现形式的。例如，政治素养高的警察可能表现为职业认同感和从业热情度高，掌握扎实专业知识的警察在警情处理过程中遇到难题可以准确找到相关法律解释条文的指导，业务技能娴熟的警察还可以“一招制敌”，甚至“以一敌百”，或者利用高科技的力量实现常人难以达到的目标。也就是说，这些外显的胜任力可以比较明显、突出地在岗位履职过程中表现出来，所以说它们是具体的、可测量的，但真正对警察胜任力产生关键作用，或者说对胜任力模型中的显性因素有决定作用的是隐性胜任力。例如，身体健康维度的胜任力指标“耐力持久”对警察专业知识和业务技能的具体作用表现为，影响警务活动中专业知识的使用和业务技能的发挥。试想，当一位不具备耐力的警察遇到恶劣的外界环境并和悍匪周旋时，怎么能在保证自身安全的前提下持久作战并且制服嫌疑人呢？又如，“个性特质”维度中的“意志力”指标对警察从业稳定性有较大的影响，试想一位不能克服各种困难并根据困难的难易程度来支配、调节自己行动的警察怎么能事无巨细地做好服务群众的各项工作呢？所以，警察不仅需要具备外显胜任力，具体的内隐胜任力其实更重要。因为，具备外显能力的人虽可成为合格的警务人员，但具备具体的内隐能力才是满足岗位长期发展需要的。虽然实施具体的警务工作要同时具备具体的、显性和隐形的胜任力指标，但是，显性的警察胜任力指标易于学习和培养，隐性的警察胜任力指标的养成却需要长期的培养和训练，甚至还要在工作过程中不断强化。

综合来看，警察胜任力模型并不是孤立存在的，它会与外部环境发生联系，甚至会随着外部执法环境或人文环境的变化做出适当的调整，与此同时警察胜任力的要求也将随着环境的改变而呈现动态性的变化。

二、警察胜任力模型的价值

综合警察胜任力模型的研究发现其具有多维性、层级性、动态性和具体性的特征，警察胜任力模型的价值表现在理论价值和应用价值两个方面。

（一）深化了警察胜任力的理论研究

胜任力理论一直是近年来管理学、心理学等学科领域研究的热点问题之一。欧美发达国家学术界和企业界对胜任力模型的研究已经比较成熟且广泛将其纳入人力资源管理的实践当中，国内研究甚至将胜任力理论成功运用在党政领导、企业高层管理和医生、护士、教师等行业领域，拓展了胜任力理论在中国不同职业领域的“专业化”研究，但是国内就警察胜任力理论模型建构的研究甚少。

1. 在胜任力模型理论的基础上建构警察胜任力理论模型

借助于胜任力理论模型的研究方法，本书针对警察胜任力理论模型的建构是一种新的尝试，首先基于国内外文献分析找到警察胜任力素质框架，其次利用行为关键事件访谈和李克特问卷量表进行警察胜任力的现状调查，并将调查结果进行 SPSS 统计分析初步获取警察胜任力指标体系，再次运用逻辑分析的方法系统建构警察胜任力的理论模型，最后将警察胜任力理论模型应用于警察院校的人才培养。

2. 扩充了警察胜任力理论研究的视野

通过警察胜任力模型的系统分析对警察胜任力有了整体性、全面性的研究。警察胜任力模型的五维度按照由内到外的顺序依次为“个性特质”“身体健康”“政治素养”“专业知识”“业务技能”。而五个维度所属的胜任力指标有二十三种指标，分别是“社会外向性”“待人随和”“意志力”“情绪稳定”“体能适应性”“耐力持久”“强健体质”“政治鉴别力”“理想信念”“道德情操”“革命人生观”“服从安排并与人沟通”“责任心”“知识面”“专业知识”“调查侦查能力”“分析判断能力”“群众工作能力”“突发事件处置能力”“文字口头表达能力”“警械和武器使用能力”“团结协作”“团队实战能力”。此外，还就警察胜任力模型在不同角度下的结构样式进行了深入分析，例如，本章第一节呈现的警察胜任力模型的“立方体结构”“圆柱形结构”“同心圆形结构”。以上这些关于警察胜任力模型的结构分析和警察胜任力指标的系统分析不仅深化了对警察胜任力理论的认识，而且还为警务管理中的实践指导提供了具有参考价值的理论指导。

（二）具有实践指导的重要价值

警察胜任力模型的实践应用价值主要表现在以下两个方面：

1. 为警务人力资源管理奠定理论基石

现代警务人力资源管理不同于传统的警察人事管理，以警察胜任力模型为基础的警察管理模式既体现了警务模式的价值取向和人文精神，又有利于警察人力资源管理在人员招聘、人员培训、人员晋升、绩效管理等方面奠定基石。

目前警察人力资源管理工作中遇到的类似问题是：通过公务员招录的高学历、高分数的新警为何不能迅速适应实际公安工作的需要？或者说适应实际公安工作的周期较长呢？究其原因，发现在入职考试和专业面试中，考核的主要内容及形式是按照普通公务员考试的一般要求来设计的，考试内容没有充分体现现代警察的职业特点，考核形式也没有涉及各警种岗位对胜任力的特殊要求。而通过警察胜任力模型可以部分解决考核目标与实际岗位工作相脱节的问题，再通过考试环节的设计，将警务组织的用人标准与考试内容紧密联系起来，可实现考试内容与岗位要求的匹配。这不仅可以降低人员招聘的盲目性，还可以提高招聘的有效度。所以，警察胜任力模型是警务组织获取警力资源的重要途径。

警察胜任力模型还可根据岗位标准和警察个人的匹配程度制定出符合员工个人职业发展规划的培训体系。尤其针对每一警种在不同职业发展阶段所必需的关键胜任力进行培训，将使员工培训工作更具有针对性和现实性。在警务人力资源的培训工作中，不论是新警入职培训，还是职位晋升培训或业务技能培训，都不能仅仅考虑警务组织战略发展的需要，还应该更多地与警察个人的职业生涯规划联系起来。因为随着警察执法环境的变化，各级各类警务人才的成长会有其自身的发展规律。所以，从警察个体发展的需要出发，针对不同警种、不同层级的警察来设计和开发不同的课程培训体系将具有前瞻性，满足警察个体与警务组织共同发展的需要，方能实现组织和个体的双赢。

2. 为警察胜任力培养提供理论指导

（1）指导警察院校开展警察胜任力培养。美国著名心理学家麦克利兰于1973年提出了一个著名的素质冰山模型。所谓“冰山模型”，就是将人员个体素质的不同表现形式划分为表面的“冰山以上部分”和深藏的“冰山以下部分”。在警察胜任力模型中，“冰山以上部分”包括专业知识、业务技能等，是警察胜任本职工作能力的外在表现，也是容易了解与测量的部分，相对于“冰山下”的能力而言，较容易通过培训来改变和发展。而政治素养、个性特质和身体健康处于“冰山下”，是决定警察履职效果和职业忠诚度的部分，不易受外界影响而变化。

通过行为关键事件访谈可以得知警察胜任力是与任务情景相联系的，通过胜任力维度指标可以描述与能力相关联的行为，提高警察胜任力的应用性和可操作性。例如，通过调查问卷的统计分析得到“警察胜任力指标测试项目”（详见第三章第三节第二点），通过胜任力名称和胜任力语义描述可以方便警察对该项警察胜任力指标进行判断和领会，以“个性特质”中的指标“意志力”为例，该项目的胜任力语义描述为“当警察很多时候要处在艰苦的环境中，所以要吃得了苦，耐得住寂寞”。这样的表述以实际行为为基础，易于实践操作。

（2）为警察院校课程开发与教学改革提供理论指导。已建构的警察胜任力模型已经明确回答了警察院校应该培养具备什么样的岗位胜任力的学生。结合警察院校课程建设和教学现状，基于警察胜任力模型的五个维度和各胜任力指标提出警察院校人才培养的策略和建议。

首先，表现为对课程开发的导向。课程开发包括课程目标、课程内容、课程实施和课程评价等环节，而警察院校现有的课程开发主要包括以理论知识传授的学院式为主要目标，以严谨、科学的知识体系为课程主要内容，课程实施的主要手段为课堂教学，而课程评价的方式仅仅就是单一的理论知识考试或考查。通过警察胜任力模型可得知课程目标不仅应包括显性能力目标，更应包含隐性能力目标；课程内容不仅包含理论专业知识体系，还包括业务技能；课程实施更应突出实战训练为主、理论知识为辅的方式；课程评价应对“知识+实战”实施综合评价。

其次，为教学改革指明方向。传统警察院校的人才培养因为教师教学没有与警务实战单位对警察胜任力的要求直接联系起来，所以并没有基于警察胜任力实施有效的课程教学。警察胜任力模型中各维度和指标规范了警察胜任岗位工作能力的具体要求，教师可以针对警察胜任力有的放矢地开发提升警察胜任力的课程教学模式，例如，传统的教学实施过程中教师是单一主体，教学方式仅以单向信息传递为主，实训教学平台的建设也仅以专业学生见习为主。改变传统的“教”和“学”的方式，就应该突出“教师”和“学生”的双主体地位，教学方式要突出双主体之间的信息交流，实训教学平台也要增设顶岗实习和开展“师徒制”等内容。

综上所述，随着警察胜任力模型理论研究的深入，在警察胜任力研究方面的成果正在向实践转化。其中，基于警察胜任力模型建构不同层级的警察胜任能力的标准，使警察院校传统教育中重理论、轻实践的教学模式向以岗位胜任能力要求为基础的教学实践转变。一方面，警察胜任力维度和指标影响着警察教学过程的实施。基于警察胜任力的警察培养可以有效地提高人才培养的质量，针对警察个体现实能力与胜任力的差距，可以实现个性化的培训。另一方面，警察胜任力模型为各警种的专业胜任力发展提供参考。我国警察高等教育是各类不同警种的综合教育，再加上不同地区、不同层次的警察胜任力发展有差异，各专业警种的警察胜任力培养并没有与之相适应的课程培训体系。如果警察胜任力的研究方法可以被推广，我国就可以建立在统一要求、指导下，不同地域、不同层级、不同警种的警察胜任力模型，并以此为基础建立系统的、多样化的警察胜任力培养体系。

第三节　警察胜任力模型影响因素分析

警察胜任力理论模型的建构是一个动态过程，但警察胜任力理念的不断更新和发展将为此理论模型的建构注入新的元素。由于警察胜任力理论模型是五个维度、二十八种胜任力指标要素之间共同作用的结果，所以，警察获取和发展胜任岗位工作的能力是一项复杂的系统工程。不仅需要关注警察个体因素对警察胜任力发展的影响，更要关注外在管理、物质和教育等因素对警察胜任力形成和发展的影响，才能实现警察胜任力理论模型在警务实践中的应用价值。

一、个体因素

在执法过程中，警察个体所表现出来的在业务技能方面最凸显的问题就是执法对抗过程中体能耐力、徒手控制技能和警械、武器装备使用方面的问题；还有警察在车辆查控、人群盘查、建筑物搜索、抓捕犯罪嫌疑人的过程中由于缺乏危险评估和安全规范意识，导致在执法过程中警察个体面临危险系数增加和警情处置失败的可能。由此可见，警察胜任力的形成及其模型建构与个体因素密切相关，且呈现出明显的个性特点。因为个体的智力因素和非智力因素都对警察胜任力的形成和发展产生十分重要的影响。一般而言，个体具备警察胜任力是个体智力和非智力因素共同作用的结果。个体的智力水平对警察胜任力的形成起直接作用，而非智力因素对警察胜任力的发展起间接作用。

（一）个体智力因素对警察胜任力的影响

在通常情况下，警察个体的智力因素会直接影响到警察胜任力的形成和发展，但就智力水平而言，警务组织和警察院校可以通过设置入警和招生门槛进行控制。按照一般心理学的观点，智力属于认识活动的范畴，它是人们在对事物的认识中所表现出来的心理，是认识活动的操作系统。智力因素通常是指记忆力、观察力、思维能力、注意力、想象力等，即认知能力的总和，能力的培养和发展都依赖于智力因素的直接作用。从个体智力发展水平的差异来看，表现为低、中和高三个层级，也有的用智商作为衡量个体智力水平差异的指标。

如果警务组织和警察院校将“智力”作为招录的必备要件，那么在后续的工作或学习生活中，智力将在某个时间段呈现出一定的稳定性。但随着外在物质条件、教育水平和个人主观努力的不同，智力会表现出不同的差异性。

1. 对“专业知识维度”的影响

由于个体智力水平的差异，对于知识的习得、理解和吸收会呈现出明显的差异。例如，记忆力、观察力和注意力水平高的个体在专业基础知识与专业理论知识掌握方面，会表现出时间“迅速”和程度“宽广”的优势，而思维能力、想象力则是拓展知识面和拓展专业知识视野的必备前提。

2. 对“业务技能维度”的影响

在处理和解决问题的过程中，具有敏捷智力的个体能够尽快适应紧张的外界环境，并积极主动思考、周密地分析，继而做出正确判断或迅速得到结论。所以，在“突发事件处置能力”和“分析判断能力”方面，具有灵活智力的个体不会钻“牛角尖”，会从不同角度和方向，采用多种方法来解决问题。还有，具有概括、迁移能力强的智力表现的个体能针对社区或社会事务中的不同问题和现象展开群众工作，而具有发散思维的个体具备较强的“调查侦查能力”，甚至突破常理思维“反其道而行之”，为案件的侦破和警情的处理取得突破性进展。

（二）个体非智力因素对警察胜任力的影响

非智力因素是指智力因素以外的一切心理因素，它对人的认识过程起到直接制约的作用，而且各种不同的非智力因素共同作用于能力的形成。如果说智力因素能用准确的指标进行衡量，那么非智力因素是很难用具体的数据表示。但这并不能否定非智力因素的差异性，尤其是其对能力的影响大小。心理学同期群跟踪研究表明，有远大理想、抱负的个体与胸无大志的个体相比，在实现任务目标的过程当中其表现出来的结果有明显差异。例如，在取得较大成就的前五分之一个体当中，在自信、战胜困难、坚持进取等个性特质方面，显著优于成就小的后五分之一个体，这也说明非智力因素可通过比较分出胜负。

1. 非智力因素通过促进智力发展提升警察胜任力

非智力因素可提升智力水平，并作为内在因素对顺利实施警务活动起到促进作用。例如，在具体警务执行活动过程中，非智力因素可促进个体智力充分发挥、尽快掌握相关警务技能并且灵活运用，可使警察胜任力得到有益补充。假设个体对需要完成的警务活动没有浓厚的兴趣、高度的责任心和自信心，就不能高度集中注意力，保持思维的最佳状态，实现顺利完成该项警务活动的目标。

2. 各种非智力因素在知识和技能转化为警察胜任力的过程中起调节作用

个体的非智力因素虽不能直接转化为胜任力，但却是“专业知识”和“业务技能”转化为警察胜任力的中介。良好的非智力因素不仅可促进个体纵向专业知识增长和增强业务技能的熟练度，还能补偿个体在智力方面的缺陷，顺利实现胜任力的转化过程。例如，对于记忆力较差的个体而言，由于确定了正确的动机，会激发完成任务的兴趣和爱好。在对专业知识和业务技能有着强烈渴求的意识驱动下，会主动将无意识记忆转化为有意识记忆，或者不厌其烦地重复记忆，这样一来个体能补偿记忆力差的缺陷，同样能取得良好的记忆效果。所以说，各种非智力因素在有了正确动机的前提条件下将达到最佳的配合状态，实现良好的能力发展，而错误动机则会使某些非智力因素失去调节作用，甚至导致警务活动执行的失败。

此外，非智力因素在警察胜任力的发展过程中还具有定向、维持和强化的作用。定向作用表现在非智力因素对警察胜任力发展通过调节和支配个体的行为表现出来。例如，为达到预定目标，意志坚强的个体能自觉抵制不合预定目标的意识和行为，主动从事所必需的警务行为并自觉制止不合预定目标的行为。维持作用表现在警察胜任力形成的过程中，可使个体心情愉悦、能动地完成各项警务活动，并且保持乐观向上的积极心态，以至于在整个活动的实施过程中都能自始至终地全身心投入，直至成功。强化作用表现在侦破大案要案或处理群众工作中，为提升警务工作的群众满意度而具备积极上进的精神，能更好地促进个体努力开拓、团队合作，由过去的单兵作战发展为团队协作。

以上关于非智力因素对警察胜任力的调节作用主要是从积极的影响方面来谈的，但警察胜任力的发展有时也会起消极作用。例如，意志萎靡、情感脆弱、缺乏专业进取心的人要想获得与岗位相匹配的胜任力是不现实的。

二、管理因素

从内部影响因素来看，警察胜任力与警察个体的智力和非智力因素有关系，但从外部影响来看，有效的警务管理也是提高警察工作责任心和工作积极性的有效路径。从警务管理的角度来看，激发警察工作积极性，进而提高警察岗位工作的综合能力，也是影响警察胜任力形成和发展的重要因素。

（一）警务组织内部管理对警察胜任力的影响

现行警务组织管理的层级结构对警察个体胜任工作有负面影响。警务组织结构从宏观角度来看呈现出典型的“倒金字塔”形，组织管理的“机关化”倾向严重，同时由于警务职能部门对口管理出现“大机关、小基层”的现象，致使基层警力严重短缺。所以，目前我国现行警务管理模式对警察胜任力的影响在于没有营造警察胜任力发展的良好机制环境。突出表现在所有在编警察仅有行政级别之分，却没有专业技能的区别。不论是从事刑事侦查工作，还是从事治安防范工作；不论是政工管理还是后勤保障或办公室文书工作，尽管各业务警种有专业的区分，但实施的却是“大一统”化、不同行政职级的公务员管理体制。这也意味着现行警务管理模式没有很好地照顾到警察个人职业生涯发展和薪酬福利待遇等价值体现。据不完全统计，全国在岗警察仅有不到10%的警察是副处级职务以上，而近90%以上的警察职务层次在科级职务以下。从警察职业生涯发展的通道来看，因为受岗位职数的限制，警察个体在薪资福利、职务晋升、子女教育、房贷、社会地位等多方面均处于劣势，这种“付出与收获不成正比”的境遇使多数警察工作的积极性和业务提升的主动性受挫，“警务技能好与坏一个样”“多做事不如少错事”的懈怠心理普遍存在。受这种职业懈怠心理的支配，警务管理中至少要回避两种不良工作倾向：一是警察个体的奋斗目标过于倾向行政职务，从而导致弱化岗位胜任力中的业务技能维度和专业知识维度；二是警务组织系统中团队和个体的积极性、主动性面临严重的发展障碍，也极易导致业务精英不愿意向专业的“纵深”方向发展，甚至影响到整个警务组织的绩效。

入警招录体制不完善。目前我国警务组织招录警察的来源主要有三个方面：警察院校的应届毕业生、转业复员军人和社会招考人员，尤其是警察院校的毕业生基本占到入警人员半数以上。参加入警考试的人员只要通过公务员行政职业能力笔试和体能达标测试即可，一旦入警，即便执法能力处于不胜任岗位工作的状态，哪怕业务技能低下、执法不规范，只要不符合辞退的条件就可以一劳永逸。所以，人的“惰性”就会在这样一个对目标岗位胜任力没有严格要求的组织中“滋生”。既然不需要具备杰出的业务技能和“精深”专业知识也同样能开展警务实战工作，那就意味着只要达到基础胜任力就可以一劳永逸了。再加上入警主要来源的警察院校在校生所学专业与从事的警务岗位工作不对口，学校所学的专业知识没有较大的拓展性。例如，刑事侦查专业、刑事科学技术专业、治安管理专业、刑事科学电子取证方向、禁毒专业、交通管理专业等，不同的专业学习无法满足未知的警务工作需要。他们在警察院校所学专业分工很明确，因而警察院校并非提供警务工作全方面的学习，而是强调本专业的“窄口”学习，学生不可能有跨学科的了解。工作后劲不足、职务晋升的机会也不多，从而严重影响个体警务工作开展的积极性和主动性，造成个人工作业绩提升的动力不足。

绩效管理的方式欠科学。目前，我国警务组织从个体到团队各个层次的绩效考核管理中，破案数、抓捕率、犯罪率、罚单金额、接警出警反应时间都成为不可或缺的关键因素。这样的绩效管理将直接导致警察个体在警务工作的过程中

“机械化”地追求“数量”，并非事件处置和问题解决的质量，甚至采用过激手段来完成“数量”目标，这种绩效模式直接导致警察胜任力模型中多个指标空缺，执法手段和执法能力即警察胜任岗位工作的能力指标受“发案率低、破案率高、重大案件比例低”等指标驱使出现“异化”的可能。例如，审讯时的刑讯逼供、遭遇对抗执法时“以暴制暴”等现象时有发生。所以，很好地保护和发展警察个体警务技能的积极性与主动性是警察胜任力发展的需要。

（二）警务组织外部管理对警察胜任力的影响

非警察职能泛化影响正常警务技能的发挥。当前警察参与的各种非警务活动的种类繁多，主要表现为：第一种是出于社会综合治理的需要，在上级或其他政府机构的条件制约下被动参与的非警务活动；第二种是由于公安机关自身职能的需要，主动参与的非警务活动。前者主要表现为受上级政府职能部门委派、协助其他行政单位进行的政务行为。这些“非警务”工作的执行成为降低警察正常胜任力的主要“元凶”。例如，在信访办处理“老大难问题的”上访人员安置，特殊时期对可能上访嫌疑人员实行不间断监控，对进京和省会上访人员实施堵截或者劝回，甚至配合文化管理部门治理流动摊贩、配合宣传部门对文娱性晚会或演唱活动进行巡逻防护，等等。“有困难找警察”是大众非常熟悉的口头禅，“小两口吵架”“居民家钥匙找不着了”“煤气罐太重”这种类似的出警活动并没有让警察胜任力有“用武之地”。“非警务化职能”已成为困扰基层警察开展正常警务活动、履行岗位职责、发挥警察胜任力的重要障碍。因为从基层警察提供的“服务内容”来看，警察胜任岗位工作的能力主要表现在“爬窗户找钥匙”“背煤气罐”这些方面，警察自己似乎都忘记了正常的警察胜任力应该如何体现。如果说要用“非警务”工作的能力来换取真正警察胜任力的话，那警察的价值又何以体现呢？所以，“非警察职能”泛化不仅影响到警务组织根本职能的发挥，而且还将影响社会对警察个体和警务组织工作胜任力的综合评价。

三、物质因素

俗话说：“巧妇难为无米之炊。”警察胜任力模型的载体就是警察个体和警务组织，当这些载体的“存在”受到外来物质条件的制约或限制时，警察胜任力模型的“存在”也将受到威胁。

（一）外在的物质条件限制了警察胜任力的正常发展

1. 由于办公费用不足，警察胜任岗位工作的能力“异化”

警务组织政府财政投入不足已成为一个不争的事实，地方财政投入是警务组织经费的主要来源，但目前由于受经济发展水平等因素的影响，地方政府对警务组织的财政预算缺口较大，难以适应警务工作的经费需要。例如，在地方政府每年的财政预算中对警务组织的安排主要在于在编警察的工资和较紧缺的部分公用经费，而警用装备、设备维护，尤其是基层公安机关的办案经费鲜有涉及，甚至根本没有安排。所以，地方各级公安机关不得不“自谋出路”，有的搞“创收”，有的自筹经费。由于费用不足导致警务工作开展受限，很多基层公安机关不得不靠罚没款、赞助费来开展警务活动，警察胜任力也会由于市场的干涉而“变异”，甚至还容易滋生出违法违纪的行为。

2. 由于警用装备使用受限导致警察胜任力无法正常行使

基层警察使用警械和武器装备的意识不强也是导致警察胜任力无法正常行使的原因之一。虽然上级部门“三令五申”要求基层民警在出警和处警的过程中必须佩带警械和武器装备，但少数基层民警仍然沿袭老的思想和习惯，认为这些“老式”设备太沉重，带上反而被人笑话，或者认为只要在重大案件处置现场带上就可以了，平时处置一般性的事件根本无须佩带，加之配发的警械和武器装备有的仅有一个规格型号，而警察的体形、体力也有差别，穿上身反而觉得不习惯，甚至出现有的警察在出警时会取下装备中不常用的部分，放置在巡逻车上的现象，造成警械和武器装备不仅更新不及时，而且还在警务活动过程中使用率低，从而影响了警务实战中警察胜任力的正常发挥，尤其是遇到突发的危险状况时，警察胜任力就会因为警械和武器装备的原因发挥不出正常的效力，从而影响警察个体的生命安全。

从某种意义上讲，正确使用警械和武器装备不仅是警察胜任力正常发挥和保护的前提基础，更是提高警察自我保护意识的有效路径。试想，有着超强胜任力的警察如果在警务活动过程中没有自我保护的“盾牌”，打击犯罪的手段和力度如何能体现出来呢？

（二）物质保障体系无法满足警察胜任力发展的需要

目前，在警务保障体系中“同级保障为主，上级补助为辅”的模式无法真正满足各级警务组织的经费开支需要。由于警务组织的经费实行的是分级保障体制，各级警务组织的经费保障根据中央和地方事权划分的原则来分级承担。这种保障体制的最大特点就是强调经费的“分级责任化”。原来根据事权划分的原则，中央和地方的经费分派是可以得到解决的，这也有力地保证了警务组织能获得充足的经费。但随着社会多元化发展，警务工作权限的模糊化导致很多警务组织的很多业务工作归属权限不清晰，有的涉及中央事权、有的涉及地方事权，很难精确划分。这也极易导致相关政府部门在对警务组织经费投入问题上相互“卸担子”，使得各级警务组织的物质保障体系难以真正地建构起来，这在一定程度上影响了警务活动的顺利开展，从而也导致警察胜任力根本就没有正常发挥的余地。所以，由于警务活动的实施过程受到外在物质因素的制约和限制，警察胜任力存在的环境不得已受限封闭，警察胜任力向上发展的通道被堵塞，造成警察胜任力得不到正常发展的后果。

四、教育因素

对于警察胜任力而言，教育训练是最能推动警察个体和警务组织发展的外在关键因素，而警察院校是警察胜任力培养的主阵地。但从目前警察教育训练的现状来看，警察胜任力的培养和发展并没有呈现出递增和渐进的趋势。

（一）教育的内容可提升警察胜任岗位工作的技能

从对警察教育培养的知识内容来看，法学基础知识、警察专业知识、政治和经济等社会学科知识、自然科学知识、人文和哲学知识都是警察胜任力模型中“专业知识”维度的重要组成部分。在这些知识模块中，警察专业知识占据突出位置，这也说明警察教育是专门化的职业教育，但其与法学教育、军事教育既有联系也有区别。法学基础知识占据的重要位置也说明了警务活动要以法律为基础，知法、懂法才能执法。警察虽然是执法者，但与法官和检察官又不相同，在执法过程中很有可能要与违法犯罪分子进行武力对抗，所以，具备强健的体能素质是开展高强度警务工作的必要前提。再者，警察工作不仅是执法工作，还是政治性、社会性很强的工作，在与犯罪分子作斗争和服务人民群众的各项工作当中，还与政治、经济、文化、科技等其他社会生活领域发生密切联系。所以，多方面知识的综合要求对警察应具备广阔的知识面提出了要求，而这种知识面的接收和传递都是通过教育的功能来实现的。

对警察胜任力最显性的要求就是警察业务技能，从警务工作的对象来看，由于犯罪现象的大量存在，衡量警务工作的业务技能标准就体现为是否有效控制和制止犯罪行为的发生。不论是刑事侦查、治安防范，还是交通管理、社区事务都有可能与犯罪分子面对面较量，要想克敌制胜没有过硬的业务技能是不可能的。所以，对任何一个执法警察来说，不经过警察专业知识和法律基础知识的学习是不可能具有业务技能的。这也从根本上决定了警察教育的主要目标就是培养适应实战要求的综合应用型警务人才。

（二）教育的实施方式影响警察个性特质

从教育的实施方式来看，隐性手段和显性手段同等重要。例如，《教育大辞典》对隐性课程下的定义是学校政策及课程计划中与“显性课程”相对的、未明确规定的、非正式和无意识的学校学习经验。早在20世纪初，杜威就曾提出“附属学习”（collateral learning）的概念，即认为“所有教育学中最大的错误就是认为个人所学习的仅是他当时正在学习的特定的东西”。为此，杜威提出将与具体知识内容的学习相伴随的并对所学内容及学习本身养成的某种情感、态度这类型的学习称为“附属学习”。随后，杜威的学生克伯屈进一步丰富了“附属学习”的内涵，他认为任何一种学习都应包括三个部分，即“主要学习”（primary learning）、“关联学习”（associate learning）、“附属学习”（concomitant learning）。“主要学习”主要指直接学习，“关联学习”则是一种伴随“主要学习”而来的相关学习，“附属学习”则指伴随“主要学习”而来的有关意志、态度和情感的学习。隐性课程相比显性课程而言，是以间接、隐蔽的方式呈现的。一般情况下，隐性课程具备的共同点是：表现形式有学术性和非学术性之分，影响作用具有广泛性和持久性，对教育对象的影响存在积极或消极两方面。而警察院校作为高等教育的一种特殊形式，其培养的学生具有明显的职业特性，所以，其隐性课程也不同于一般院校的隐性课程。

警察个性特质的培养对于从事警务活动的警察而言，不仅是稳定警察胜任力形成的内隐特质，更是各项警务工作开展的前提条件。因为不具备“待人随和”“责任心”“情绪稳定”等内隐性指标，警务工作的高风险、高难度就会让从事不同警务工作的警察“望而生畏”，更严重的甚至会有损警务组织在群众心目中的良好形象。作为传授警察专业知识和业务技能的警察院校，能否通过隐性课程教育真正培养与警察职业相匹配的个性特质，将是围绕警务人才培养的一项艰巨任务。

警务实战中警察需要具备稳定的个性心理特质，比如具备良好的自我情绪控制能力和应激反应能力，能够在突发事件中反应及时、动作迅速，尤其是面对强敌时不仅能表现出“临危不惧”的心理特质，还能急中生智地处理并且控制事态进一步恶化，这也是对警察临场个性心理素质的考验。通过警察院校以往常规的教育教学，个性心理方面的教育培养虽起到了一定的作用，但成效不明显。此外，警察院校还可通过建构科学合理的隐性课程系统来培养警察健康的个性心理特质。例如，在实践教学中既可针对不同专业学生设置不同的外部刺激环境，提高个体的感知能力，还可通过心理引导、问题设置、社会实践等活动来提升学生思考问题的能力。不仅可通过学校组织如模拟法庭、实战演练等多种多样的校外活动来激发学生的需要和提升专业学习兴趣，还可通过专业任课教师的言传身教、课后沟通来影响学生，并帮助学生树立科学的理想、信念和就业动机。在有条件的学校还可通过拓展课程如挫折训练来磨炼学生意志和提高心理承受能力，并强化学生自律意识。

（三）特殊的“警务化”教育手段影响警察胜任力的形成

警察院校不仅是警务组织机构中的组成部分，还是培养警务组织预备人才的大本营，其培养方向带有职业定向性。如果没有经过警察院校的严格训练手段、艰苦磨炼和正规专业化教育，是无法完成从一个普通社会青年到警察院校大学生，直至人民警察的蜕变的。警察院校的警务化管理作为一种特殊的教育方式和手段，是警察院校将大学生培养成适应社会发展、满足家长期望、完成职业使命和发展为合格警务专业人才的必由手段。所以，警务化管理对在校学生初步具备警察胜任力的作用非常大。

警务化的教育管理手段不仅是警察院校的重要标志，更是警察院校培养特殊行业性质人才的直接表现。这种带半军事化性质的管理，除了具备一般院校管理的日常性要求之外，更要求具有突出的阶级性、专业性、警务性、实战性和综合性。[①] 另外，公安部教育局编著的《公安教育概论》[②] 对警务化管理的详细定义是："警务化管理就是指公安警察院校围绕其培养目标，根据公安警察院校革命化、现代化、正规化建设的要求，依据人民警察有关条令、条例的规定，坚持从严治警、从严治校的方针，实施有目的、有计划、有组织的指挥、协调和控制的活动。"

警察院校按照警务组织的要求，以培养"政治坚定"的警务专业人才为首要目标，所以警务化管理就是促使学生养成自觉、自律、自省、自警、自励的政治素养，并从思想意识方面引导行为举止规范，形成纪律严明、作风过硬、品德高尚的政治品质。按照《公安机关人民警察内务条令》《中华人民共和国人民警察法》《公安院校警务化管理规定》的相关要求，通过建立规范的工作、学习、生活秩序，警察院校学生被置于严密的纪律规章约束之中。通过这些严格的管理方式可以培养警察院校学生的优良作风，并使学生初步达到"看、想、做"等业务技能的要求，尽快适应职业警察的环境要求。

警察院校大多会根据本校实际情况，制定《警务化管理细则》以及具体的《一日生活制度》《内务卫生制度》等一系列规范，尤其会对体能训练做出特殊规定。

因为警务管理中的体能训练不仅是满足日后警务实战的需要，更是迎合警察个体发展的基本要求。将来警务工作的艰苦和危险无法预知，但增强警察体质、提升身体耐力可以为提高警务技能打下基础。

总之，警察院校坚持从严治警、从严治校的方针，在把学生培养成具有坚定的政治思想、严格的组织纪律观念、过硬的专业素质和优良作风等共性要求的基础上充分发挥学生的个性，使学生逐渐发展成为具有公平和正义、坚毅和勇敢、机智和热情等良好品质的行为个体，方能满足警察胜任力的基本要求。

① 裴仁昌．也谈警务化管理与学生发展［J］．公安学刊，2007（5）：90.
② 公安部教育训练局．公安教育概论［M］．北京：群众出版社，1983：16.

第五章 警察院校警察培养现状与问题

第一节　当前警察院校对警察培养的目标定位

一、“能力本位”与“素质本位”的目标之争

在现行的警察高等教育实施过程中，地方各警察学院会结合本区域经济发展对警务人才培养的需要来实施人才培养的目标定位，这也使得地方警察院校在人才培养目标定位上呈现出多样化地域特色的特点。警察培养的“能力本位观”受以能力为本位的职业教育教学的影响，重点围绕警察岗位所需的技术、技能来培养，强调培养各警种岗位所需的、限定的专业知识和警务技能。而“素质”本位观却认为，受警察职业“终身化”影响，单一的警种专业知识和某警钟岗位的专业技能并不能推动警察“现代化”进程，警察职业技能的获得应以“面”广的学科知识和专业基础知识为前提，强调各警种岗位通用的警务知识和学科知识。

（一）“能力本位”观

1.“能力本位”的内涵

20 世纪 90 年代初，通过中国和加拿大职业教育合作项目，“能力本位”的职业教育思想逐步传入我国，并在铁路运输、石化等行业得到推广，引起全社会广泛关注。[①] 当前警务专业人才培养立足于公安工作的实际需要，强调以岗位“能力”为中心，围绕警察岗位所需的核心能力来培养学生的技术理性，尤其注重对警察职业所需的客观化知识和技能的理解及掌握。[②] “能力本位观”的人才

① 朱景达．公安院校能力本位教学模式的解析与运行［J］．上海公安高等专科学校学报，2010（8）．

② 张博，李璞，蔺青刚．地方警察院校人才培养若干问题的反思［J］．公安教育，2014（4）．

培养虽然在很大程度上满足了警务实战中对“警力”资源的紧迫性需要，也确实在短期内为基层公安机关输入了大量的“警察人力资源”。但从警务人力资源长远发展的角度来看，警察人力资源的开发和利用绝不能仅仅依靠单一的某警种岗位专业知识和单项警务技能得以推动，还需要文化底蕴、法治素养、业务纵深知识和创新能力结合的“复合体”予以发展和支撑。

2. “能力本位观”引导下警务人才培养的缺失

在“能力本位观”的引导下，警务人才培养的结果凸显的是某警种岗位的专业能力，难以达到现代法治社会对“复合型”警务人才提出的要求。综观警察学院输出的“产品”，大多数表现为：

“口径”不宽。受单一警种知识和警务技能的限制，警察“打击犯罪”和“服务群众”的能力不能适应警情的发展需要。尤其是在当前警务信息化综合发展的要求下，不论是现场警情处置，还是侦破“大案要案”，都对警察应具备多学科视野、“宽口径”知识和人文情怀提出了不同程度的要求。

专业发展后劲不足。随着国际形势复杂化，西方国家敌对势力在华“和平演变”手段日趋隐蔽，且市场经济快速发展也将面临社会治安形势日趋严峻的考验。例如，犯罪手段、犯罪方法、犯罪类型不断推陈出新，特别是集团化、高智能、高科技犯罪的出现给警务工作提出了更高的要求。一方面，基层警力不足的现状使得大多数警察在超负荷工作，根本没有时间和精力去“充电”；另一方面，警察个体由于受所学知识的限制，缺乏创新能力和持续的学习动力。

所以，即使有最先进的技术装备和充足的警力，没有高素质的警察，也是不能建成高效率、现代化警察队伍的。爱因斯坦曾说过：“只教给人一种专门知识、技术是不够的。专门知识和技术虽然使人成为有用的机器，但不能给他以一个和谐人格。最重要的是人要借着教育获得对于事物和人生价值的了解与感悟。”①

（二）“素质本位观”

1. “素质本位”的内涵

由于“能力本位”过于注重“纵向”警察专业能力的发展，再加上“没有人能对未来职业需求进行准确判断，教育应着力培养对象的理论理解能力及独立探求知识的能力，使其具有足够的理论基础以应对未来职业中的新变化和新情况”②。所以，从人与职业的长期发展来看，最早提出“素质本位”职业教育的解延年认为，“素质本位职业教育指的是以职业素质为基础、以职业能力为核心、

① 刘来泉．世界技术与职业教育纵览——来自联合国教科文组织的报告［M］．北京：高等教育出版社，2002：10-11.

② Tom J. van Weert：Education of the Twenty- first century：New Professionalism in Lifelong Learning，Knowledge Development and Knowledge Sharing［J］．*Education and Information Technologies*，2006（10）．

以职业技能为重点的全面素质教育和素质培养”①。“素质本位观”认为，警察高等教育应是全面的素质教育和素质培养的过程，警察培养要关注警察未来发展的需要，强调“核心—重点—基础”的“能力链”，即以多警种岗位群的能力为核心、以具体警务岗位警务技能为重点、以警务综合职业素质为基础。所以，将警察院校警务人才培养的目标定位于提升警察综合素养，这不仅是建设高素质警察队伍的需要，更是各警务专业人才职业生涯发展的需要。

2.“素质本位观”引导下警务人才培养的缺失

虽然“素质本位”观指向“综合警务人才”的培养，但在警察院校实际的人才培养过程中却没有把握好“纵向专业知识”传授与“横向知识面”培养的关系。具体表现为：

“工具性”素养突出。由于警察院校的人才培养直接面向警务组织，所以人才培养的“工具性”特点突出。不论是课程设置还是课程数量，大多围绕“工具理性”来展开，例如，专业课程设置多、相关法律课程设置少，这也意味着警察专业知识远远多于法律知识，间接导致“程序观念的教育和程序法知识的教学”缺失，为今后执法工作中可能出现的“执法程序不公、刑讯逼供”埋下“伏笔”。所以，“警察素质”被狭义地定位为“警务素质”，而不是以“警务素质”为主的“综合素质”。

横向知识面“窄”，不适应未来警务工作岗位的需要。重点培养警务技能是各警察院校课程建设的重点目标，但通过学校习得的各警种岗位技能仅仅满足了警务工作的“现实”需求。从警察院校毕业后走上新警岗位工作的学生需要面向的是“未来”警务技能，没有广博的人文社科、自然科学、哲学知识“面”作支撑，单靠吃学校“老本”是无法跟上时代发展速度的。再有，基于警察职业生涯发展的需要，警察个体也可能在不同警种岗位之间有工作调换。所以，这种单一警务技能也可能跟不上职业发展“步伐”，从而限制了警察职业“多元化”发展的需要。

（三）两种“本位”观的评价

在现实警察高等教育过程中，一直存在“能力”本位和“素质”本位之争。但在地方警察院校实际的教育实践中，“能力”和“素质”的培养均不突出。“能力本位观”引导下的人才培养过于重视“纵向”专业知识，而“素质本位观”引导下的人才培养无法平衡广博知识“面”与专业知识“线”。还有，受行业办学的限制和传统教学的影响，警察院校教学的传统模式并没有发生根本转变，警务专业知识结构单一、“单向灌输”仍是教学的主要方式，情景模拟教学、案例教学基本流于形式。专业训练形式化、学术科研单一化都是导致毕业生

① 解延年．素质本位职业教育：我国职业教育走向21世纪的战略抉择［J］．教育与职业，1998（5）：25.

发展后劲不足的原因，再加上警务化管理模式下人文教育的欠缺，学风、校风建设无法赶超“211”或“985”等综合性大学，所以，应用型警务综合人才的培养目标难以真正实现。

二、“卓越”警务人才的培养目标

2010年教育部启动“卓越计划”，2012年教育部明确提出“五个卓越人才”培养计划的目标。与工程师、农林、法律、医生、教师等职业特色鲜明的人才培养相比，“卓越”警察的培养也需要主动适应国家“卓越人才”计划的发展需要。

（一）“卓越”警务人才的内涵和特点

“卓越”警务人才是相对于传统公安教育中“合格警察”的培养目标而言，浙江警察学院侦查系的郑群和姚珍贵认为，“卓越”警务人才被定位为“优秀、杰出的警务人才”，且在“警察政治素质、警察职业养成、警察业务能力、警察技战术水平、警察临战心理和超强体能”六个方面具有特定的属性，尤其具备“专业能力优良、创新精神突出和国际视野”等特点。[①] 学者傅国良也认为，“卓越”警务人才培养的目标定位是以“人才培养质量和人才实践能力”为关键，培养造就的“高素质警务人才”的创新精神和国际视野主要表现在以下四个方面：“政治立场坚定、职业品质优良、专业基础扎实和警务技能过硬。”[②] 为此，有学者提出，警察高等教育改革的中心思想就是应反思“以知识注入为特征的本科教学传统”，重构以“学生主动学习和创造性学习”为主的现代警察高等教育新教学模式[③]。可见，“卓越警务人才”是比传统警察教育中“合格警务人才”更高层级的人才，其“卓越”的表现特征主要包含：政治素养、警务技能、专业基础知识、警察技战术、临场事件处置中的心理和体能等多方面能力，即“卓越”警务人才并不在于其掌握的专业知识丰富，也不在于其具备的警务技能超强，而在于其综合警务素质远远高于合格层面的警务人才，因为其目标定位与国际接轨，且与社会进步发展要求相符。此外，与“卓越警务人才”培养目标相适应的警察高等教育制度、教学模式、课程体系、教师队伍等因素都要进行相应的调整和改革。

（二）实践“卓越”警务人才培养

浙江警察学院通过“三合作两育人”对“卓越”警务人才培养进行探索。2007年浙江警察学院升本以来，将教育部“卓越计划”的要求与公安警务人才培养的实际特点结合起来，提出了“卓越”警务人才的培养理念。其特点是依托警

---

① 郑群，姚珍贵．校局合作：卓越警务人才培养的必由之路［J］．公安教育，2013（2）：50-51.

② 傅国良．卓越警务人才教育培养的探索与实践［J］．公安教育，2012（12）：49-53.

③ 赵志远．面向卓越警务人才培养的研究性学习［J］．公安学刊，2014（2）：52-55.

务实战部门的优势，学院实施开放性办学模式，如通过“校局合作、国际合作、校校合作”的方式来提升警务人才“联合培养”的质量。再有，为提高学生警务实战的能力，学校还积极创新实验、实训、实习和实战的实践教学综合体系。学院推行的“学生助理”制度将在校学生推向校内外一切实训环节，尤其是通过文化养成教育的方式使学生自我教育、自我管理的能力逐步提升。此外，还为实施“卓越”警务人才培养提供强有力的师资队伍保障，比如通过选派40余人次的青年教师出国进修或攻读学位来提升教师队伍的国际化水平，已有1/3以上的教师具有国外交流、访学、进修的学术背景以及为外国学员授课的教学经历。①

江苏警官学院开办的“警务研究人才训练班”是推进“卓越”警务人才培养计划和实战化教学改革，在培养具备研究能力和创新思维的优秀人才方面的可行性研究和实践。其具体路径是由江苏现代警务研究中心定期组织举办“公安大学生警务研究人才训练班”来推进“卓越”警务人才的培养计划。学院首届警务研究人才训练班在2013年4月开班，20名学员从2010级、2011级的2000多名学生中精选出来，精选的优质学员和经验丰富的教师是训练班开班的前提和基石。学院“卓越”警务人才培养的目标是通过实战化教学以期提升学生现代警务创新能力来实现的，人才培养的目标定位就是“具有研究能力和创新思维的警务专门人才”。所以，为了达到“卓越”人才培养的目的，训练班学员结业考核包括警务研究选修课程考核、警务研究专项课题成果考核、调研实习活动考核三项内容，且三项考核权重分别按30%、50%、20%来计算，合格者才能取得训练班结业证书。②

以上实践证明，不管是通过“校局合作、国际合作、校校合作”的方式来联合培养人才，还是通过“训练班”的方式来达到对精英人才“实战化”教学改革的目的，都有利于“卓越”警务人才的教育目标实现，同时还对学院的学科专业建设、课程体系建设、师资队伍建设、实训平台建设和学术交流提出了更高的要求。以往警察院校人才培养的效果最需要反思的地方在于警务人才培养的目标和规格仅仅是以学科知识体系为衡量标准，忽视了警务实战部门对人才培养的真正需求。例如，在教育教学环节中继续沿袭“传统人才培养模式”，教学过程中的实践教学环节和顶岗实习、见习时间并未真正达到实训教学目的，反而增强了人才培养的“温室”效应。以致教学“游离”于公安实战，警察院校人才培养的目标定位与基层警务实战部门的需求相差甚远。这也就导致了培养出来的学生在专业知识和警务技能、综合素质方面并不能尽快适应警务岗位工作的需要，尤其是“岗位适应周期较长，学生的动手能力和实战能力较弱”表现突出。

---

① 高玮．关于卓越警务人才培养的思考与探索［J］．湖北警官学院学报，2012（10）：182-184.

② 吴跃章．警务现代化背景下培养卓越警务人才的实践与思考［J］．公安学刊，2014（2）：39-41.

综上所述，在警察院校的教育过程中，对以“能力本位”① 为中心的理解是综合社会及警务实战单位对“应用型人才”培养理念达成的共识，重点围绕警种岗位所需的各种核心能力来培养学生的“警情处理能力”，并突出警察综合执法知识和警务技能。但是警察行业及警务人才的长远发展绝不能仅仅依靠单方面的专业知识和技能，如果要有更长远的发展，综合人文素养、综合业务知识、法治理念和创新思维构成的“综合能力”才是最终支撑起发展的原动力。所以，“能力本位”教育在“综合能力”方面很难达到法治社会对警务人才提出的标准和需求。而“素质本位”则是要求以职业综合素质为基础、职业能力为核心、突出警务专业技能的全面素质教育，强调其构成职业全面素质的“综合能力”因素。“卓越”警察教育定位于“能力本位”和“素质本位”基础上的“优秀”人才培养，同样也与当前警察教育目标不吻合。

第二节　课程建设现状

一、基于人才培养方案的课程结构分析

根据警察院校课程现状的调查（具体见表 5-1、表 5-2、表 5-3、表 5-4），以某警察学院课程设置及其结构存在的问题来看，主要表现如下方面。

表 5-1　2012 级人才培养方案（侦查学专业为例）课内总学时为 2675 学时

	公共基础课平台		专业课平台		素质拓展课平台	
	思想政治素质课程模块	现代基础素质课程模块	专业基础课程模块	专业主干课程模块	讲座课程模块	限选和任选（选修）课程模块
学时总数（学时）	390	486	1188	472	44	限选 46 任选 49
百分比（%）	15	18	44	18	1.6	1.7 1.8
合计（%）	33		62		5	
必修课总计（学时）	2536				139	

① 邓泽民．职业学校学生职业能力形成与教学模式研究［M］．高等教育出版社，2002：2.

表 5-2　2012 级人才培养方案（治安学专业为例）课内总学时为 2815 学时

	公共基础课平台		专业课平台		素质拓展课平台	
	思想政治素质课程模块	现代基础素质课程模块	专业基础课程模块	专业主干课程模块	讲座课程模块	限选和任选（选修）课程模块
学时总数（学时）	390	486	1162	644	44	限选 40 任选 49
百分比（%）	14	17	41	23	1. 6	1. 4 1. 7
合计（%）	31		64		3. 6	
必修课总计（学时）	2682				133	

表 5-3　2013 级人才培养方案（侦查学专业为例）课内总学时为 3650 学时

	公共基础课平台		专业课平台		素质拓展课平台	
	思想政治素质课程模块	现代基础素质课程模块	专业基础课程模块	专业主干课程模块	讲座课程模块	限选和任选（选修）课程模块
学时总数（学时）	604	668	1138	1032	48	160
百分比（%）	16. 5	18. 3	31. 2	28. 3	1. 3	4. 4
合计（%）	34. 8		59. 5		5. 7	
必修课总计（学时）	3442				208	

表 5-4　2013 级人才培养方案（治安学专业为例）课内总学时为 3788 学时

	公共基础课平台		专业课平台		素质拓展课平台	
	思想政治素质课程模块	现代基础素质课程模块	专业基础课程模块	专业主干课程模块	讲座课程模块	限选和任选（选修）课程模块
学时总数（学时）	604	666	1208	1124	48	136
百分比（%）	15.95	17.65	31.95	29.75	1.25	3.55
合计（%）	33.6		61.75		4.85	
必修课总计（学时）	3602				184	

1. 课程的体系结构不合理

课程体系偏重理论课程的学习，专业实训课程设置不足。专业实践是学生走上公安实战岗位的坚实基础，根据表 5-1、表 5-2、表 5-3、表 5-4 来看，警察院校设置了大量的理论课程，创建了公共基础课平台、专业课平台、素质拓展课平台等，但着眼于学生实践动手能力提高的专业实训课程并未纳入课程体系之中，忽视了对学生实践能力的培养。

2. 必修和选修课比例失衡，课时分配不太合理

通过人才培养方案的课程学时百分比统计来看（表 5-1、表 5-2、表 5-3、表 5-4），必修课时的比例大都在 90%，选修课时的比例分别为 4%、3.6%、5.6%、4.85%，可见必修课比重过大、选修课所占比例过低，尤其是选修课中的任选课安排太少，这样的课程设置和课时分配并未充分考虑到学生个性化发展的需要。另外，课程设置的先后顺序也未体现出“公共基础—专业基础—专业主干”的顺序安排，专业主干课程设置先于公共基础课程或专业基础课程设置先于公共基础课程，甚至有些专业基础课程设置根本无法对主干课程的学习起到很好的辅助作用。

3. 现代基础素质课程设置偏少

现代基础素质课程是给学生提供专业拓展性知识的，为专业理论课程的学习打下基础，也为专业理论知识更好地转化为警务专业实战技能奠定基础。实际

上，专业课程的学习并不能直接形成警务技能，而形成专业警务技能需要基础素质课程的帮助与拓展。同时，警察胜任力的形成也离不开基础素质课程的拓展，但目前警察院校在课程设置上存在现代基础素质课程设置课时不够、课程门类偏少的明显问题，导致学生基础知识学得不扎实，后续学习明显动力不足，缺乏专业持久性。在这种程式化的学习模式下，学生的专业创新能力培养也就无从谈起。

4. 人文素质课程比例偏低

学生认知能力、批判能力、领悟鉴赏能力、对社会现象的观察和体悟能力等在很大程度上是由文学、艺术、哲学、历史等人文学科逐步培养出来的。而目前的警察院校往往注重专业课和思想政治类课程设置，忽视对传统文化或艺术类人文素质课程的设置，导致学生缺乏人性关怀和生命意识（详见表5-5、表5-6、表5-7，人文素质课程占总课时的比例均不到10%）。在以工具理性为主流价值理念的现代社会，生命意识的缺少正是教育对“人性”忽视的表现。

表5-5 ××警察学院2012级侦查专业开设人文素质课程必修课（总学时2675学时）

	课程门类	课程名称	课时数
语言文学知识方面	1	大学语文	40
历史知识方面	1	中国近代史纲要	32
哲学知识方面	1	马克思主义原理	48
艺术知识方面	无		
当代科技知识方面	无		
经济与管理等	无		

表5-6 警察学院2012级治安专业开设人文素质课程必修课（总学时2815学时）

	课程门类	课程名称	课时数
语言文学知识方面	1	大学语文	40
历史知识方面	1	中国近代史纲要	32
哲学知识方面	1	马克思主义原理	48
艺术知识方面	无		
当代科技知识方面	1	驾驶	128
经济与管理等	无		

表 5-7 警察学院 2012 级公安专业（含侦查、治安）开设人文素质课程必修课

	课程门类	课程名称	课时数
语言文学知识方面	3	公文写作、演讲与口才、普通话	30、1.5、16
历史知识方面	无		
哲学知识方面	无		
艺术知识方面	3	美学、艺术鉴赏、摄影艺术	16、16、16
当代科技知识方面	无		
经济与管理等	1	社会学	16

道德伦理、人权观念、民族宗教信仰、社会交往中的人际关系处理等是与警察工作密切相关的课程，也是作为一名警察必须具备的人文修养。但由于人文课程设置的不足，导致学生人文素养较低，以至于警察在执法过程中缺乏人文关怀。

二、警务实战部门对课程内容的需求

分别对警察院校在校三年级学生进行人文素质知识和警察院校人文素质课程设置的现状问卷调查，共发放调查问卷 610 份，回收后的有效问卷为 450 份，并对文件数据进行统计分析。为了获得更为深入的资料，还对相关专家学者、公安基层单位民警、警察学院教学管理者及在校学生进行了深度访谈。

根据警察胜任力调查阶段对警务实战部门的 BEI 关键事件访谈获知警务实战部门对警察人文素养的需求与警察院校学生人文素质之间存在差距，如图 5-1 所示。

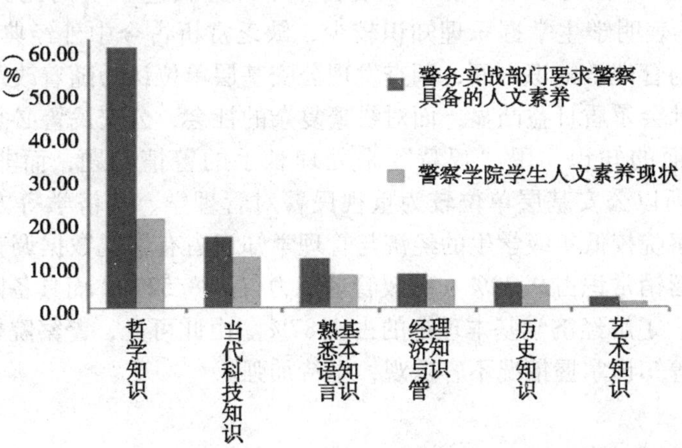

图 5-1 警务部门所需人文素质与警察院校学生人文素养调查对比

在语言文学知识方面，警务实战部门非常重视警务人员对语言文学知识的掌握。因为语言基础知识是良好的沟通表达能力的基础，是写作公安应用文必需的能力，也是正确处理上下级、同事之间关系所亟须的素质，甚至对人一生的发展影响深远。根据调查数据显示，“熟悉语言基本知识”在整个能力体系当中占58.25%，“有较强的口头表达能力”仅仅占12.78%。对警察学院的学生拥有语言文学知识现状的调查显示，一年级的学生口头表达能力亟待加强，二、三年级的学生口头表达能力处于“刚刚学会说话”阶段，四年级学生则强烈要求加强“普通话对话训练”。此外，懂两门外语的人数很少，了解古今中外主要的名著、鉴别当代文学思潮的能力则更为匮乏。

在历史知识方面，调查显示大学一年级的学生基本具备正确的历史观，其中对中国历史及发展进程、中华民族文化比较熟悉，相对而言，外国历史基本常识仅占11.03%，也说明了学生忽视对外国历史基本常识的学习。

在哲学知识方面，因为其有助于学生对整个世界及其运动规律总的认知，并能帮助学生形成正确的方法论和价值观，所以各基层警务组织较重视学生哲学辩证思维的培养。而哲学思辨能力的培养能够锻炼学生的思维，对警察刑侦、治安、交管等工作中“调查侦查能力”形成有重要的影响作用。根据警察院校学生掌握哲学知识现状的数据显示，学生基本具备正确的价值观、人生观和辩证思维能力，但其中“伦理学常识”占15.68%、“宗教学常识”占3.58%、“中外哲学的基本知识”占5.86%，这些说明大部分学生对中外哲学基本常识和宗教学知识了解较为贫乏，伦理学修养较为薄弱。

在艺术知识方面，由于艺术知识属于人文素养内容，对其他学科知识的掌握有较强的推进作用，还有利于拓展学生的专业思维，所以学习艺术知识对于警务专业技能的形成也有一定的促进作用。但警察学院低年级学生掌握艺术知识的现状却是：“懂得乐理”和“欣赏古今中外经典艺术”的比例仅占8.57%和16.68%，表明学生掌握乐理知识较少，缺乏赏析古今中外经典艺术的能力。

在经济与管理学知识方面，调查发现公安基层单位认为随着改革开放向纵深方向发展，社会矛盾日益凸显，面对纷繁复杂的社会，公安民警必须不断学习经济和管理方面的知识，用“智慧”来处理棘手的警情问题，而非简单的工作“操作员”。所以公安基层单位较为重视民警对管理学、经济学等方面知识的学习，但对警察院校低年级学生的经济与管理学知识占有情况数据调查显示：一年级学生市场营销常识占9.39%、行政管理能力仅占8.52%，而具备国际贸易常识的占5.21%、了解经济学基本理论的占4.87%。由此可见，警察院校学生的经济学和管理学等知识掌握情况不容乐观，亟待加强。

第三节　教学现状

一、警察院校教学效果满意度和教学实训的调查

教学模式可以分为四大类：信息加工教学模式、个别化教学模式、社会互动教学模式和行为控制教学模式①。警务实战工作是一项实践性极强的工作，警察高等教育的出发点和落脚点就是培养在校学生的警察胜任力。当前警察高等教育教学模式主要采用的是信息加工类教学模式，教师在教学过程中通过收集、汇总教学信息，并将教学信息实施加工后通过课堂输出给学生。这种以教师传导信息—学生接收信息为主的教学模式虽然是一种信息含量大、节省教学时间的教学模式，但从教学效果的角度来看，由于学生被动接受信息，其主观能动性和创造性并没有得到很好的体现。所以，本研究在警察院校随机选取了各公安专业都开设的专业基础课程进行调查研究来分析教学过程中存在的主要问题及原因。

（一）教学满意度的抽样调查

按照随机抽样的原则，选取××警察学院的《公安基础理论》《公安应用写作》《犯罪心理学》三门课程通过随机发放问卷的方式对学生展开“课堂教学模式”的满意度调查。调查内容在“教学方法”的子项目上主要包括“使用现代化教学方法的效果（含多媒体课件使用效果）”“课堂教学手段（案例分析或情景讨论）”及“课堂教学中学生积极性（师生教学互动）”三个内容。根据问卷结果统计如图 5-2 所示：

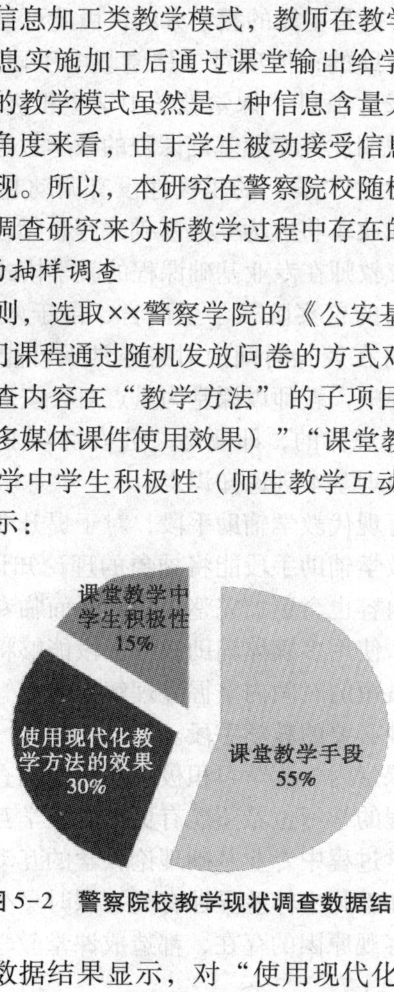

图 5-2　警察院校教学现状调查数据结果

根据图 5-2 的调查数据结果显示，对“使用现代化教学方法的效果”持非常满意和满意态度的比例为 58%，比较满意的为 16.5%，不满意和非常不满意的比例为 25.5%，总体满意度居高；对“课堂教学手段”持非常满意和满意态度

① ［美］乔伊斯等. 教学模式［M］. 荆建华等译. 北京：中国轻工业出版社，2009：6-12.

的比例为 32.9%，比较满意的为 36.8%，不满意和非常不满意的比例为 30.3%，总体满意度居中；对“课堂教学中学生积极性”持非常满意和满意态度的比例为 27.4%，比较满意的为 15.7%，不满意和非常不满意的比例为 56.9%，总体满意度偏低。

总体来看，学生对《公安基础理论》《公安应用写作》《犯罪心理学》三门课程的“教师课堂教学方法”呈现较高的“满意”度。具体来讲，调查中项目“使用现代化教学方法的效果”选择“满意”趋势的人数占总人数的 55%，这说明在《公安基础理论》《公安应用写作》《犯罪心理学》等专业基础课程的教学中，使用多媒体辅助教学仍是主要的教学方法，由此可见利用多媒体辅助教学方式对实施有效教学是有帮助的；但项目“课堂教学手段”选择“满意”趋势的学生占总调查人数的 30%，项目“课堂教学中学生积极性”选择“满意”的人数比例仅占 15%。这也说明此类专业基础课程的教学过程并没有达到教学主体理想中的教学互动效果，学生“学”的积极性没有调动起来，这种引导“学生主动进入课堂”的教学方式改革将成为专业基础课程教学改革的重点。

总体来讲，警察院校教师在专业基础课程的教学模式现状为：

第一，对于刚进校门的警察院校学生而言，由于入校前对公安基础知识的“零接触”，导致入校后将在较长时间内对警务常识可能存在“陌生感”。所以，在专业基础课程教学过程中，教师以课堂为重点对公安理论基础知识的教学方法进行讲授是符合学生认知规律的，即便是“公安群众工作”这类应用性极强的教学内容也有必要系统梳理基本理论知识点。

第二，使用多媒体等现代教学辅助手段，对于提升专业基础课程的教学效果明显。因为依靠多媒体教学辅助手段能将抽象的理论知识通过“情景案例分析”更加具体和形象，教学内容也会更加完整。特别是面临专业基础课程学时少、教学内容知识体系庞大时，使用多媒体辅助教学手段能够将专业知识体系清晰完整地呈现出来，使学生在最短的时间内掌握并理解大容量知识。所以，多媒体教学手段在教学过程中是一种必要的教学手段。

第三，在如何提升课堂内学生学习积极主动性的调查当中，大部分学生表示即使是专业基础理论课程的学习也希望能有更多的教学互动，以利于将理论知识较快转化，但在实际教学过程中专业基础理论教学的互动却很少。究其原因可能与教学内容本身的定位和教师个体差异性有关，课时量少、大班合班授课、实战型教官教师资源缺乏等客观原因的存在，都造成课堂教学互动的条件受限。

（二）校外实训效果调查

检验课堂教学效果最有效的途径就是对“所学”和“所用”两个层面进行对比调查，以下是针对校外实训的学生和带队实习教师进行的“知识”与“能力”在“所学”和“所用”两个层面的调查对比结果：

表 5-8　校外实训调查统计结果（学生问卷）

问题 1	在顶岗实习中欠缺哪些知识？								
选项	知识面				专业知识				
	哲学	社会学	自然科学	人文艺术	刑法	民法	治安管理	交通管理	社区管理
比例	16.5%	11.3%	13.5%	18.6%	7.9%	8.6%	9.5%	10.7%	3.4%
问题 2	在实训中欠缺哪些能力？								
选项	调查侦查	分析判断	群众工作	突发事件处置	文字口头表达	警械和武器使用	团结协作	实战	
比例	10%	12.6%	8.2%	15.8%	19.1%	16.5%	2.8%	15%	

表 5-9　校外实训调查统计结果（教师问卷）

问题 1	在顶岗实习中学生还欠缺哪些知识？								
选项	知识面				专业知识				
	哲学	社会学	自然科学	人文艺术	刑法	民法	治安管理	交通管理	社区管理
比例	15%	5.1%	11.2%	16.5%	8.9%	10.8%	13.5%	12.5%	6.5%
问题 2	在实训中学生还欠缺哪些能力？								
选项	调查侦查	分析判断	群众工作	突发事件处置	文字口头表达	警械和武器使用	团结协作	实战	
比例	12%	14.5%	2.3%	15.9%	20%	14.7%	3.7%	16.9%	

二、警察院校教学实施中的问题

（一）以信息加工为主的教学模式无法满足“胜任力模型”的要求

根据警察胜任力模型可以得知，外在的显性维度“业务技能”是最易于测量的指标，而附着在“业务技能”上面的“看”“听”“问”“想”“做”的能力指标是从警的关键能力。所以，教学模式中的教学目的直接指向业务技能维度的“五大能力指标”。但在实际警察业务教学过程中运用“以信息加工”为主的教学模式，这种教学模式的特点主要表现在：强调教师作为教学主体对信息进行选择、加工、传递的过程，学生在教师对信息进行输出的过程中并没有表现出教学的“主体性”，而是“被动”接收信息，这种教学模式很容易使学生养成一种学习的“依赖性”，仅限于知道“信息”是什么，不会主动对信息进行再加工和再创造。可见，这种教学模式并不能有助于胜任力模型“业务技能”维度中“做”

的能力形成。

（二）教学过程中“信息流”呈单向流动

在以信息加工为主的教学模式下，教师的主体性还表现在以“课堂”和“教材”为中心。警察院校现行的教学过程中，除了刑事技术、警体训练、查缉战术等课程有实验操作课程以外，其他业务课程的学习基本以教材为纲、以课堂内讲解为主要手段，在以“教材+课堂”为主的教学实施过程中，学生参与教学环节的主要途径就是“举手发言”。如果想达到学生主动参与课堂教学的目的，除了教学内容本身具有吸引力以外，授课教师还需有较强的驾驭课堂的能力。一方面，教师在创设教学情景的过程中需要调动学生的学习积极性；另一方面，学生在进入课堂以后能主动思考。但结果往往是教师一厢情愿地“主导”教学，学生却因为没有“实战”的吸引，或碍于情面地被动回答，或者干脆选择放弃回答。所以，在以教师为主导的教学过程中教学信息流基本呈单向流动，“教”与“学”的对流基本没有实现的可能。

（三）传统教学方法难以体现学生的“主体性”

教学方法就是在一定的教学目标指引下，教学过程中教师与学生为完成共同的教学任务而使用的各类教学手段的集合。教学中的“双主体”合理运用各种教学方法，对于实现警察胜任力模型“纵”“横”知识结构体系的教学目标具有重要意义。基于信息加工的教学模式主要采取“教师传递—学生接受”的单向信息流，课堂教学方法中“输出”信息主要是采取讲解法、图示法、阅读教材法、提问法等传统教学法，而这些教学方法沿用了传统教学中教师“说”、学生“听”的课堂模式，学生的主体性没有得到体现，造成专业知识的“纵深”和横向知识的“面广”根本就不能协调发展。

新课程教育改革针对教学中的“双主体”更加强调尊重学生的独特性和主体性。然而在警察院校的教学中，多数教师的教学还简单停留在课堂常规管理的层面上，教学组织形式过于“军事化”。当教学课堂处于被动的控制之中，课堂内的教学内容、组织练习方式等都将被禁锢在统一的模式之中，并没有照顾到学生个体间的差异，没有真正尊重学生的主体性。长期以来，我国警察院校教师在理论课程教学中，更倾向于将各种经验、概念、原理编制成各种“标准答案”和“问题程序”输出给学生，学生讨论和自学比例过小，对学生“创新”“批判”和“怀疑”能力的忽视，使学生根本无法真正内化习得的理论知识。

（四）通过校外实训调查显示教学内容方面的欠缺

调查结果表明，通过顶岗实习或实训，无论是实习学生自身还是实训指导教师，都认为实习学生在专业知识的欠缺主要表现为横向知识面大于专业知识，其中横向知识面的欠缺依次表现为“人文艺术、哲学、自然科学、社会学”，专业知识的欠缺依次表现为“交通管理、治安管理、民法、刑法、社区管理”。学生自认为在实训中业务技能的欠缺排在首位的是文字口头表达能力，其次为警械和武器使用能力、突发事件处置能力、实战能力、分析判断能力、调查侦查能力，在“群众工作能力”和“团结协作”方面能力表现较其他各方面稍好。实习指导教师认为在实训中业务技能的欠缺排在首位的是实战能力，其次为突发事件处置能力、警械和武器使用能力、分析判断能力、调查侦查能力，在“群众工作能力”和“团结协作”方面能力表现较其他各方面稍好。

第四节　教师队伍建设现状

当前警察院校的师资队伍成分主要以专职教师为主，师资队伍来源主要由高校毕业生、社会院校调入的教师和警察部门选调的干部组成。根据公安部人事训练局统计数据显示①：“专任教师总数由 2000 年的 5608 人增加至 2012 年的 8924 人，其中具有高级专业技术职务的教师有 3712 人，具有硕士以上学位的教师有 4337 人，同时聘用兼职教官 2105 名。”公安高等教育规模进一步壮大体现在“公安高等院校全日制普通高等教育在校学生由 2000 年的 52013 人增加至 2012 年的 123923 人，每年为公安机关输送的毕业生由 17053 人增加至 37998 人”。由以上数据可以得知，从 2000 年至 2012 年，在校学生的规模增加了 138%，为公安机关输送的毕业生增加了 123%，但是教师的人数仅增长了 53.78%，远远赶不上学生人数的增长。所以，我国警察院校师资队伍不论是与国外警察院校相比，还是与国内其他高校相比都有一定差距。其突出问题表现在以下几个方面：

一、教师队伍管理“行政化”

当前，警察院校属于行业院校，院校性质基本上分为两大类：一是事业单位；二是进入公务员系列或参照公务员管理，在编制确定、人员录取、机构设置、规模大小、经费多少和学生人数均由政府或主管部门统一计划和支配，警察院校的办学自主权得不到有效保证。有时受编制的影响，“想要的人进不来，不想要的人却因种种关系硬要进来”，再加上警察院校进出机制、体制等方面的原因，表现在师资队伍建设方面的紧迫感和危机感较弱、教师终身制、激励效果不明显、教师评价机制不健全等现象存在。

教师管理方面大多采用行政化的管理手段，警察院校的教师占全校教职工的比例普遍低于其他普通高校，教师的中心地位不突出，与其他普通高等院校相比有一定差距，这一管理模式一定程度上挫伤了教师的积极性，影响了教师工作积极性的发挥。还有，在师资的“出入”管理机制上，警察院校的教师一般都来自高校毕业分配渠道，即从学校到学校，显然通过这样的进入渠道招录的教师其专业素质与职业化教育要求是不相适应的。同样，教师录用后，只要自己不主动

① 公安部政治部．擎起公安事业的明天［Z］．北京：公安教育编辑部，2013.

要求调出或因其他原因被学校解聘，则是“终身制”，显然，这一用人机制与“优胜劣汰”法则相悖，不利于师资队伍素质的改善。再有，就是警察院校教师评价机制的负面效应大于正面效应①。目前，警察院校一般从教学质量、考勤和科研三个方面对教师进行教学业绩评价，该评价机制主要弊端是“一刀切”，不符合科学管理的要求，难以衡量教师的真实水平，无法起到激励的作用。具体来说，不分教师专业对象，将公共基础课的教师与专业课的教师放在一起评价；不分教师的专业特长，将擅长教学和擅长科研的教师放在一起评价；不从当前学生实际情况出发，在教学质量考核上学生评价的权数过重等。显然，这一评价机制模糊了不可比因素，难以有效地发挥评价的作用。

二、教师教学能力缺乏实战技能

全国当前警察院校占全部教师总数比重最大的青年教师最突出的问题就是缺乏对警务工作实践的认识。事实证明，建立一支既有专业理论知识，又有丰富警察实践经验的专业教师队伍，是提高办学水平、培养高质量警察人才的重要保证。目前，在全国警察院校现有的主要教学力量中，除少部分来自警务实战部门，具有一定的实战工作经验以外，大多数教师都是由普通院校调入和走出校门即走上讲台的大学毕业生，缺乏警务工作的实战经验，这已成为提高警察教育教学质量的一个制约因素。

各警种专业是实践性极强的专业，要求专业教师是实战经验丰富的行家里手。而我国警察院校多数教师都是“从学校到学校”，即毕业后就直接任教，缺乏警务实战经验。其中还有一些从教时间长的专业教师，虽然长期从事专业教学工作，但多年都未参加过警务实战，从而导致其教学针对性、适用性都不强，甚至脱离实际。有些专业核心课授课教师从未有过公安工作的背景或经历，其公安业务知识完全来源于书本。再加上教师知识老化、结构单一、知识面过窄，往往很难捕捉本学科的前沿知识，造成教师职业技能缺乏。虽然有些新入职的青年教师理论水平较高，但实际操作技能水平较差，缺乏实践经验。少数老教师目前的专业理论知识和专业技能水平虽能基本适应新的教学要求，但进取精神不足，专业知识逐渐老化、专业技能水平逐渐下降。所以，这样的教师是不可能培养出优秀的警务专业人才的，可以说，我国警察院校师资队伍十分缺乏理论与实战俱佳的“双师”型教师。

三、师资队伍结构有待进一步优化

（一）师资的学历结构需要改善

一般而言，师资队伍中拥有高学位的比重越大，师资队伍的业务素质就会越

① 卢秋玲．谈职业化教育背景下的警察院校师资队伍建设［J］．公安教育，2010（12）：67-69.

好，学校科研、教学的潜力就越大。当前我国警察院校师资与国外先进警察教育机构的师资学历相比，或者与国内普通高等院校教师的学历比例相比，依然还有较大的差距。以笔者所在的××警察学院为例，具有硕士学位以上教师占专任教师总数的1/2，且仍有一些取得博士学位或者高职称、高学历的人才因为薪资待遇或者科研启动资金的问题得不到很好的解决而流失。

（二）师资的职称结构需要优化

根据教师职称中的高级职称教授、副教授与初级职称讲师、助教的比例关系来看，普通高校师资队伍职称结构应以梯形结构为宜。以笔者所在的××警察学院来看，学院现有在岗在编专任教师300余人，具有中高级职称的教师仅占专任教师总数的50%，且高级职称教授的年龄在50岁以上的占80%以上，这说明教师队伍中教授和副教授人数均低于一般水平，且正高职称的教授年龄偏大。再加上学院目前由于实施参照公务员管理模式，学院教师参加职称评审的资格被取消，从而使得教师职称结构不合理的现象会长期存在。

第五节　学校文化建设现状解析

我国警察高等院校不同于普通高校，属于行业特性很强的大学。警察高等院校自身拥有特殊的职业性质、专业课程设置、学生警务化管理机制等一整套独特的教育体系，其目的主要是为公安机关培养政治合格过硬、业务精通优秀的专业性警务管理人才、技术人才。而警察院校的学校文化建设将是促进应用型综合警务人才全面发展的重要途径，现就警察院校学校文化建设对人才培养的意义和特色校园文化的结构进行解析。

一、特色学校文化对人才培养的意义

特色校园文化建设可为高校人才培养奠定基石，没有特色校园文化的院校是难以培养出一流人才的。高校校园文化是指在高校的特色办学过程中，为促进人才的全面发展，由学校师生共同创造的带有校园特征的物质文化、制度文化、精神文化、行为文化的总称。特色校园文化建设是指个性化的学校文化内涵建设，其“特色内涵”是院校校园文化建设的重要部分。特色校园文化建设对人才的培养具有重要意义，主要体现在以下三个方面。

（一）特色校园文化孕育人才的职业精神

校园文化无法让身在其中的学子直接触摸，但它的烙印却深深地影响着在校学生的成长轨迹，尤其是人才职业精神的形成。良好职业精神的培育是人才培养的基础，因其直接影响着人才的价值观、人生观、世界观的形成。精神文化是校园文化建设的核心，是校园文化“特色”之所在，所以，特色的校园文化意味着精神文化的特殊性，是塑造人才良好职业素养的主要途径，对人才职业精神的

培育发挥着举足轻重的作用。

（二）特色校园文化塑造人才的独特个性

从人才培养理念上来讲，高等院校需培养的是具有独特个性的专业化人才。特色校园文化的建设承载着这种培养理念的传承任务，是一种“只可意会不可言传”的内发行为。特色校园文化蕴含的特有历史、办学理念、行业价值观、行业精神、文化传统等文化信息不仅仅陶冶着学子的情操、净化着学子的心灵，更体现了高等院校对培养行业特色人才这一理念的不懈追求，无形中引领着学子们在专业化的成长过程中彰显独特的自我。

（三）特色校园文化凝聚人才培养环境的精髓

无论是高等院校的显性文化，还是隐性文化的发展都是一个漫长的文化积累过程，不可能一蹴而就地构建出雄伟的“文化大厦”，短期的“文化快餐”更不可能培养出优秀的行业人才。专业化的人才培养环境对人才的培养显得尤为重要，它能促使广大学员在思想和行为上与高校的环境氛围趋向一致，并主动适应院校人才培养的要求。特色校园文化建设中的各种文化符号可直接转化为院校中物质环境、人文环境、制度环境等各种环境形成的要素，为专业化人才培养环境的形成创造了条件。

警察学院因其培养的人才是“预备”警察，带有职业“垄断性”和“特殊性”，而且其人才培养的质量将直接影响到社会和国家的安危。所以，研究警察学院的特色校园文化将对警察的培养质量产生深远的影响。

二、警察院校“忠”“真”“智”“勇”文化的结构分析

基于警察院校人才培养的特殊性，本研究通过对某警察学院“忠真智勇”的学校文化进行结构分析，发现特质校园文化是指引警察院校人才培养的最适宜的“育警”路径。

（一）精神核心层的“忠”文化注重职业理想信念培养

为民、为国、为天下的公忠精神一直被我国儒家传统文化所倡导，在今天看来，忠文化至少仍有三种现代价值，即“热爱本职，忠于职守；廉洁奉公，公正无私；忠于祖国，忠于人民”。忠是一名预备警察必须遵守的基本准则与政治本色，更是警察院校精神文化建设的核心。警察院校的忠文化应包括“忠于党、忠于祖国、忠于人民、忠于法律”四个层面。忠于党意味着要对党忠诚，听党指挥，认真贯彻党的基本路线方针，执行党的政策；忠于祖国是指要对国家忠诚，效力国家，做国家的公仆；忠于人民强调要积极捍卫人民的根本利益，做人民的忠诚卫士；忠于法律要求学员在法律所允许的范围开展各项活动，自觉地学法、懂法、守法。“四忠”是人民警察的基本政治品质，是中国人民警察所特有的警魂，更是打造一支钢铁之师、威武之师的精神武器。“忠”文化从预备警察理想信念着手，在其内心塑造强大的的精神理念，使他们拥有了不畏艰难、勇往直前

的卓越品质。

(二) 物质外隐层的“真”文化将做“人”和做警察有机结合

雅斯贝尔斯认为大学是研究真理、探索真理、守望真理的地方，法国哲学家雅克·德里达也认为，大学优先关注的问题是“不惜一切代价、无条件地追求真理”。“求真”一直是大学文化的重要内核。警察院校中的“真”文化蕴含认真、求真、唯真、鉴真的意思，具体地讲就是要求预备警察在办案和处事中均要保持认真求实的态度，敢于追求真理，在是非面前拥有甄别真伪的能力。“真”是预备警察做人和做警察的价值统一，公正、严明、无私更是他们处理未来各种类型案件的基本准则。真文化塑造的未来警察不仅是专业技术过硬的职业警察，更应该是品质高尚的人。

(三) 制度中间层的“智”文化着眼于警务专业技能的培养

“我国的学校将充分显示自己的办学特色……无特色的学校将失去竞争能力。”对于警察院校而言，预备警察警务专业技能的培养就是其最大的特色。良好的警务专业技能是每一个警察院校预备警察所必须具备的素质，而专业素质的具备要以严格完整的规章制度和组织纪律作为保障。制度文化建设的最终目的也就是保证合格的预备警察。“智”文化的诠释就是机智、睿智、理智、明智，也就培养出意味着预备警察要提高处理未来社会复杂突发状况的能力，具备智慧的临场应变能力。将智文化渗透在警察院校的校园制度文化建设中，是为了更好地强化预备警察的职业技能与职业意识，使其拥有过硬的专业技能知识，能与各式各样的犯罪分子作斗争。

(四) 外部行为层的“勇”文化注重职业精神的养成

勇文化包括勇于探索、勇于创新、勇于承担、勇于奉献、勇于牺牲五层含义，更加侧重对学员职业精神的培养。创新是一个民族进步的灵魂，也是新时期对警察院校发展提出的要求，不断变化的社会形势更需要创新型的警务人才。因此，警察院校担负培育勇于探索、勇于创新的“勇”文化历史使命。对警察院校学生而言，今后将肩负党、国家和人民所赋予的重托，维护国家的长治久安和社会的稳定，“公正执法、秉公办事、打击违法犯罪、保障人民的人身财产安全”是其工作的重要内容。“无私奉献”是当代警察核心价值观的本质特征，“服务人民”是人民警察价值观的根本出发点和落脚点。所以，培育勇于奉献、勇于牺牲的“勇”文化特征警察是一种职业特质的诉求。

第六节 警察院校培养警察胜任力可行性分析

一、铸造“忠诚警魂”的政治素养

人民警察忠诚教育属于育人铸魂的系统工程，而这项系统工程的“入口”

就在警察院校。“铸造‘忠诚警魂’需要以服从作为内在要求，不但要服从上级合法的决定和命令，而且还要服从党、国家、人民和法律的需要。”① 笔者认为，这些以“服从”为主的内在政治素养并非与生俱来，需要长期培养和熏陶才能实现。警察院校既可以通过教师课堂知识传授实现“忠诚”等政治素养的深层理解，还可通过警务化管理等多种方式使学生明晰“忠诚”“服务”“奉献”等警察核心价值观的内涵，甚至通过学校隐性课程来促使学生逐渐养成与人民警察职业相适应的政治素养。

众所周知，人民警察需要自觉践行忠诚规范。但是从“认识”到“自觉”践行需要适应周期，这是个“渐进”的过程，警察学院可以通过思想政治教育和警务化管理等方式促使学生在思想意识层面逐步认同党、祖国、人民和法律，从而“内化”成“心里愿景”，使得外在的“道德观”和个体内在的“愿望”趋同，并从外在情感和意愿上做到自觉接受，在心理层面产生“归属感”，最终形成“自觉”的忠诚责任意识。学生在校期间对“忠诚”的认同度越高，心理层面的依赖才会越深，表现为外在的行为才能更坚决。有的教师评价：对“警察职业”无从了解就不会形成“忠诚”的情感，更不会有“忠诚”的动机，也就不可能产生忠诚的行为。所以，学院不仅是学生产生“忠诚”细胞的地方，更是孕育“忠诚灵魂”的地方。

二、为满足警务工作需要通过课程实施警察专业教育

警察院校主要培养从事警务工作的应用型人才，既不同于西方的警察职业培训，也不同于我国的职业教育。因此在警察院校各专业本科学历教育中，既需要强调公安专业教育的特色，又不能将其等同于某项单一业务技能的训练，更不能简单地将专业教育理解为警察职业培训。警察专业教育是以专业理论为基础、以学科逻辑为主线，将专业知识系统化、专业技能体系化、业务训练情境化，并从理论和实践两个层面培养学生的专业知识、业务技能和人文素养。警察执法水平的高低主要取决于专业知识的掌握程度，警务技能更是警察执法为民、服务为民的核心素质。作为专业知识和警务技能的“载体”——课程在警察院校人才培养过程中肩负“重任”。“作为完成专业人才培养任务的设计蓝图，课程内容和结构决定着人才培养的类型和知识结构。同其他学校教育一样，课程是组织高等学校教学过程的依据，课程问题是高等教育的核心问题之一。”②

专业基础知识是专业知识的根基。警察院校的毕业生将来大部分都将从事警务类工作，所以需要掌握扎实过硬的基础知识，以培养学生基础法律素养，达到运用法律的能力。警察类的专业知识可以当成法律知识专业化的结果，也只有掌

① 余升淮. 论人民警察的忠诚及其培育［J］. 江西警察学院学报，2011（1）：7.
② 杨汉清，韩骅. 比较高等教育概论［M］. 北京：人民教育出版社，1997：181.

握了牢靠扎实的基础法律知识，具备了基本法律素质，才能进一步学好专业警察知识。

专业知识是警务专业学生从事不同警种岗位的前提条件，也是开展各警种岗位工作必须具备的能力体现。专业知识对应的专业课程应重点讲授，而且还需要在学生掌握基础知识后有针对性地进行实习和训练。专业课程有交通事故处理、刑事侦查技术、治安案件查处、调解民事纠纷、应急处理等。

培养学生警务实战技能。一个胜任岗位工作的警察除了具备扎实的专业理论知识，还需具备熟练的警务实战技能。比如，交警不仅具备指挥交通的技能，还能比较娴熟地驾驶机动车和其他交通工具；社区民警需要熟练使用各种警械和警具；治安警不仅熟悉治安领域的各种管理程序和处罚程序，还能处理各类治安纠纷。警务技能方面的课程主要包括各类专业课的实训、实习，或者到工作单位去顶岗实习。

相关专业知识拓展。警察执法面临越来越复杂的环境，需要“与时俱进”地掌握综合知识和综合技能，警察院校可通过对专业相关知识的学习提高学生的综合素质。例如行政管理学、社会学、计算机操作、英语等课程。

三、“双师型”教师队伍是培养胜任岗位工作警察的有力保障

高素质的专业教师队伍是实现警察院校人才培养目标的重要保证。“双师型”教师不仅具备自身的专业性和实践能力，而且还善于在教育教学过程中将实战知识授予学生，所以，教师既是学生业务知识的传授者，更是实战技能的带领者。

警察院校的专业教学具有实践性强的特点，警察学科也属于实践性突出的学科，其终极目标是指向应用型人才培养，所以警察院校专业教师不仅精于警察专业知识、具有深厚的警察学科理论功底，而且还需要具备较强的实践操作能力，做到将理论与实践有机结合。在现有管理体制下，各公安院校都建立和完善了与警务实战部门的“人才双向”交流机制，教师即可以在警务实战部门进行理论研究，还能把有影响力的“一线民警”请进课堂“现身说法”。教师能定期到对口警种部门挂职实践或实战锻炼，提高专业实战能力，这种“院局交流合作”不但可以增强课堂的教学效果，还能为警务实战部门解决疑难案件提供理论支持。

“育人必先正己，治学必先治教。”作为警察院校施教主体，“双师型”教师所具备的职业道德还能起到为人师表的作用，并通过“言传”和“身教”去感召学生，从而塑造学生忠于党、忠于祖国、忠于人民、忠于法律的政治本色。

第六章

警察院校警察胜任力培养策略

第一节　人才培养目标的导向策略

综观国外警察培养模式，由于警察教育完全由警察机关负责，警察院校为保证教学效果可以不受学历教育限制，其开设的课程和教学内容都可根据职业能力的需要来设计，所以人才培养的目标定位准确。例如，英国警察教育培训的目的性非常清楚，即培训就为了上岗，教育为了升职。所以英国警察院校人才培养活动的目标定位准确，即将学员培养成为适应岗位和职位需求的警察。具体来说，就是五级培训制度，培训一次就可晋升一级。[①] 韩国警察学校则依据人才培养目标的不同分层次承担，每所警察院校都有自己明确的人才培养目标。警察大学承担四年制学历教育和高级警察培训；警察综合学校专门承担普通警官的升职培训、干部后备力量培训和各种业务培训；中央警察学校则专门承担新录用的巡警、战斗警察、义务警察（武装警察）的培训。[②] 可见，明确的人才培养目标将有助于增强人才培养活动的针对性，提高资源利用效益和人才培养效率。警察院校人才培养目标作为培养警务专业人才的纲领性文件规定，其人才培养目标的指向性应十分清晰，意即为公安实战部门输送胜任岗位工作的合格人才。准确定位人才培养目标对警察院校人才培养的全过程有着重要的影响意义，所以从警察院校警务专业人才培养角度来说，树立合适恰当的目标在警察院校警察胜任力的培养过程中发挥着制约、支配、调节、控制和评价的重要作用，而警察胜任力模型正是确定警察院校人才培养目标的前提和基础。

基于警察职业的特殊性及警察行业的实际需要，本研究将明确“应用型综合

---

① 殷炳华．国外警察院校人才培养模式的要素化解析［J］．山西警官高等专科学校学报，2009（10）：80.

② 李光文．国际警察教育轨迹倾向与我国公安教育改革发展归位的思考［J］．公安研究，2007（2）：90.

警务专业人才”的培养目标作为落实警察胜任力培养的首要策略。从广义角度来说，“应用型人才”专指能“熟练掌握社会行业领域一线岗位的基础知识和基本技能，并能将专业知识和技能熟练应用于所从事的行业实践的一种专门人才类型”。按照常理来讲，“应用型人才”的培养具有两大特点：首先，强调知识结构层的“精”和“宽”，既有精深的门类知识，更有广博的知识面，不但可以胜任岗位任职所需要的专业水平，而且还有开发岗位群工作的能力，尤其是能适应复合岗位发展的需要；其次，与理论研究为主的学科型人才相比，“应用型人才”更强调解决实际问题的能力。因为“应用型综合警务专业人才”的培养目标定位既不是警察学科的理论研究者，也不是某警种警务实战的精尖人才，而是介于学科理论研究者和警务实战能手之间的一种“复合型人才”①，也就是说警察院校培养目标既要能尽快适应各级警务工作的实际需要，也要兼顾以下几种关系：学科基础教育与专业技能培养并重、公安通用基础知识与各警种专业技能兼顾、专业能力与综合素养结合。

一、学科基础教育与专业技能培养并重

公安工作是社会大分工的产物，但公安业务工作也会因各警种分工不同而划分为不同的专业（职能）领域，所以对“公安队伍建设和服务公安工作的警察教育”而言，培养“公安应用型人才”的基本途径就是实施以学科基础知识和业务技能为目标的专业教育。

纵观公安高等教育发展史，公安教育的各专业门类最初就是根据警务组织对不同警种人才的需求而设置的，由公安高等院校承担对公安类专门人才的有针对性的培养。例如，刑侦单位所需要的刑技人才对应刑事科学技术专业的专门人才培养、交通管理部门对应交通管理专业人才培养、社会公共治安秩序管理对应治安管理专业人才等。这种人才培养的定位都是以各业务单位对各警种的划分为依据，因为客观上每个警种对其专业知识和业务技能的要求存在差别，所以各公安专业首先应根据本专业具体情况来突出该警种专业知识和业务技能的培养。由于各警种履行的职能不一样，对应的各专业门类人才培养就要符合公安工作的实际需要。警察院校人才培养工作要立足于警务实战单位“需要干什么和能干什么”的毕业生，将岗位要求与学校培养结合起来，并依据不同警种及专业技能要求，明确各公安专业人才培养的目标和内容、方式。

警察院校实施的教育教学内容，应针对专业教育需要，为不同警种单位培养符合需要的应用型高级专门人才。但目前警察院校的专业教育过多关注课堂理论知识教育，这种“标准”的理论知识将与执法环境和业务实战有很大的差异性。

---

① 张翠英，温卫中．地方院校应用型人才培养模式研究与实践［J］．黑龙江高教研究，2013（2）．

学生在学校教育过程中获得的“标准理论”入警时会因所学与所需冲突而导致“消化不良”，继而产生“用”与“学”的脱节。例如，有位从事多年警察教育的教师曾经说过：“警察院校按照人才培养目标精心设计培养过程，自认为院校培养出来的学生是能够尽快适应警务实践工作的，但实际上到基层工作一年，毕业生都会觉得其实学校所学知识全部都能被警务实战部门的做法同化，其实最终获得认可的还是学历教育以及附着于学历上的基础知识积淀。所谓的专业教育不过是先天理想主义加上后天现实主义的结果罢了。”虽然这一说法有点激进，但却折射出当前警察院校教育现状中存在“没有将学科基础教育与专业技能教育并重”的问题。所以，过于“精”“专”的专业化教育如果没有学科基础教育的融合将会成为入警阶段的限制性因素，因为从学校毕业生成长为警务实战工作者的过程就是利用学科基础知识推进专业技能养成并形成胜任岗位工作能力的过程。警察院校的人才培养一直在学历教育和专业培训中不断往前推进，但教学管理人员与实施教学过程的主体间也一直存在“什么才是符合规律的教学目标”与“如何实施教学改革才能满足警务实战部门的需要”的困惑。

综合来讲，明确“应用型综合警务专业人才”的培养目标是提升警察胜任力培养的重要策略，而公安高等教育体系中的学科基础教育与专业技能培养是尽快实现此目标的方式之一。学科基础教育是公安高等教育人才培养工作的核心内容，因为其不仅是实现公安应用型高级人才培养目标的前提，还是公安业务技能培养的基础，更是适应不同警种岗位任职的需要。学科基础教育与专业技能培养在公安高等教育人才培养工作中有着同等重要的地位和作用，而实施学科基础教育和专业技能培养的前提就是通识教育，更是促进学生全面发展和增强学生发展后劲的重要条件。只有将这两者很好地结合起来才能培养出符合时代需要和服务于公安工作和公安队伍建设的应用型专业人才。

二、公安通用基础知识与各警种专业技能兼顾

公安高等院校应本着“宽口径、厚基础”的本科人才培养思路，兼顾公安通用基础知识与基本技能的传授与培养。从事某一职业的任何岗位都具有普遍适用的通用基础知识，并且在职业活动中起着支配和主导的作用，这种“作用”在警务实战工作中被称为“职业核心能力”。即便是各类特殊专业警察，也遵循着许多通用的警察学原理。公安院校学生的“职业核心能力”直接影响警察职业工作领域，即毕业生需要从事公安业务各警种岗位并满足从事基层警务工作所必须具备的基础知识和业务技能。所以，强化学生从事警务工作的通用能力即职业核心能力，是非常重要的，可以通过开设法学基础、公安情报学、信息技术、警体技能、群众工作及派出所综合警务工作等课程来提高学生的“职业核心能力”。按照现代警察的基本素质要求，这些课程内容应该体现在警察院校本科层次的人才培养方案中，主要教学活动设计也须针对学生在基层岗位的需要进行改

革创新，不受传统学科理论体系和教材体系的束缚，要以“学以致用”和“边学边练”的精神突出教学内容的实用性和目的性，并以掌握重要知识点和强化专业技能的训练从根本上提高学生的警察职业核心能力水平。

三、专业能力和综合素养的兼容

警察院校警务人才培养在原定职业化基础上应提升能力标准化的本位教育理念，做到以专业理论、精神文化、法律基本素养为基础，同时兼备胜任岗位的综合能力，这样才能获得公安教育事业和警务人才的可持续发展。

（一）注重对毕业生专业业务能力与学习生活适应能力的双重培养

由于现代社会发展速度快，科学技术日新月异，学校教育的周期性有时候很难保证学校培养能否完全适应现代社会的需要，很多时候只能进行“粗犷”的对接。而且在信息化、知识化高度发达的社会，在校生学习和掌握的有限知识技能绝不会在职业生涯中一直发挥作用。人才培养过程中必须重视普及通识教育和基础教育的工作，这些工作的实施对提高学生自学能力、适应社会能力、创新能力意义非凡。从目前来看，高校都在调整人才培养目标体系，并逐步加强专业学科建设，凸显课程教学中的“岗位适应能力”和“综合素质”教育，通识教育模块群得到进一步扩大，以保证专业教育与综合能力素质的培养可以有机结合。新形势下的教育教学理念改革，应着力于提供学生对未来生活和工作的适应能力，与以往过度强调专业能力体现出来的“有限知识”相比，应力求做到培养出知识面广、专业视野宽、适应能力强的各级各类专业人才。正因为公安高等教育是普通高等教育的分支，且属于国民教育体系，所以当前警察院校人才培养的工作目标也要依据高等教育规律进行调整。以期不断适应社会对警务人才培养的期望，培养出不仅专业技能强，还在人文社科、自然科学及艺术鉴赏方面有很强适应力的学生。

（二）加强公安专业工作人员的综合素质的陶冶

公安工作的任务就是维护社会安全和秩序稳定，其职业特征十分鲜明，但实际警务工作的开展，要求警务人员不仅要有专业的知识与技能，例如，体能强健、从业规范、警察意识、纪律作风、职业品德、警务技能等，同时还需要提升综合素养，如健全的人格、丰富的情感体验、坚定的政治素质等。所以警察院校人才培养的重要目标就是对警务人才实施专业教育的同时注重有益于个体的全面发展。

首先，由于警务专业的特殊性，警察院校培养的学生一定要有坚定的政治素质。因为在校就读期间，正是青年学生价值观、人生观、世界观形成的关键时期，将来绝大多数即将成为警察的警察院校学生的思想素质教育对今后警务工作的稳定性非常重要。在对公安院校学生的人才培养中，除了要统一设置思想政治课程外，还必须通过各种实习途径创造一种特殊的氛围，并在学生培养的各个环节中渗透观念，让他们在心中形成牢固的世界观、人生观、价值观以及正确的法治观念和为人民服务的理念。

其次，警察院校的学生需要有深厚的文化底蕴。从个体层面来讲，警察属于社会大家庭中的一员，有其独有的气质特征；但从职业本身来说，警察还应是一个具备人文素养和现代科学知识，且充满人文情怀的“国家机器”。为使警察院校学生的职业发展打下良好根基，在警务职业生涯规划当中更好地保障从警人员工作的稳定性和加强对职业的认同感，更需要自然科学及人文社科知识的补给。

最后，警察院校的学生需要具备职业拓展能力。因为不管是通识教育、专业基础教育，还是业务技能培养都应强调动手实践能力、创新精神和在同岗位群内不同岗位间的扩展能力培养。可通过选修课、校外实践等活动形式让学生多参加一些研究性和创新性活动，以期培养大学生抽象思维及创新能力，并从总体上加强综合素质水平。警察院校教育主体应更多关注在校学生的心理健康问题，为日后从警工作打下良好的基石。学校课外辅导可以通过心理健康类课程或团队训练来引导学生克服未知职业风险，强化职业认同感，与此同时还通过加强体能训练为将来从事不同警务工作打下良好的根基。

所以，加强专业能力和综合素养的培养，在当下公安高等学历教育改革还不充分的情况下有着特别的意义，一来可以满足警察院校毕业生入警的需要，二来可以满足多样化警务岗位工作的需要。

第二节　课程结构优化策略

与其他普通高等学校相比较，“实战”是警察院校办学的显著特点。这种特点首先就应体现在警察院校专业建设上，专业建设将是警察院校乃至警察高等教育赖以生存和发展的支柱，而专业建设的落脚点就是具有“警务实战”特色的课程体系建设。课程体系主要反映在公共课、专业基础课、专业理论课和专业拓展课的综合编排上，例如，处理好公共课和专业课、专业基础课和专业理论课的比例关系，同时平衡必修课和选修课课时，让学生在完成专业课程学习的同时能选修自己感兴趣或利于专业发展的拓展课程。同时还应发挥隐性课程的作用，兼顾不同类型课程的设置，以满足“应用型综合警务专业人才”发展的需要。

一、针对本科应用型人才的需要设计课程

警察院校主要培养从事警务工作的应用型人才，既不同于西方的警察职业培训，也不同于我国的职业教育。因此，在警察院校各专业本科学历教育中，既需要强调公安专业教育的特色，又不能将其等同于某项单一业务技能的训练，更不能简单地将专业教育理解为警察职业培训。警察专业教育是以专业理论为基础、以学科逻辑为主线，将专业知识系统化、专业技能体系化、业务训练情境化，并

从理论和实践两个层面培养学生的专业知识、业务技能和人文素养。

因警务专业人才培养定位于“综合应用型”，所以课程设计的过程应围绕“厚基础”和“强应用”来展开。首先，根据人才培养目标设计专业基础课程，夯实学生业务技能和专业后劲发展的能力。其次，突出专业理论课程，针对不同警种与业务专业岗位的需求，凝练专业核心理论知识，构建科学合理的专业理论课程群。最后，从人才培养的“应用型”上下功夫，将专业理论知识运用于“实战”环节，通过校内演练或情景模拟训练、校外见习或顶岗实习等多种途径加强实践教学环节，让学生在经常接触、观摩和参与实战的过程中提高实训能力。“课程设置”应更贴近公安实战，逐步提高课堂实践教学比例，打破传统以传授“学科知识为中心”的倾向，应该突出职业技能和学生实践能力的培养，使学生真正系统地掌握警务实战的能力。

（一）注重与警务实战工作的密切联系

目前，在警务专业课程设置上存在的问题具体表现为专业理论课程与警务实战工作相脱离、专业技能课程的方法落后等。所以，警察院校应根据警务实战工作需要来设置专业，警务实战部门需要什么类型的专业，院校就应设置与专业对应的课程。但在警察院校的专业设置中，有的将警务实战中某个环节流程设置为专业方向，这样的设置将会导致专业划分过细和专业知识面狭窄，再加上各警务专业学科理论先天不足，致使培养出来的学生可能基础知识薄弱、岗位适应周期长，甚至缺乏发展后劲。这与警务实战工作岗位对人的迫切要求是不一致的，所以警察院校专业设置是否合并或者保留都应根据警务实战工作对专业人才需要的程度来确定。

（二）积极拓宽专业口径，发展新兴应用型专业课程

原来警察院校在专业建设上过于强调专业的系统性，甚至关注本专业与其他专业的差异性，虽然这对确定专业学科体系、加强专业理论研究是很有必要的，但却在一定程度上忽视了专业与专业之间的横向联系，使学生专业知识面过窄、工作适应度降低。由于警察各专业之间有着密切联系，有些岗位的专业理论知识同时也是其他岗位必须掌握的，再加上学生在入警时并不能完全专业对口，所以在专业课程设置和培养规格的要求上一定要突出专业基础性和拓宽专业知识面，使学生不仅增强专业岗位的适应性，同时也有利于其在该专业知识上的迁移。

我国警察专业的设置深受苏联“专才教育模式”的影响，甚至比“专才教育”的范围还要窄得多，基本上是以侦查、治安、刑事技术等二级学科来设置专业。为了拓宽专业学生的“口径”，警察院校一般按照一级学科门类设置教学系部、二级学科大类设置专业、三级学科设置专业方向的要求，在侦查、治安、刑事技术等专业下设刑事侦查、预审、经济犯罪侦查、国内安全保卫、警察管理、交通管理、出入境管理、消防管理、电子取证等专业方向，以扩大专业课程的包容量。

在拓宽专业口径方面，警察院校可以根据社会经济发展对警务工作的实际需求来调整专业培养结构。首先，可增设适应改革开放和市场经济发展需要的新兴专业，如缉毒、涉外警务、国际司法协助、涉外侦查等专业；其次，可根据警察工作实际需求大力发展紧缺专业人才，如计算机安全侦查、电子取证、反恐等专业；最后，警察院校还应利用自身的师资优势和实践教学特点开设安全保卫、司法援助等非警务专业课程，一方面满足经济市场对警务行业“多元化”人才的需求，另一方面还可应对因警力资源短缺造成的警察队伍管理的困境。

（三）开设既有统一标准又有特色的专业课程

一方面，警察院校的专业课程建设就行业标准而言，从专业方向到专业层次、人才培养规格、课程名称等国家都有其行业统一规定，各级各类警察院校应按照统一的专业口径来设置专业课程，以避免警察教育专业设置上的重复与混乱。另一方面，由于我国各地区差异及执法环境不同，各类警察院校在“大标准”前提下自身专业建设的重点和特色会各有不同。学校既可从自身学科优势和实际条件出发办出有特色的专业课程，还应在加强该专业发展方向上的传统“特色”。大部分警察院校都在这方面进行了大量有益的探索与实践，例如，立足首都地区特有的治安形势和任务，河北和北京地区的警察院校发展安全保卫等特色专业课程；上海和沿海地区的警察学院突出自己专业的外向型特色课程；西南地区则加强缉毒等专业课程建设；湖北的预审专业、福建的查缉战术专业课程都各有特色。总之，警察院校应根据本地区的特殊环境需要凸显出相应专业课程的特色，以适应警察高等教育的理论与实践需要。

二、实行“活模块、小课程、大课程群”的专业课程模式

（一）构建课程模式方法

可通过以下几种方法来建构“活模块、小课程、大课程群”的课程模式：

第一，建设“小课程”完善课程知识体系。当前与警务实战有关的专业知识虽然被纳入课程知识当中，但这部分知识相对于实际警务工作而言却是不完整的，尤其是相应的课程组织和课程评价并没有与警务实战工作联系起来。通过建设与警务岗位工作相匹配的“小课程”来完善课程知识体系，对教学内容进行深化和拓展，并补充学科发展的最前沿知识，才能逐渐完善课程知识体系。

第二，用“活模块”增补实用的教学内容。即采用“活模块”的方式增加原有专业教学体系中没有涉及但却又是警务实战部门必备的知识内容，将这些根据警务实战需要设计的“模块”内容灵活添加到专业教学的“大系统”中，可以将学校教育与警务实战工作很好地联系起来。

第三，重构教学法。首先，在建设“小课程”体系时把改革和探索教学方法作为主要内容，利用现代教育理念和教育技术开发适合“小课程”的教学方法。其次，将探索教学法放在课程开发的核心地位，围绕教学法选择对应的教学

内容，建设有特色的专业“小课程群”，逐步完善“小课程教学体系”，形成以“小课程”为核心的课程模式。

第四，重组“大课程群”是建构课程模式的有效方法。根据警察院校学生身心发展的规律，结合“小课程”的教学要求，选择有针对性的“模块”进行教学，把这些“模块”或“小课程”集合成不同的“大课程群”，组建成“大系统”。

（二）课程模式的关键是开发“小课程”

根据警察学院的办学特色，借用普通高校“产、学、研结合”的课程模式，将“警察院校教学、教师教官科研、基层警察办案”结合起来。将“请进来”和“走出去”相结合，多方配合，建构完善的课程模式。

“请进来”即是以开设“学术讲座”的方式将一些长期在基层一线工作、有影响力的“警务专家和公安实战部门领导”纳入教学过程，作为“活模块、小课程、大课程群”的课程模式中必不可少的组成部分，并聘任其长期担任“教官”和“课外辅导员”的教学角色，为课程模式的建构提供智力支持。

“走出去”要求教师走出校门，在公安实战工作中获得建构课程模式的经验。具体表现在以下四个方面：首先，深入基层公安机关调研，了解实战中遇到的问题及症结，掌握基层公安机关实际工作的特点，并将实战中的问题及特点以案例的方式进入课堂教学，使教学工作真正贴近警务实战。其次，积极参加实战部门组织的工作会议或警务技术经验交流会，以提高授课教师开发“活模块”和“小课程”的能力，以期提升课程教学水平，并通过“走出去”来掌握警务工作的最新动态，了解公安业务工作开展的最新方向，从而在宏观上把握警务工作开展的实践教学内容，使教学和科研工作更具有现实性和指导性。再次，真正参与各项警务实践活动，丰富临战感受和实战经验。最后，为提升自身的业务实战方面的理论水平应积极向实战单位、行政决策部门的专家进行咨询，由此带动“专项警务工作问题”的研究，并在深层次开发专业“小课程”。

开发“小课程”的主要目的在于解决基层公安机关面临的新问题、新情况，满足警务实战的新要求，所以需要通过科学研究对新问题和新情况进行探讨，并以教学研究带动科学研究工作。在开发“活模块”“小课程”的基础上，进一步把与警务实战有关的教学内容开发成科学课题，并融入“大课程群”，促进“活模块、小课程、大课程群”建设，进而形成教学与科研相互促进的良性循环。另外，积极调动警务实战部门的力量参与到警察院校人才培养中来。警务实战部门可以利用自身资源为警察院校人才培养提供便利条件，同时警务实战部门还应参与人才培养的目标制定工作，使人才培养的目标定位更有针对性，并能传递实践工作的需求信息。另外，警察院校学生在警务实战部门接受业务指导，围绕实战中面临的问题和亟待解决的困难去学习会更有时效，而警察院校教师既可以在课堂上组织学生分析案情、讨论案例，还可以在现场梳理案情发展过程。

这样的教学方式是将教学课堂搬到实战现场，所以无须借助多媒体教学演示设备，也不需要情景模拟，更不要教师口头复述案件过程，就能使学生身临其境地直观感受案情发展过程，并能在互动的环境中相互学习和研讨，直接将警务技能更好地内化为自身潜在的行为素质，从而直接达到教学目的。这不仅添加了教学的趣味性，还能强化教学效果和增强学生学习的动力。

三、课程模式运行的机制

（一）赋予教师建设“小课程”的自由

教师是课程计划的制订者和课程过程的实施者，要赋予教师建设课程的权力，让教师具备计划、组织、实施、评价课程的自由。首先，课程是教师教学的载体，教师是课程实施的主体；其次，教师要对课程教学过程做出选择，并为此担负一定的责任；最后，参与课程规划方案是教师实现课程有效实施的途径。此外，教师作为课程内容体系的讲解者，对开设具体科目及讲授课程方法最有发言权，也是最能提出有效建议的人。所以，学校应该给予教师课堂教学的自由和权力，充分发挥任课教师潜力，才能激发教师建设“小课程”的动力。

（二）加强实践实训基地建设，保障实训实践效果

实践教学是人才培养过程中不可或缺的一部分，也是顺利开展教学工作、提高教育质量、培养创新型人才的必经途径。在课程设置中增加实践实训课程的数量，并结合实训课程教学开展实验和研讨，或者增加警务实践活动都将是培养“应用型综合警务”人才的重要环节。

总之，警察院校专业课程建设是与警察高等教育改革和警务实战工作息息相关的。尽管目前警察院校的专业课程改革取得了一定的进步，但“路漫漫其修远兮”，随着国家社会经济进步、教育体制以及警务改革的深入，调整和改造警察院校的专业课程建设工作将向纵深方向发展。按照“开办新型专业、着力建设重点优势专业、拓宽现有专业面、注重警察胜任力培养”的专业课程建设思路，立足于警务工作实际，并遵循个性化教育的原则，着眼于创新精神的培养，适当增加选修课程的比例，努力提升警察院人才培养的质量。

（三）实行专门培训和专业技能的课程证书制度

为解决某些警察业务不需要单独开设专业或因为急需而来不及开设新专业的矛盾，各警察院校可在相近的专业中实行专门化的培训制度。使学生在已掌握原专业知识的基础上进行短期强化专门的课程训练，毕业时既发给原专业毕业证书，还发给专门培训课程的资格证。例如，利用学生课余时间组织武术散打、远距离射击、特殊驾驶课程的短期培训，结业合格后发给等级证书，以满足警察实战部门的工作需要。

四、完善课程结构的实例分析

警察院校在计划经济体制下形成的行业对口型专业结构使得专业划分过细，

不能适应现代警务部门的实际需要，根据某警察学院课程建设的实例分析，本研究认为拓宽专业口径，并根据本地区经济社会发展需要的特色来确定学生专业培养方向，同时实行专门技能证书制度，方能推进警察特色专业建设。

（一）整合“基础学科”课程群——法学学科

民主法治国家最显著的特征是通过国家权力运行时受到法律随时随地地限制来保证权力与权利的相对平衡。民主法治是国家权力重要的组成部分，警察权力运行的主要内容是限制个人的权利与自由，即使法律也认可警察机关可享有一定的自由裁量权，但是也必须严格遵守法律。可以说，警察不懂法即不懂业务，法律无警察即意味着社会安全无法保障，警察与法律的关系是紧密相连的。因此，警察类的院校需将以下科目列为各专业的必修课程：可以掌握整体法律体系的法学概论课程；可以充分认识民主、宪政、法治和人权的宪法学课程；警察权属于行政权的一种，为正确行使行政权还需研习行政法学的理论课程与行政执法的实训课程；预防犯罪、打击犯罪需要系统学习治安管理处罚法，应开设刑法学与刑事诉讼法学等课程。

（二）做强“优势学科”课程群——刑事科学技术

刑事科学技术是指公安与司法机关依据《刑事诉讼法》的相关规定，应用现代科技的主要成果，收集、检验和鉴定与犯罪活动有关的物证技术，并为侦查、起诉和审判工作提供线索与证据的一类专门技术。随着我国法制建设的不断完善，社会对司法活动中的诉讼证据质量要求不断提高，刑事科学技术专业更应注重培养具有现代科学技术的高素质专业人才。根据刑事科学技术专业人才的培养目标，在以前制订的专业教学计划基础上，深入公安基层刑事科技部门进行调研，并将国家司法机关、检察机关等部门技术鉴定工作所涉及的知识纳入刑事科学技术专业人才培养方案，拓宽毕业生的知识面。

根据刑事科学技术专业的培养目标、专业内容要求和特点，某警察学院于2008年经省司法厅批准，在刑事科学技术系的基础上成立了“某省鉴真司法鉴定中心”，拥有物证照相室、物证图像处理室、法化物证检验室等十多个专业实验室，使得该专业真正构建了“教学、科研、办案”一体化的专业，真正构建起人才培养、科学研究、服务社会的“三位一体”平台。形成了以人才培养为中心、服务社会为落脚点的良性机制，建立了真正的专业实践教学体系，目的是加强对学生的刑事科学技术专业技能的培养，课程实施内容包含专业基础能力训练、专业特殊技能训练、专业综合技能训练等。

（三）创建“新型学科”课程群——警务指挥与战术

当前国际形势变化莫测，中国的经济发展迅速，再加上国内社会分层中的贫富分化矛盾加剧，经济犯罪、刑事犯罪、恐怖分子对社会造成的危害日益严重，而大型突发性治安事件以及各种自然灾害对社会稳定的影响越来越难以估量。近年来，民警时时有流血、天天有牺牲，因公伤亡的人数逐年增多。据公安部统计的数据显示，近年来全国公安民警因公牺牲和因公负伤人数逐年上升。从2008年至2012年平均每年就有441名民警因公牺牲和3364名民警因公负伤。2013年全国公安民警因公伤亡人数已达4675人，因公牺牲人数为449人，比2012年上升4.4%。

造成民警因公伤亡数字居高不下的原因是多层次的、复杂的。第一，部分领导和基层民警战术上轻敌，缺乏必要的自我保护和自我防范意识，即缺少临战安全知识；第二，一些民警执勤执法时缺少灵活多变的方式，方法单一、缺乏临战培训，导致不应发生的伤亡；第三，遇到突发事件或处置严重暴力案件时，缺少实施性强的预案，或是作战方案考虑不周全，以致仓促应战；第四，警员之间的协调不力、相互配合不够。所以，当前基层公安机关领导迫切需要接受处置涉枪、绑架劫持人质、涉爆、暴恐等重大案件以及处理突发事件的临战指挥培训，以期提高临战决策水平和临战素养，而各警种基层民警则迫切需要进行有针对性、突出实战特点的临战训练，尤其是增强安全防范意识。

警务指挥与战术学就是应警察实战需要，在借鉴法学、公安学、犯罪学、社会学、心理学、军事指挥与战术学等理论和警务实战的基础上发展起来的，警务临战活动为警务指挥与战术学科的形成和发展提供了坚实的基础和实践条件。当前违法犯罪的现状与发展趋势为警察指挥与战术理论的发展确定了主要方向和重点，警察科学及其相关学科体系的迅速发展又为警察指挥与战术的形成提供了原动力。作为一门研究警务指挥与战术学研究，并对警察临战的特殊矛盾与发展规律进行研究的新兴学科，其对警务实战的应用价值将不可估量。

第三节　教学优化策略

教学模式和教学方法是紧密相连的，教学模式是“导向特定学习结果的教学目的、教学环节、教学策略、教学评价等过程的综合设计”①，警察院校教学模式可以界定为在“教、学、练、战”一体化教学思想的指导下设计的较为固定和稳定的教学活动框架。针对警察职业的特殊性，警察学院教学模式应重点突出“教”“学”“练”“战”各环节之间的内部关系和功能，尤其应强调各环节之间的可操作性。教学方法是指教师和学生作为教学中的“双主体”在整个教学过程中为完成一定的教学任务或目标而使用的各种方式和手段，既包括教师“教”的方法，也包括学生“学”的方法。虽然教学过程中教师“教”的方法在所有方法中占主体地位，但学生“学”的方法却是教师“教”的方法应用的依据，因为没有针对性和可行性的“教”是无法达到“学”的目的的。教师“教”的方法不仅直接影响教学效果能否实现，而且还可使教学效果最大化。所以，警察

① 冈特，施瓦布．教学：一种模式观［M］．江苏：江苏教育出版社，2006：15-18.

院校的教学方法既要使教学内容满足实际公安工作需要，更要体现学生胜任未来岗位工作能力的要求。一方面，教学模式作为过程的“综合设计”，会对教学过程中的具体教学方法实施指导；另一方面，有着较为固定的教学方法体系会对特定的教学模式进行能动反映。

一、综合运用多种教学方法

英国学者阿什比曾指出：“大学教育的试金石不是讲授伟大真理，而是用什么高明的方法来讲授伟大真理。所以，讲授什么不及如何讲授更重要。”可见，教学方法在人才培养过程中扮演着极其重要的角色。针对警察院校教学中存在的问题，本研究认为可从教学方法和模式上进行改善，通过“观摩实战”“专家讲座”“参与实战讨论”等多样化的教学手段更好地服务于专业教学内容。此外，学校也应为教师“教学法”的研究创设良好的人文环境，鼓励教师进行专业教学改革，打造专业教师教学团队，以大力提升教学质量为目标。具体策略如下：

（一）“双向教学法”在教学过程中的运用

“双向教学法”建立在“角色”教学法的基础上，充分尊重教学中教师和学生“双主体”，是充分发挥“双主体”在教学过程中“双向角色”作用的教学法。运用双向教学法应当明确以下几个方面：

1. 教学过程中“双主体”地位平等

在传统教学的过程中，教师在教学中始终处于主体地位，学生是接收教师教学信息的被动接受体，这种认识是错误的。实施“双向教学法”要求教学过程中教师始终具有学生“主体”意识，知识信息需要经过“内化”作用才能成为学生自己的知识，学生与教师在教学中的“主体”地位是平等的。在教学过程中“双主体”之间“互动”是实现“双主体”地位平等的“标志”，教师引导学生进入教学角色并成为教学主体，而学生是实现教师教学功效的主体，实现教学双主体角色才能完成教学目标。

2. 实现双向“角色”

引导学生定位“角色”。教师有着丰富的知识、经验，担任专业“角色”，并在教学过程中始终起主导作用。而学生是受教育者，所以教师始终是学生的“引路人”。在专业教学过程中，可通过提醒学生在课堂中扮演何类型的“角色”让学生迅速定位。例如，在“现场勘查”课堂中教师可以提示学生以在校学生和侦查员的“复合”身份思考问题，同时引导“复合”角色进入特定的情景环境中，在这种特定的角色状态下使学生学会用侦查员视角解决问题，用学生视角学习解决问题的方法，从而实现复合角色从提出问题、思考问题、分析问题到解决问题的习惯。

为加强“双主体”间的双向交流逐层向学生提出问题。在教学过程中教师的提问不应是走过场，教师向学生抛出的问题必须具备一定的专业性，不仅要能引起学生的思考，而且还要能够增进师生间的交流。对教师主体而言，提出的问题是基于教师对整个教学的思考与研究，是教师个人探究问题的结果。作为一名教师，首先应该尊重学科知识，从整体知识框架到基本概念的研究都体现着教师对问题的深度思考，同时也体现着教师的情感投入。所以说，课堂上教师提出的问题是经过备课环节的设计和思考且认为在授课中有必要与学生交流的问题。对学生主体而言，问题是其进入课堂“角色”的媒介，没有这个媒介学生就不能进入“角色”状态，不能胜任这个“角色”，学生也就不能得到启发和拓展知识面。

试举例说明在双向交流中教师逐层提问的价值。在“犯罪现场勘查”的课程教学过程中，首先，教师向学生提一个常识性问题：“侦查员接到报案的现场是否都是犯罪现场?”同学们自会踊跃回答这个没有难度但又具吸引力的问题。其次，教师再进一步提问：“为何有可能不是犯罪现场但侦查员也要去现场勘查呢?”这个问题同学们会有各种不同的回答，有的可能说：“这是侦查员应尽的责任，即便不是犯罪现场也有可能会留下线索，否则如不现场勘查的话极有可能造成犯罪嫌疑人逃脱的后果。”这种类似的回答不能简单地认为错误，但如果教师马上偷换“角色”提问，法庭上如若律师质疑：“既然不是犯罪现场，侦查人员去现场勘查，不就意味着侵权吗?”教师提出这类问题必将使学生陷入对新问题的思考。此时教师可“乘胜追击”再度发问：“是谁赋予侦查员这种勘查的权力?”学生们下意识地回答：“法律。”教师接着又问：“哪个法律或者哪条规定赋予侦查员这样做的权力?”最后，教师揭晓“答案”：《刑事诉讼法》第 86 条的规定（使学生明白这是法律赋予侦查员或侦查机关强制执行的权力）。在课堂上教师的逐层提问，不仅可以迅速缓解学生的“视觉疲劳”，而且通过层层递进的问题进行讨论和交流，不仅可以使学生轻松掌握相关法律常识，而且还能使教师获得良好的课堂教学效果。

3. 双向教学法的优势

双向交流的教学模式能够使学生学会主动思考。传统的教学以教师为中心，“教师教，学生学”。整个课堂教学中教师几乎是在“满堂灌”，教师在讲台上喋喋不休地讲，学生在下面紧紧张张地记笔记；教师提出问题，学生“佯装”思考并等待教师自行解答，或者直接给标准答案。这是一种“主动替代”式的教学模式，但运用双向教学法可以调动教学双主体的积极性，不仅发挥教师的引导功能，还能兼顾学生主体性。整个教学过程让学生从“教师替代”中走出来，主动开始自己思考，并将灌输式教学转变为启发式教学。通过双向交流中教师的逐层提问可以知晓整个教学过程都贯穿着教师的提问，尽管逐层解剖的问题多数是学生不会主动想到的，但在实践中这些问题都很重要。通过师生之间的问题讨论，由一个又一个问题组成的逻辑链就逐渐清晰了，最后，学生在获得法律基础知识的同时还学会了运用逻辑演绎来推理问题。这种教学模式既能授之“鱼”，更能授之“以渔”。

双向教学法可以引导思维追踪。双向教学法作为引导学生进入角色的重要手段，在教学过程中还能引导思维追踪。教师根据预设的教学目标向学生提出问题，学生会自觉自愿地接过问题进行思考，并沿着思路去发现并找到答案。为此，教师可根据逐层设计的问题赋予学生某种角色意识，教师提出的问题将成为学生积极主动思考的原动力。在实际教学过程中，教师通过设问来逐步激发学生的学习兴趣，并通过相互交流使学生很快进入角色，从而主动思考问题并解决问题。整个过程其实就是一个完整的教学反馈过程，这个过程中教师既能通过学生的回答来评价学生自我表现的现实水平、掌握已有知识的熟练程度，同时还能发现学生追求新知识的不足之处及创新点。这个思维追踪的全过程就是学生传递教学信息的过程，教师将在这种双边良性互动中再次升华教学。这样的思维追踪过程会使教师的课堂教学像一块极具吸引力的磁“场”，或者说课堂有了教学“场”的效应。

（二）“模拟再现”教学法在教学中的具体运用

从警察的具体职能来说，一是警察作为执法者打击各种违法犯罪，被称为“打击犯罪的斗士”；二是警察作为服务者为社会提供各种服务，被称为“人民保姆”。从政府与群众关系的角度看，警察扮演着政府形象大使的角色，是政府联系群众的桥梁和纽带。因此，警察职业不仅需要具有法官、律师、心理学家、科学家的知识，还要具有高尚的职业道德。从具体工作角度来看，警察还具备律师、法官、科学家、心理学家、英雄多种角色身份。正因为警察担负着这种多样化的职业角色，并非一般人能胜任，所以，在教学实践过程中就要应对这种角色身份的多样化，而“模拟再现”教学法就能够适应这种职业角色的多样化。“模拟再现”教学法是指教师在教学过程中对以往发生过的案件进行再加工的基础上实施“场景重现”或“情景重建”，并进行归纳总结的教学法，主要包括案例教学法和模拟教学法。

1. 通过案例教学法引导学生进入“角色”，提升“做”的能力

案例教学法在教学中的作用。在一项“你认为哪种教学方法更适合公安专业人才培养?”的调查中，近60%的被调查者认为案例教学法应成为警察院校专业课程教学的主要方法。案例教学法受到人们的喜爱，并被广泛地应用于法学、治安学、侦查学等专业教学中。因为案例既是课堂教学手段，还是特定教学内容。在推理某个论点或观点是否正确时可运用案例作为分析工具或手段，通过再现案例来证明某个论点或观点在实践中的作用。其实案例不仅是一种有效教学手段，同时还是一项非常重要的教学内容。例如，在《刑事侦查》《治安管理处罚》《交通事故》等课程的教学中，就可以运用现实案例使教学内容更加通俗易懂。

选择经典案例作为教学内容，突出专业知识的培养。实际警务活动过程中有很多案例素材，但在教学过程中并非所有案例都可进入课堂成为教学内容。以

《刑事侦查》中的案例来说，刑事侦查中的大案要案较多且大多公开化，教师可从不同渠道获得相关素材，但对于研究侦查的专业人员来说，凡是公开化的案例都会存在两大缺陷，一方面，无论是从犯罪主体的表象来看或是实施侦查对策或犯罪行为的描述来看，过于简单而没有研究价值，不能引导学生进行深度思考，故不适宜于选用在案例教学中当作教学内容；另一方面，有些案例由于经过报纸刊物的宣传，甚至渲染和加工后可能早已与现实情况不相符合，无法在教学中真正应用。所以，案例教学法中的案例要进入课堂成为教学内容必须满足两个标准：一是案例来源的真实性，要求是来自案件侦破前线的真实案例；二是经典案例，即指所研究的犯罪现象在当前社会管控中具有典型代表性，能帮助侦查员借助“经典”形成正确的思路分析，并拓展思维空间和挖掘潜能。

突出“角色”，深入分析思考，培养学生独立进行调查侦查的能力。公安高等院校的专业教育时限是四年，学生是否具备独立调查侦查的能力、能否尽快适应岗位的需求，都与在校期间接受的专业教育密切相关。以《刑事侦查》课程教学为例，发现案例教学法是培养学生侦查主体意识的重要手段。因为教师在教学过程中会发现学生在学习案例的过程中经常以正常的心态或善良的心态去推测犯罪嫌疑人的犯罪心理，直到闹出许多笑话。例如，犯罪嫌疑人在漆黑的夜晚敲某民宅大门，当男主人打开门时即被犯罪嫌疑人砍死，但女主人从卧室闻声出来，打开灯后犯罪嫌疑人为何见到女主人之后“一愣”，还转身就逃呢？讨论此案例时，当教师提问：犯罪嫌疑人为何在见到女主人后出现了“一愣”的场景？过后迅速逃离现场？有学生竟会不假思索地说：“因为犯罪嫌疑人不忍心杀女人。”还有的说：“认识女主人。”这个讨论的过程，教师和学生需要反复讨论犯罪嫌疑人的犯罪心理，还原事实真相，甚至揣测犯罪嫌疑人的心理，打破学生固有的思维方式，以求获得最佳教学效果。

2. 通过情景模拟教学法，提升学生“看、听、问、想”的综合能力

在“你认为哪种教学方法更适合公安专业人才培养？”的调查中，近40%的被调查者认为模拟教学法是继案例教学法之后的主要专业教学法。模拟教学法是指教师利用情景模拟犯罪嫌疑人、被害人和侦查员，并再现犯罪和侦查现场，并引导学生进行创设性思考的教学法。模拟教学法能还原再现犯罪与侦查现场情景，也是一种形象教学法。它与其他课程应用该教学法的不同之处在于通过仿真的模拟演练，促使学生在具体化的模拟环境和相应的职业角色中熟悉具体的职业经验与技巧，也是培养学生逆向思维方式的重要手段。

教师首先呈现出一个情景，而后启发学生用侦查员的角色进入情景。从学生假设自己是侦查员开始，面对情景中的问题，应该如何思考和解决。由于学生没有侦查经验，缺乏相应的技能，往往会用生活中的思维方式来思考和解决问题，导致远离实际侦查工作。所以教师可以多准备一些专业问题，通过情景中的问题去带动学生思考和分析，要求学生在回答问题过程中改变原有的固定思维方式。

其实，学生的思维转折不是通过一堂课训练就能改变的，它需要循序渐进的过程。但教师在刚开始的情景案例中时就必须具备这种意识，使学生一旦遇到侦查问题就有下意识地使用侦查思维。例如，研究者曾在听课时，遇到教师讲授“现场”的概念，日常理解就是指实施犯罪行为的地点即“犯罪现场”，但根据我国法律，对“犯罪现场”概念的规定是还应包括预备犯罪阶段和实施后的阶段。所以对“犯罪现场”概念的确定应与法律保持一致，所以根据法律规定，就可以推导出新的“犯罪现场”的概念。当新概念出现时学生就会想到这个新结论的意义是什么。这时教师提问：“犯罪嫌疑人都用什么手段破坏犯罪现场”？学生会举出许多他们所听说过的例子，但都是非专业化的例子。这时可再举一个案例，通过对新案例的剖析向学生指出随着时代的进步，高科技、高技能的犯罪已使侦查人员在实施犯罪行为的犯罪地点有可能找不到可供侦查使用的关键证据或线索，这时侦查员应当改变传统认识，调整思维方向，寻找新的解决方案。这个案例的应用会对学生产生震撼效应，使他们感到学习这门课的重要性，并且意识到角色的重要性。

维果茨基提出了“最近发展区”理论，他认为教学要促进学生的发展，要走在学生的前面，促进学生的一般发展。当学生认识到自身的不足时，就会思考如何改变自己，激起强烈的学习愿望，这时教师要对学生进一步引导，通过教学激发学生的内在潜能。仍以“刑事侦查”课程教学为例，教师需要不断地拓展学生思维、创造提出问题的机会，甚至可以稍稍提高学生思维能力，提供他们能再认识的案例。例如，在讲述了“犯罪现场”这个概念后，学生的思维方式稍微有了变化，紧接着教师就可继续引导学生进一步思考，如引导学生认识到犯罪现场的特点。传统教学中只讲“犯罪现场”的暴露性特点，这种描述并没有客观、真实地反映现场的特征，并带有主观色彩。现实生活中很多犯罪分子都会隐藏甚至销毁证据，犯罪证据是不会明显地遗留在现场的，所以这不能代表犯罪现场的特点。而犯罪现场之所以对侦查人员而言十分重要，主要是因为犯罪现场有自身不可替代的特点，即侦查员可在犯罪现场挖掘出有价值的犯罪信息，并存储犯罪信息。由此就会产生另外的问题，即犯罪现场存储的犯罪信息都是明态的吗？学生大多都会很明确地表示否定。那怎么能证明犯罪现场存储的信息还有潜在性呢？这不仅能激起学生思考，还能对如何理解犯罪现场储存潜在信息的特点说出很多原因，但大多是讲犯罪嫌疑人如何伪装现场。这时候教师可举出案例让学生意识到犯罪现场的许多潜在的犯罪痕迹所表露出来的犯罪信息并不都是犯罪嫌疑人自有意识的结果，有的是不由犯罪嫌疑人主观意志来决定的，这不仅使学生能够客观认识犯罪现场，还能树立细心勘查犯罪现场的信心。

二、体能实训策略

长期以来，我国警察院校开设“警察实战技能”课程的教学内容大多是基于公共体育及军事体育教学训练的双重模式。警察执法面临着错综复杂的社会治安综合形势，公安民警的伤亡时有发生。面对高危险的职业特点，警察实训技能课程也面临多方面的改革，改革目标将针对有效避免公安民警伤亡，培养实战民警“安全、高效、合法”的自我保护意识和战术意识。所以，警察院校在学习借鉴国外警察先进实战训练经验时，还要结合我国国情及时更新警察实战技能的训练理念、优化警察实战技能的训练内容，才能符合我国警务工作的实际需要。

（一）强化体能教学训练，增强学生体能适应性

通过日常体能训练，提高学生的身体素质。警察体能训练的基本内容主要有基本的力量、速度、灵敏、协调、耐力、攀越障碍、游泳泅渡训练等科目。日常体能训练是基础训练，其目的是通过强化训练，提高学生的身体素质，增强身体各方面的能力和身心承受力，并培养不怕苦、不怕累的顽强献身精神，使学生具备健壮的体魄，并且为学习其他的基本技术、技能战术奠定坚实的生理基础。

通过定向越野训练，增强学生的野外生存能力和意志力。有些专业的学生，如刑侦、交管、治安等公安专业，他们不仅需要完成日常体能训练的相关内容，还需要在体能课程中引入定向越野训练。定向越野训练不同于一般的体能训练，它对学员的体能要求较高，强调学生智力与体力的结合。定向越野训练能显著地提高学员耐力项目的成绩，增强学生的方向感和野外生存能力，并能有效地激发学生独立思考、识图、用图等能力。

（二）改革徒手格斗技能的教学，锻炼学生强健的体魄

警察院校需要进行理念上的转变，由“竞技体育技击”向“防卫为主，轻击打、重控制”理念转变。警察徒手格斗技能，也可以称为警察徒手防卫与控制技能，指的是警察在执行任务时，当碰到不能或不准使用武器的情况下，以法律为依据，以“踢、摔、打、拿”等技法为手段，用来制伏或抓捕犯罪嫌疑人的一种专门技术。它是人民警察为保护自身安全、顺利执行本职工作而必须掌握的一项重要警务技能。由于警察执法对象的不确定性以及使用武力的被动性，在课程内容设置上，徒手格斗必须考虑诸多因素，如法律的约束性、公众的认可性、医学的认可性等。也就是说，警察执法所使用的武力必须是在法律许可的一定范围内进行，同时应当充分考虑到使用不同级别的武力，可能导致对方受伤的程度以及公众对警察执法武力使用的认知问题。所以，警察徒手格斗技能应当强调“以防卫为主”，突出“轻击打、重控制”的理念。

加强格斗技能与战术训练的衔接。格斗技能训练与战术训练形成互相衔接的技战术训练体系，既是理论发展的趋势，也符合基层执法工作实际。擒拿格斗技能与警察战术本身是一个不可分割的战斗体系，但是我们在训练的过程中，为了适应分段教学的需要，习惯人为地将二者分开。其实所有擒拿格斗技术都是在战术的基础上设计出来的，因此，在基层执法实战的运用中，任何擒拿格斗技术动作的使用都离不开相关战术指导。我们在实际训练过程中必须要体现综合演练，

将擒拿格斗技术和战术二者有机地结合起来，成为一个连贯的整体。所以，在格斗技能教学中需要强化“技能训练战术化”的理念，即技能训练不能是没有对抗的技能训练或纯技击性质的对抗训练，而必须是在一定执法背景下的模拟徒手格斗技能训练，如特定场景下的多警抓捕训练、遭遇袭击时的防卫及控制训练等，使擒拿格斗技能更能有效地体现教学内容的实效性和课程间的连续性，在课程内容上由纯技击的训练取向转变为执法防卫与控制技能的实战运用，这是格斗技能课程的发展趋势。

（三）改革战术科目教学模式，提高学生的实战执行能力

警察执法权限的“特殊强制性”要求“实战型”的教学方法与之相适应。一般而言，警告、罚款、治安拘留、约束、传唤、没收、禁止、交通管制等行政强制手段和刑事拘留、逮捕等刑事强制措施的执行，在特殊情况下有可能会使用到武器或警械等，因为这种强制执法措施是出于保护人民生命财产安全的需要。所以，为了保证警察正确行使执法权，除了加强制度层面的设计以外，具有良好的实战经验在执法过程中的作用非常关键。[①] 为此在警察体能实训过程中需要教师不断改革战术科目的教学模式，以期提升学生的实战执法能力。

理念对实践起指导作用。教学训练理念决定训练的组织和手段，而训练的手段决定训练的效果，训练的效果决定着实战的成败。由于现实中执法实战背景是复杂多样的，因此，战术科目的训练也必须根据实战情况在不同环境中进行模拟，模拟情景训练是战术科目教学改革的有效途径，也是今后警察教学的主要形式，警察院校需要转变教学观念和调整教学过程。

通过模拟情景训练，有效提高学生现场解决问题的综合能力。模拟情景训练具备许多的优势。首先，从客观环境来说，依照不同的战术科目训练目标来设置战术训练场景，能够增强训练的真实感。如通过模拟街头巡逻接处警的现场处置，建筑物搜索的出租屋、宾馆及银行等场景，在战术科目训练场景上最大限度地接近于实际执法环境，能提高战术训练科目的真实性和针对性。其次，从主观感受入手，可采用警组分组对抗、彩弹对抗等教学形式。通过在战术科目中模拟案情背景、实战对抗背景的形式向学员提供一些特定的情景，促使学员迅速地做出临战反应，学会分析情景中遇到的实际问题，并采取合理、有效的处置措施，能有效提高学员的综合能力，培养学员良好的实战素质，克服临战时的心理障碍。

模拟教学法在警务实战教学中的核心目的是学生动手能力的培养。“练为战”而不是“练为看”，模拟实战教学法通过重现典型案例，模仿不同的执法环境，它在形式上贴近实战，与其他训练方法相比，具有仿真性、竞争性、针对

① 王大伟．中国公安教育的特色与定位———从中西比较的角度考察［M］．北京：中国人民公安大学出版社，2002：21-40.

性、灵活性、独立性、复杂性等特点，适用于刑警、缉毒、交警、防暴警、治安警等各警种的训练。此外，模拟实战教学法更加侧重对民警执法意识、安全意识、实战意识、程序意识以及其他综合运用技能意识的培养，能使民警在具体执行警务活动中，将自身的理念与意识转化为自觉的行为。模拟教学法要求更多以受训学生活动为主，突出学生的自主学习和实训练习。教师既是知识的传授者，更应成为学生训练活动的策划者、指导者、组织者。模拟教学法要求在教学中尽可能逼真地设置近似实战的环境，尽量设置危急多变、复杂困难、富于挑战的训练背景，尽可能仿真设置学生训练的环境条件，使学生在真情实景中实施训练，保证教学的有效性、针对性和真实性。通过模拟实战的大量训练，使受训学生能够切实体会实际办案中需要的知识、技能和要点，熟练掌握和深刻领会面临不同警情时的任务解决方式和工作流程，把握警情处置的关键环节，提高学生的实战能力。

适应警务实战的需要强调两个教学主体互动，提高警务实战能力。教官与受训学员是教学中的两大主体，警务实战教学改革的核心在于师生互动，应建立开放式的教学课堂。教学过程中教官的主要职责有设置场景、组织演练和指导讨论。在教学过程实施中教官并非单一的教学主体，而是教官与学员的双主体参与，通过营造真实的执法环境（例如对嫌疑车辆布控、嫌疑人员盘查、居民住宅区搜索、实施抓捕犯罪嫌疑人等），使学员“主体”在开放的教学氛围中，发挥主观能动性，提高警务实战能力。

应对警务实战教学中难点的方法。警务实战教学中的难点主要是将书本理论知识转化成警务活动中的主动行为。根据学校不同条件在理论课讲授过程中可采用板书、多媒体、情景演示法等多种方法的综合。

模拟实战教学的实施。在模拟实战教学过程中设计实施的步骤是关键。参与教学的教官或教师应按计划模拟实战场景布置，并根据学员就位情况作出查缉战术布置，并将实战训练的过程用详案方式呈现，以利于学员课后评议。实施阶段可分案情分析与讨论、制订战术方案、行动实施、行动结束后的工作四个步骤进行：

首先，案情分析与讨论阶段。实训前可将受训学员分组，并设负责人两人，负责人组织全体参训人员开展分析论证。讨论内容有：接警时犯罪嫌疑人的基本情况、现场情况分析；犯罪嫌疑人所处地理位置及周边环境对抓捕行动的影响以及运用SWOT法分析敌我势力的对比情况，采取战术的方案讨论。

其次，制订战术方案。根据战术，按照案情分析时确定的行动小组进行讨论，并确定战术方案。可根据案情分析的结果，直接确定战术方案，包括装备、警力部署、战术分组及人员分工、现场指挥员和调度员的位置确定、指挥及联络信号、现场的进出、行动中可能遭遇的突变及应对突变采取的对策等。或根据各小组所制订的战术方案进行汇总，从中选出优秀的方案，确定为正式的战术行动方案。

再次，行动实施阶段。战术行动是在战术方案的指导下实施的，具体的做法要因地制宜，视现场等具体情况而定。实施方法主要有：由战斗员、指挥员、保障人员组成行动小组成员，受训学员在训练中根据实际需要可轮流担当以上角色，通过相关角色的承担，熟悉行动小组中各成员的各项职责与任务，在训练中逐步提高受训学员的协同意识与实战中的沟通能力；行动小组的具体组成需要根据案件的大小、犯罪嫌疑人的多少，确定组成缉捕专案组；各小组按照指挥员所布置的任务，迅速进入各自的位置做好出击准备，当接到攻击命令后，按计划实施缉捕行动。

最后，行动结束阶段。行动结束后所有参训队员应及时向上级报告行动中的实际情况及任务完成的情况；相关人员应对现场及现场遗留的一切物品进行搜寻、检查、清点、取证和保护；若有负伤人员，应及时救护；指挥员应及时通知有关人员清点武器、人员、装备等，组织人员有秩序地撤离现场。

三、建立校外实训平台

警察学院培养“应用型综合警务专业人才”的一个重要环节就是校外实训实习，目的是让实训学生将所学理论知识与工作实践结合起来，并为培养警察岗位胜任力打下坚实的基础。校外实训实习中，实习学生在专业教师和民警教官的指导下熟悉工作实践中会经常遇到的问题，了解日常警务工作运作流程，逐步掌握警情处理或解决突发事件的能力，达到胜任岗位工作的各项能力指标。

实战型教学模式与社会需求是密切相关的，警察院校通过实战型教学模式培养高技能、高素质“应用型综合警务专业人才”，才能向社会输送合格的人民警察，从而推动社会治安的好转与文明的进步；相反，社会经济的快速发展与治安状况又决定着警察院校的专业设置、教学内容和方法、教学手段以及发展规模等。所以，在警察院校开展实战型教学模式决定了其适应社会发展，且将随着社会的不断发展而推陈出新。

根据校外实训的调查数据显示，针对学生目标岗位的顶岗实习，校外专业综合实训需重视各警种专业人才培养方案中专业课程的综合训练。尤其应重点突出治安管理、交通管理、刑事法律、民事法律等方面知识的强化和实战训练，需要注意的是综合实训课不是单纯的理论课，应以锻炼实习学生岗位实际操作能力，强化学生的综合职业素质为目标。所以，实训内容上需强调岗位技能训练和专业素质养成。除了专业理论知识和专业技能外，专业综合实训课程内容还需重点融入沟通交往、灵活处理工作事务、组织协调等能力的综合训练。针对警察工作的职业特点，综合实训课程内容对警察的职业道德、身体素质、个性特质、自我保护意识和团队协作精神等胜任岗位的综合能力应有所涉及。

校内学习是丰富学员理论知识的主要途径，而校外实训实习能帮助学员深化理解并运用所学到的公安理论知识，对专业人才的能力培养和基本技能训练意义重大。校外实训实习是警察院校开展的一种有组织的活动，整个过程都必须在专业教师的参与指导下有计划地进行。对于专业教师来说，其工作内容广泛，从制订实训实习计划到批改学员实习作业，从实时点评和辅导，帮助学员解决在实训实习中遇到的问题，到对学员思想动态的把握和作风纪律、行为规范的督导，以及对学员在实训期间表现出的专业素养、职业意识等方面的考核都是专业教师需要做的工作。通过实训实习的教育方式，学生能够意识到自身在理论知识和实践技能上的不足，在以后的学习中更有针对性，有利于学生顺利走向并适应将来的工作。

建设教师负责学员校外实训实习工作机制，最主要的就是要提高教师的实战素质。处于专业成熟阶段的专业学科教师走到一线实战岗位接受锻炼，使自身已有的公安理论知识与实战工作经验相结合，有效地克服目前存在的理论和实践相脱离的问题，从而更好地指导学生的校外实训实习。作为警察院校的一名专业教师，要通过制订自身职业成长的长期规划来合理安排好实践锻炼和理论学习的时间，并把实践锻炼常规化，而学校要制定专业教师职业成长的具体可操作路径，在时间安排、单位选择、人员选派、监督指导等方面做出系统的规划，以保障专业教师的素养不断提升，并适应教学工作中不断出现的新问题。国内有的警察学院针对青年教师的专业学习制定了《教师实习锻炼管理办法》，将实习锻炼作为一项制度确定下来。该校将教师实习锻炼分为见习和实习、调研实习、挂职实习三类。实习锻炼要求教师顶岗作业，同基层民警一同工作，随警作战，在实习这磨炼了精神意志，提高了实战能力，自身业务素质得到明显提升。另外，教师一般具有较为丰富的专业理论知识，在一线锻炼中可以充分发挥这一优势，开展行动研究。将自身的专业理论知识与一线实战经验相结合、与一线民警共同破解难题，用已有理论知识指导实战经验，并在实践中不断修正已有理论，加深对专业知识和实践锻炼成果的认识，并认识到校外实训实习的价值。

第四节　教师队伍建设策略

高素质的专业教师队伍是实现警察院校培养目标的重要保证。警察院校的专业教学具有实践性强的特点，警察学科也属于实践性突出的学科，其终极目标是指向应用型人才培养，所以对警察院校专业教师的要求是不仅要精于警察专业知识，并具有深厚的警察学科的理论功底，还要具备很强的实践操作能力，将理论与实践有机结合。这样才能传授学生基本警务知识与技巧，更能担负起“灵魂工程师”的重任，培养出德才兼备、身心和谐的未来警察。为此，建设一支“双师型”教师队伍是提高警察专业学生胜任力、增强学生职业发展潜力的重要保证。

一、加快“双师型”教师队伍的制度建设

警察院校不同于普通院校，其专业性和实践性强的特点也对教师素质有着特殊的要求。职业院校对教师的要求是不仅有系统完整的专业理论素养，更要经过专业实践锻炼，拥有良好专业操作技能和实战工作的经验。所以，现今警察院校的师资队伍建设的重中之重就是“双师型”教师①培养。警察院校为适应现代社会转型确定了高级“综合应用型”警务人才的要求，“双师型”教师培养就是学院教师队伍建设的重要目标。警察院校对“双师型”教师的培养既要保证其理论教学和实践教学能力，还要保障其科研能力。教师既要精通警察专业的理论基础知识，还要熟知现今警察专业技术的操作过程；善于结合理论与实战，将本岗位相关的学科理论知识和警察岗位的程序性知识相结合，并运用到实际教学中。这类“双师型”教师既要保证自身的专业性和实践能力，更要善于在教育教学过程中将实战知识授予学生，所以，教师既要成为学生的业务知识的传授者，更要成为实战技能的带领者。

社会转型的大环境影响对警察院校师资队伍提出了更高的胜任力要求。为遵循“应用型综合警务专业人才”的培养理念，探索具有中国警察院校特色的“双师型”教师职业化培养体系，从警务实战组织中定期聘请部分警务专家担任院校的教官制度已逐渐成为警察院校师资队伍建设的一项基本制度。所以，明确教师和教官的概念对于警察院校双师型队伍建设意义重大。广义上的“教师”泛指传授知识经验的人；狭义的教师是指受过专门教育和训练，并在教育（学校）中担任教育教学工作的人；“教官”一词是随着近现代军队、警察教育的兴起而产生的。具体到警察院校，“教官”应当是传统意义上的教师和实践意义上的警察的集合体，一方面具备教师传道授业解惑能力，另一方面具备从警相应的业务素质。当前警察院校的“教官”制度才刚刚起步，且现状与理想之间还存在一定差距，如何进一步发展和完善“双师型”制度，逐步提高教师素质和优化师资结构，建立起适应现代警务改革需要的师资队伍将成为警察院校亟须解决的一项崭新课题。

---

① 教育部《高职高专院校人才培养工作水平评估方案（试行）》中规定，“双师型”教师是指具有讲师（或以上）教师职称，又具备下列条件之一的专任教师：（1）有本专业实际工作的中级或以上技术职称（含行业特许的资格证书及其有专业资格或专业技能考评员资格者）；（2）近5年中有2年以上（可累计计算）在企业第一线本专业实际工作经历或参加教育部组织的教师专业技能培训并获得合格证书，能全面指导学生专业实践实训活动；（3）近5年主持或主要参与2项应用技术研究，成果已被企业使用，效益良好；（4）近5年主持或主要参与2项校内实践教学设施建设或提升技术水平的设计安装工作，使用效果好，在省内同类院校中居先进水平。

（一）教师参与公安实践工作的制度化

提升警察院校教师队伍整体素质的一个重要方式就是实现教师在公安实践工作中的广泛参与。它不仅是提高师资队伍综合能力的途径，更是发展警察高等教育的基本诉求。因此，完善教师参与公安实践工作的制度建设需要引起有关领导的足够重视。具体措施包括：

设计教师轮岗参与公安实践工作的制度。警察院校应当制订完备的计划，在不影响教师学校正常教学任务的情况下，合理安排参与公安实践工作，并根据本学校评价标准对其进行业务考核。轮岗时间由各学校自行安排，但一般以不低于半年为宜。否则无法达到参与实战工作的真正目的，更不利于评价工作的客观公正。此外，为充分利用来之不易的轮岗机会，在参与公安实践工作前每个老师都应制订相应的调研计划，提升轮岗的锻炼效果。

实现学校与警务实战单位的双向互补。因为警察院校的教师本身也是人民警察，所以警察学院可与公安基层单位进行沟通交流并达成一致意见，共同研究教师参与公安实践工作的具体办法。同时，警察院校还可以举办教师培训班，定期邀请公安业务单位的有关领导或者实战经历丰富的警务专家到培训班进行业务培训，传授其实战经验。这样不仅可以提高其综合理论水平，还能够帮助教师提升实践能力，从而达到“院局合作”的真正目的。

（二）稳定性与动态性相结合的“双师型”教师考核制度

为了激励教师工作积极性，促进教师持续的专业成长，将师资建设与教师考核相联系，形成一套有效的激励机制是目前职业院校深化改革的重要途径。具体说来主要从以下四个方面进行：

首先，建立动态考核和激励机制。一是要打破过去终身聘用的“铁饭碗”制度，而采取优胜劣汰的竞争制度，改革职称评聘制度，按业务水平评聘实行低职高聘、高职低聘。二是要建立职业资格鉴定机构与师资管理部门之间的紧密联系，优先引进资历丰厚的人才。三是要切实提高“双师型”教师的待遇。为突出“双师型”教师的优势地位，从而激励广大教师为成为“双师型”教师而努力，在评价制度的设计上应让“双师型”享有一定的待遇。

其次，在考核中加入专业实践考核指标。将参与专业实践作为教师职务晋升的基准指标，对“双师型”教师的教学工作量、科研工作量以及社会实践等做出相应的量化评价体系。通过制度的不断完善，激励教师努力朝“双师型”教师方向努力。

再次，要在考核中突出教师政治素质的考核。警察院校教师具有人民警察和人民教师双重身份的要求。作为人民教师，既需要掌握一般的警务专业知识，又需要学科前沿的高、精、尖的知识，以便进行传道、授业、解惑，而作为人民警察，还必须严格遵守警察纪律、遵循相关的法律等各种规范，做到警纪严明、工作有序、举止有度。身为人民警察的教师，要求首先是政治过硬，必须坚持正确的政治方向，遵守政治纪律，且能对重大事件及行为具有较强的政治敏感性，并能尽快做出正确判断，在“大是大非”问题面前具有坚定的政治立场。所以在双师型教师的考核中要突出对教师政治素质的要求。

最后，建立教师业务档案，完善考核机制。实行全面考核和单项考核相结合、定性考核与定量考核相互补的考核方式，在教师的聘用期间实行年度考核，聘用结束前实行全面考核，综合考察教师的教学水平、政治素养、学术水平、工作态度和能力等。并将考核评定材料和结果归入“双师型”教师业务档案袋，作为以后人才聘用、培养和职称评定的重要依据。

（三）“双师型”教师的“引进”制度

拓宽专业教师和兼职教师招聘渠道。专业教师的引进可以采取从公安机关内部抽调的方式，优先录用业务水平高、具备教学能力的专业骨干；同时可以通过聘请等其他多种形式，延聘在公安机关工作的业务专家及其他高校文化基础理论课程教师来校工作。增强师资力量，同时又能优化师资结构，有效解决公安院校师资短缺的现状，从而稳定师资队伍。另外，警察院校的相关专业科目，聘用方式可以灵活化。部分机械、射击等专业技能科目可以采用专人负责制，也可以抽取公安一线业务单位领导担任兼职教官，实行任期制或合同制。这既解决了师资短缺的难题，又能够弥补当前警察院校的教学内容与实践脱节的问题，在课程设计、教学方式上查缺补差、查重补漏，同时提高了一线领导的指挥能力和综合素质。这种充分利用社会上所有师资资源的制度，既能提高资源利用效益，又能改进人才培养效益。

但是要注意在选拔人才过程中严格把关，实行责任制。在教官的选拔过程中，要规范准入制度，首先要制订出一个教官的选拔标准，在自荐或组织推荐的基础上，采取考核、试讲的方式严格把好准入关，之后，通过培训等形式，提高其教育教学水平。

（四）“双师型”教师的职后培训制度

随着社会生产力的迅速发展，社会分工日益精细化，警察的业务发展也是日新月异，不断变化。这种职业的特殊性也导致教师长时间从事教学而与实践相脱离问题的产生。西方国家往往采用警察教官定期轮换的制度来避免此类情况的发生，我国也可以借鉴此方法来及时更新教育教学内容和教育观念，完善人才培养专业训练的实效性和针对性。

但这种定期轮换制度也需要因时制宜，适当改变。因为新手教师或教官往往不熟悉教育教学，需要一定的时间才能胜任教学工作的开展，而定期轮岗的教官经过一定时间的教学实践，积累了丰富的教育教学经验，一旦定期全部替换，这种教学经验会遭到浪费，也不利于师资队伍的持续发展。这也造成了师资选拔使用与定期轮岗之间的矛盾。所以，要想解决教官从教期间有可能脱离实践的情况，即必须改变定期的教官轮岗制度，使其向教师的持续专业发展机制转变，完善专业教师派遣一线回炉制度，即将专业教师派遣到一线挂职锻炼。这也就意味着教师不仅要完成教育教学工作，同时要返回一线，到业务单位接受专业训练，补充新知识、掌握新技术、了解新情况。这也体现了当前终身教育理念和继续教育理念的要求。这种方式也有利于提高现代公安机关单位的职业素养，在教师教官回炉淬火、参与基层单位日常工作的过程中，利用自身的专业理论素养提高基层公安民警的综合理论水平，这也是一举多得、互利共赢的制度。

此外，教官对公安实战中重点、难点问题的研究、探索，也是公安院校教师与公安实战密切联系的有效措施。因此科研训练的项目也是教官教师职后培训中的重要一环，更是公安院校教育教学及科研型人才培训的重要途径。

“百年大计，教育为本。教育大计，教师为本。”教育的质量直接由教师的整体素质决定。目前，警察职业院校教育理论与实践相脱节、教师缺乏专业领域的学术创新能力等问题仍十分突出，这些都是师资队伍的专业化程度不够的突出表现。但警察院校是未来警察的培养基地，它专业训练的设置多是根据现今基层警察实战中所面临的重要问题而进行，因为在专业的分期训练中，领域分工细致、专业性强、门槛高，非警察专业学者难以进入，因而警察教师队伍的专业化体系建设成为师资队伍的迫切需求。

二、完善教师评价体系，推动教师胜任力的全面提升

（一）建立科学的职称评审体系，引导教师更好地向专业化发展

从警察院校人才培养目标要求看，其师资的趋势是着重发展“双师型”的教师。这种教师的趋势要求我们应该将原有的单一职称评定改为“双轨制”的职称评定体系。“双轨”中“一轨”是着重以学术水平为指标的职称评定体系，“另一轨”则着重以指导学生实战（实际警务能力）水平为指标的职称评定体系。“双轨制”的职称评定取向能够充分调动广大教师提高学术水平和教官提高其实践能力的积极性。同时，对一般理论课授课教师提出提升实践能力的要求，而教官则需要提高其警务理论水平。这种做法也能使有较强能力的一线优秀警务人员进入公安院校教师教官行列，增强了公安院校教师教官的职业吸引力，从而大大优化了警察院校教师专业素质结构，有利于形成一支“战、学、研”一体化的新型师资力量。

职称评定中基础课教师按普通高校标准评定，专业课教师实行普通高校教师职称评定标准，专业课教师则按教官评定制度评定。对那些专业技能突出、教学能力强，且在实践教学上确有所长的教师，可以录用为教官，再继续进修；对那些来自基层、实践经验丰富，或某方面业务水平突出、渴望转型到公安教育系统的优秀人才，可以通过参与教师资格考试的方式进入教育系统，再根据个人表现评定职称，参与教师中、高级职称评审，进而获得讲师、副教授、教授的职称。对于师资中占有一定比例的兼职教官，可通过制度规范兼职教官的选拔和聘用制

度，吸引更多优秀人才。比如，吸收实战经验丰富的公安机关领导干部和各警种的业务骨干加入警察院校的教官队伍中来，并根据不同阶段公安工作的不同要求完善教官知识结构，满足社会进步对警务专业人才的新要求。

（二）加强教师队伍的培养与继续教育工作，培养教师专业知识与实战能力

师资队伍的水平和层次是职业院校人才培养质量的关键。复合型的“双师型”教师是警察院校新的教学体制的要求，它要求教师与警察交叉互动，教师从单一讲授角色向教研结合、专业和实战多能的教师角色转换。以英国警察院校为例，英国警察院校不仅承担着培训警察的任务，也是警务科研中心。与学校任务相对应，学校的专业教师往往必须具备两个方面的素质：教学及科研能手、破案专家。故而，英国警察院校专业教师的课堂教学内容一般均包含自身实践经验和最新研究成果。与只会授课而不会办案的传统公安教师相比，“双师型教师”必然具有两个方面的较强能力，即不仅具备立案侦查，办案、社会治安综合治理，乃至破解当今公安工作的热点和难点问题的能力，而且是胜任教学工作的优秀教员。因此，目前多数警察职业院校与公安机关建立起人才双向交流的长效机制，在基层定点设立“公安业务调研基地”，给予教师专业成长空间和机会，让教师教学、科研和办案三不误，采取教师有课上课、没课办案或搞科研的灵活模式，切实提高教师的综合素质，逐步实现教师队伍的“双师化”。

警察院校以培养综合应用型警务专业人才为目标，这就要求教师不仅需要具备扎实、宽泛的知识基础，还要具备与教学科（课程）相对应的公安执法实践技能。而学校方面则需要为培养和形成“双师型教师”制定必要的制度。最主要的是要建立多种类型的挂职锻炼基地，提供教师定期挂职锻炼的机会（如企业、检察院、法院等相关平台等）和开展多种形式的业务学习，因为在警务改革的大背景下，警察院校既要对学生的警务理论知识进行教育，还要结合实战培养学生的业务技能。以经侦专业为例，经侦实务中不仅大量涉及经济法规、商业贸易知识，而且还涉及各种法律争议问题。如果教师只在公安内部学习，可能就无法真正了解和熟悉经济实务中所涉问题。另外，应利用各种实践机会建立民警与教师的定期交流制度，鼓励教师利用院局联动模式积极参与基层实践，并为教师设计调研题目，进而不断完善教师教官队伍的知识结构，包括更新专业理论知识，加强教育理论学习、熟悉现代化教学技术方法及专业实践技能。进而全面提高教师教官的综合能力素质，培养教师教官教学基本功、组织管理能力、教育科研能力、实战能力、掌握和运用现代信息能力等，强化综合实战能力的培训。此外，在制度上要保障警察院校教官的办案权力，在执法过程中赋予警察院校教官以现场勘查权、鉴定权等相应的执法权。

（三）组建科研合作团队，培养教师的团结协作能力

科研是现今现在的职业院校的薄弱环节。但如果能充分挖掘现今警察院校在人才方面的优势，即师资队伍中既有警学理论专家又有警务实践能手，并结合当

前公安业务和队伍建设中的热点、难点问题一起攻关，那么警察院校的科研难关也将被攻克。为实现科研促进教学、科研服务实战的目标，让警察院校成为公安一线的人才库、智囊团、信息所和智囊团，我们应当积极引导教师合作，促成教师教官、培训学员和业务单位专家的互助合作，打造科研团队，集众之所长，提升专职院校的科研水准。

所以，为了进一步加强专兼职教官的学术研究工作，我们应该在一线业务部门设立公安前沿学科研究点，定期组织业务对口交流和科研合作攻关。这样既可以将成果直接运用于基层实战部门，及时检测研究的效度，还可以提高教师教官的创新能力和技术应用能力，最终建立培训教学、学校科研与公安实践三方有机结合的良性运作机制的发展，并逐步形成重视科研、鼓励创新的良好氛围。

（四）通过推行“项目负责制”增强教师的工作责任心

培养双师型教师综合能力素质是公安院校师资专业化建设的重要内容。“项目负责制”是国外警察院校培养“双师型”教师综合能力素质的一种重要形式，且被广泛应用。以英国的北爱尔兰为例，他们的警察学院教官由爱尔兰人力资源部门在全警察系统进行招聘，一般必须通过三关：专业评审、专业培训和专门的资格审查考试。最后，教官如要执教，必须要具备丰富实践经验和扎实的专业功底。他们既要胜任警察训练课程的设计和策划者的角色，又要成为课程的组织管制者和具体实施者。在北爱尔兰警察院校中教官的工作既包括授课实训，还包括课程设计、组织管理培训班及保障教学等任务。这种“项目负责制”着眼于全局，教师集多重角色于一身。与以往的教师观最大的不同在于关注点的转移，将以往侧重评价其授课能力，只关注教师教官的教学表现转移到教师对培训项目的整体实施和掌控，要求教师能够胜任从培训设计规划到组织协调、学员管理的一系列过程，从而改善以往教师难以把握培训的整体、缺乏与学员联系了解、培训目标贯彻不力等问题。经一步提升教师教官的组织协调能力，加强他们工作的主动性、参与性，提高工作的认同感和责任心。

（五）加强对教师的考核与激励，完善教师胜任力结构

科学考核教师，形成完善的教师聘任及流动机制。一是教师人才库的组建打破教师终身制，引进竞争机制。具体办法是每年定期调整和更新一次教师专家库。首先，对教师的实际教学进行考核，考核按照一定的标准进行，然后根据考核的结果实行优胜劣汰，更换综合评定分数低的教师，将综合评定分数高的教师纳入专家库。运用这种优胜劣汰机制来吸收更多更好的教授专家进入警察院校师资专家库，以不断提升教官队伍的水平。二是建立一套科学合理的教育质量评价体系。评价范围包括教育教学的目标要求、教育教学的实施及具体效果等。在评价体系中，首先，目标的设立应基于“跳起来摘桃子”的原则，不宜过高，能够给予教官积极努力的动力。其次，实施过程宜便于教师创造力的发挥。当前一些高校在设计教师评估体系时，注重学生对老师评价的权重，这样的设计取向是

合理的，因为考虑了教师教育的效果。但在评价实践中，存在少数学生对于老师评价的多种非理性和非客观的行为，如对教师的严格要求采取对抗的态度等，会影响评价的真实性。所以，设计教育质量评价体系时，要采取有效方法防范错误和虚假信息，以确保学生评教时能客观全面地反映教师教学的真实情况。

运用职业荣誉感建立有效的激励机制。职业荣誉感是指特定人从特定组织获得的积极评价，作为从事本职业的个人因意识到这种肯定和褒奖将产生道德情感。多年来由于社会价值观念的变化，人们更多趋向于物质刺激和物欲追求，越来越淡漠自己的“职业荣誉感”。

人民教师是“太阳底下最光辉的职业”，警察院校教师则更是需要付出的职业。公安系统更需要营造出一种尊师重教氛围，让教师们感受到为师光荣的强烈体验。这些做法可以有：一是在生活中关心教师，尽可能地解决教师生活中的困难，使其能够安心做好教书育人工作；二是不断为教师的发展创造条件，拓展出更大的空间，因为从马斯洛的“需要层次”观点看，自我实现是人最高层次的需要；三是建立合理的评价激励机制，为教师提供成就的机会，增强成就感和荣誉感。

三、优化教师队伍结构

教师队伍建设是高等学校保持其良好发展的前提和基础，警察院校也是如此，而良好的师资队伍结构是师资队伍建设的重要要求。

（一）合适的年龄结构

教师的年龄结构主要是指教师队伍中各个年龄段教师在整个教师队伍中所占的比例。调整教师年龄结构主要着眼于其创造力和稳定性两个方面。教师队伍的创造力和稳定性均要求老中青不同年龄段合理搭配，形成衔接的发展阶梯层次。一般认为，30 岁至 50 岁应当是教学经验与科研能力高峰期，故警察院校该年龄阶段的教师数量比例应该最高。但同时要配备足够 30 岁以下教师作为院校发展的后备力量。另外应该充分发挥 50 岁以上教师作为专业引领的作用。有研究认为，高校教师年龄在 50 岁以上的应低于总数 10%，年龄在 40 岁至 50 岁的教师应占总数的 30%，40 岁以下的教师占总数的 50%左右则比较合理。

（二）较高的学历结构

学历结构是指不同层次、不同专业学习经历的教师数量在整个教师队伍中所占的比例。学历结构是影响院校教学水平和科研能力的重要指标之一，也能够反映师资队伍理论水平和科研发展潜力。目前，警察院校教职的学历主要有三个层次，即学士学位的本科学历、硕士和博士层次的研究生学历。从专业分布看，根据教学和科研需要设置了警务专业知识类、警务专业技术类、文化科学基础类。从国际发展趋势看，我国警察院校应力求提升教师的学历层次，保证教师获得研究生学历的人数，努力提升在校教师的博士学历比例。在专业类型上，做到进一步重视警务专业知识类、警务专业技术类教师的比例协调，同时能使文化科学基础类教师对警务业务有一定程度的熟悉。

(三) 职称结构合理

职称是指专业技术人员的专业技术水平、能力及成就等级的称号，反映专业技术人员的学术和技术水平、工作能力的工作成就。目前，我国高校的职称层级包括教授、副教授、讲师、助教。据统计，2008 年我国高校教授、副教授职称分别约占高校教师的 10.42%和 27.69%，尽管最近几年高职称的教师比例有所提升，但上升幅度并不大。而警察院校由于多为近几年升格，相对来说高职称的教师比例较低。警察院校希望通过提升高职称教师比例来提升人才培养的质量，但由于警察院校人才培养的目标为“应用型”，所以高职称教师并不适用现阶段“应用型人才”的培养目标。

(四) 学缘结构多元化

高校师资队伍中的学缘是指教师学历及学术的渊源关系。高校师资队伍中学缘结构或学缘构成是指全体教师学历或学术的构成状态。学缘构成多样化和复合化有利于学术研究的交融和贯通，而单一的学缘结构则易导致教学和科研方式的僵化。目前，高校师资队伍学缘一般分国内和国外两部分，国内又可分为来自本校与外校、来自本区域（省市区）与外区域、同类型高校和不同类型高校、同一档次高校与不同档次高校。一般而言，知名高校的学缘构成多元化，层次较低的高校学缘构成较为单一。目前的情况是警察院校由于长期以来办学层次较低、专业师资来源较为单一，同时普遍缺乏国际化人才，长此以往将不利于学校师资队伍的综合发展。所以要使警察院校持续发展，必须要对现有师资队伍的学缘结构做出必要调适。

第五节　特质文化建设策略

警察院校警察胜任力的培养需要充分挖掘和强化警察职业的内在驱动力，需要与之相应的警察文化精神的涵养和浸润。结合警察执法的特点，突出“忠真智勇”的精神文化不仅是全面塑造预备警察忠于职业、追求真理、明智文化、勇于奉献等特殊素质的客观要求，还是提高警察胜任力的重要文化策略。

一、以政治教育为平台铸造预备警察“忠”的信念

警察院校培养的预备警察大部分将会成为职业警察，是党、国家、人民利益的捍卫者。他们“不仅要掌握系统的科学文化知识，更要有忠诚党和人民的政治思想素质以及严明的政治纪律，在政治标准、政治修养、政治觉悟等方面也比其他普通高校学生要求更高一些”。因此，以政治教育作为忠文化的载体加强警察院校校园精神文化建设显得尤为重要。

警察院校在精神文化建设中可把培养学生健康心理品质和道德人格作为主线，强化政治教育的作用，帮助学生树立崇高的职业信念，加强学生政治觉悟、政治修养的学习。比如，学生入校之初，开展新生的入学典礼暨入警宣誓仪式，实施警察思想意识和身份定位的教育。通过宣读“入警”誓词感知“忠真智勇”的内涵，树立献身崇高人民公安事业的理想信念，从而尽快转变角色，争做一名合格的预备警察。

用“人民警察核心价值观”等主题教育活动强化警察的思想政治修养和觉悟。由于警察院校警务化管理的实施，可以大力推进学员日常管理规范化、队伍建设正规化、学员教育训练实战化、宣传思想政治工作经常化的方式和手段。比如，每年都可举行新老党员在毛泽东铜像广场前重温誓词仪式，激发新老党员的爱党、爱国热情，牢记国情，艰苦奋斗，为祖国的建设和发展做出贡献；学生工作处可以组织开展各种形式的“励志·感恩”专题讲座或校团委会组织歌颂伟大的党“红歌比赛”等多种形式的活动，对警察学院学员崇高理想信念的形成起到重要的促进作用。

在“忠”文化的熏染下，警察院校学生在掌握一定的专业理论基础知识之上还可以逐渐成长为让党和国家放心、人民满意的、具有较高政治思想素质的“忠诚卫士”。

二、以“人的发展”作为价值诉求引领预备警察的“真”行为

在人本主义者看来，人的发展方向与社会需求的方向取得一致，就意味着人的内在与外在的需求契合一致，也就达到了自然性与社会性的统一状态。在这种状态支配下，每一个自我实现的人都会“义无反顾”地投身于他所热爱的工作，这种赤诚和献身精神的明显特征就是人的“真”行为。“真”行为的表现往往就是人所热爱的工作是以热情、慷慨和工作的深厚感情为基础的，工资、消遣、休假等都必须从更高的水平来界定。

警察学院在培养警察成为全面发展的“人”的方面可以做出各种尝试，为警察院校塑造“真”文化环境提供了许多有益的借鉴。学校除了把崇尚真理的文化教育渗透在具体的学科发展与课程建设之中，还可充分利用校园宣传橱窗、校园广播电台、宣传横幅、校报等宣传渠道，采用多种多样的形式宣传学校文化，或树立学校先进典型来开展各种教育活动。例如，通过印发学员学习手册进行行为规范的具体指导，定期组织学员学习《人民警察法》《公安院校警务化管理规定》《公安机关人民警察内务条令》等。还可以提出“落实警务化管理，加强队列训练”警务化管理口号，每天的清晨和傍晚，嘹亮的号角、学生整齐的训练步伐都将在校园的各个角落此起彼伏。学院还应定期组织检查学员的内务卫生，开展“阅警会操”表演以规范学生的日常行为习惯，以促进学生职业行为规范的养成。另外，为充分发挥学生的主观能动性，可以鼓励学生成立不同的社

团组织：刑事技术小分队、治安联动队、交警巡逻队、记者站、摄影家协会、女生社团等。通过这些社团组织自治的活动安排让团员们自我激励、自我提高、自我完善，做到使“学术性、思想性、娱乐性”融为一体的学术活动深入人心。

警察学院以培养预备警察“人的发展”为目的，充分发挥校园环境的价值引导作用，才能推动每一位预备警察“真”职业行为规范在润物细无声的文化环境下发展而生成。

三、以“建构主义”课程观培养预备警察的“智”实战技能

一所学校就是一个社会，学校科学的课程设计、实施和文化氛围本身就是学生学习、成长的优越的土壤，具有对不良心理、行为、习惯的抑制力和引导学生健康发展的鞭策作用。后现代课程论学者多尔认为：“建构主义的课程是通过参与者的行为和相互作用而形成的……课程越丰富，交叉点越多，构建的联系性越多，随之意义也就越加深化。”[①] 所以，课程不仅是预先设定的目标或计划，更应是学习者自己主动建构的过程，是学习者运用自己的头脑形成对事物或现象的解释和理解的过程，是探索问题、发现问题、解决问题的过程。现代社会的警察是一个有着高危性和不确定性的职业范畴，建立开放、互动、探究式的建构性课程观是应对社会未知领域的抓手。

警察院校应在充分认识的基础上逐步建立适合警察职业特点的文化评价标准和课程体系，并积极探索学习符合新时期要求的现代警校管理制度，不断提高各级部门的科学管理水平，完善警务管理的规章制度，坚持从严治校，力争完善警察职业技能培养的机制。

基于美国警界专家关于“过去的警察是靠徽章、警棍和手枪执法，而今天的警察还必须是兼职律师、科学家、社会工作者、心理学家并且永远是英雄”的认识，警察院校应在学生的“智”技能培育上下足功夫，比如，将课程结构体系分为理论课程体系和实践教学课程体系两大部分，其中实践教学课程体系由实验、实训及集中实践性教学环节组成；集中实践性教学环节还包括警务实战技能训练、专业技能训练；课程模块包括专业性较强的警务知识课程模块及各种综合素质课程模块；建立模拟警察实践基地以及与当地基层公安部门合作建立见习、实习基地，使学生能更清楚地掌握警察的职业特点，展开一对一的教员与学员的指导活动，组织各种实践活动等。此外，警察院校在对学员职业心理养成方面也需格外重视，例如，通过举行多次“心理素质大比拼”“心理素质拓展”“健康心理与健康人生”等形式的活动，可以进一步加强学生职业心理健康教育。

四、以养成的教育模式强化预备警察“勇”的精神

人民警察核心价值观的最高境界就是勇于奉献、勇于牺牲。勇于奉献、勇于

---

① ［美］多尔．后现代课程观［M］．王红宇译．北京：教育科学出版社，2000（6）：230.

牺牲既有忠诚使命、履行职责的直观要求，还有严守纪律、不怕牺牲等内在要求。长期以来，正是靠忠诚为本、甘于吃苦、乐于奉献的警魂，才铸造出党和人民完全可以信赖的、具有坚强战斗力的公安队伍。①

在警察文化建设中应始终强调“为人民服务”的实质，体现“大无畏”的“勇”者精神，警察院校可从“警务综合应用型人才”培养的基本目标出发，从多维视角构建校园的“勇”文化，无论是校园建筑、人文景观、警务训练设施等硬件设施，还是校风、校训、校歌、班风等软环境，都应体现学校对勇于探索、勇于创新、勇于承担、勇于奉献、勇于牺牲精神的提倡。学校更是应该把增强警察职业精神作为校园文化建设的核心价值观，内化为学校校风，耳濡目染地影响学生职业精神的发展。

学院可多次举行“人民警察核心价值观”的主题研讨会，继承和宣扬人民警察的光荣革命传统和优良作风，使学员更深刻地理解到未来使命的艰巨性。通过学习，强化学员的责任意识、奉献意识，培育不怕苦、不怕累，连续作战、敢打敢拼、励精图治、发奋进取、无私奉献的英勇精神。

警察院校“忠真智勇”的特质文化将在陶冶学生情操、培养警察胜任力等方面有特殊作用，其建设是一个复杂的系统工程，需要我们从方方面面努力。通过警察院校特质文化建设路径的分析，可以得知“忠真智勇”的文化建设将是警察院校警察胜任力培养的重要策略，并将长期影响警察院校专门人才的培养。

---

① 龙波．新时期人民警察核心价值观构建方略［J］．公安学刊．2009（3）：106.

结 语

因为警察院校培养的学生难以尽快适应警务实战部门业务工作开展的需要，所以选择什么样的人才培养策略才能提升警察院校人才培养质量已成为警察高等教育领域内的关注要点。本研究尝试通过实证调查的方法找到基于警务实战部门的警察胜任力维度和指标体系，并针对“警察胜任力”研究警察院校人才培养的策略。

作为一名在警察院校从事专业教学有着十五年时间的教师，亲历了所在学校从“中专”到“大专”，再到“本科”办学层次的转变，深切感受到办学层次的提升并没有很好解决“如何培养胜任警务岗位工作能力要求的专业人才”的问题。所以本研究沿着“文献分析—实证调查—理论建构—实践应用”的路径，展开“警察胜任力模型及其培养策略”的研究。首先，（第一、二章部分）综合国内外文献和理论依据得出“警察胜任力要素框架表”；其次，（第三章部分）运用行为关键事件访谈和问卷调查（李克特量表）的实证方法对警察胜任力现状（即警察胜任力维度和指标）进行调查和主题分析，获取警察胜任力指标体系；再次，（第四章部分）运用逻辑分析的方法建构警察胜任力理论模型，并对警察胜任力模型中的胜任力维度和具体指标进行定性分析，还对警察胜任力模型特点、价值和影响警察胜任力模型的因素进行研究；最后，（第五、六章）基于警察院校警察培养的现状解决“如何培养警察胜任力”即“警察胜任力模型如何应用于警察院校人才培养”的问题。基于警察院校人才培养目标定位、课程建设、教学活动、师资队伍、学校文化五个方面的现状调查和问题分析，明确“应用型综合警务专业人才”的培养目标，实施“活模块、小课程、大课程群”的专业课程模式，运用“多种教学方法、体能实训和建立校外实训平台”的综合教学策略，推进“教师专业化建设和优化教师队伍结构”，塑造警察院校“忠真智勇”特质文化的五个方面来逐步满足“警察胜任力培养”的多样化要求。

本研究的主要成果是通过实证调查和逻辑建构提出了呈现“立方体”“圆柱形”“同心圆形”结构样式的警察胜任力模型，并对这些模型进行系统分析。模型的五个维度按照由内到外的顺序分别依次为“个性特质”“身体健康”“政治素养”“专业知识”“业务技能”。五个维度所属的二十三种指标，分别是“社会外向性”“待人随和”“意志力”“情绪稳定”“体能适应性”“耐力持久”“强健体质”“政治鉴别力”“团结协作”“理想信念”“道德情操”“革命人生观”“服从安排并与人沟通”“责任心”“知识面”“专业知识”“调查侦查能力”“分析判断能力”“群众工作能力”“突发事件处置能力”“文字口头表达能力”“警械和武器使用能力”和“团队实战能力”。通过对“警察胜任力模型”的分析，可以有针对性地实施警察院校人才培养。不仅可满足警务组织对警察院校学生在政治素养、专业知识和业务技能方面的“外显胜任力”需要，更能着眼于警务人员职业生涯长期发展需要，从身体健康和个性特质等“内隐”层面满足“警察职业多样化发展”和“职业稳定性”的要求。

本研究的难度主要表现在：实证调查过程中的调查对象人数众多（实际访谈对象 77 名和问卷调查对象 380 名）、调查实施时间长（单个访谈对象访谈时间为 2~2.5 小时和问卷量表从发放到回收少则 7 天多则 10~15 天）、组织调查人员开展调查工作要申请和协调多方关系（从向公安机关申请调查到组织警察院校在校生外出有序开展访问和问卷调查需要耗费大量时间，其间包括多次反复电话联系或到调查对象所在单位进行汇报争取支持）、调查数据整理分析难度大（从主题分析到量表数据整理和审核都需要研究者、参与研究的团队成员和学生多次反复对比和切磋）、调查结果统计数量多（77 个访谈记录的逐个主题分析和 380 份调查问卷筛选及结果录入）五个方面。所以，本研究从设定选题到分析研究结果整整花费了近四年的时间才得以完成，其间还克服了家庭生活等多方面的困难。

警察胜任力模型不仅可以运用在警察院校胜任力培养的领域，还可以运用到入警专业资格考试、警察绩效管理等警务管理的多个方面。随着我国民主法治建设进程的加快，警务组织和社会公众对警察胜任力的要求也会不断提升，警察胜任力模型也将处于“与时俱进”的变化和发展之中，所以相关研究还将陆续展开。

参考文献

一、专著

[1] 陈桂生. 教育原理（第二版）[M]. 上海：华东师范大学出版社，2000.

[2] 郭思乐. 教育激扬生命——再论教育走向生本 [M]. 北京：人民教育出版社，2008.

[3] 郭晓明. 课程知识与个体精神自由———课程知识问题的哲学审思 [M]. 北京：教育科学出版社，2005.

[4] 黄济. 教育哲学通论 [M]. 太原：山西教育出版社，2004.

[5] 金生鈜. 规训与教化 [M]. 北京：教育科学出版社，2004.

[6] 金生鈜. 理解与教育 [M]. 北京：教育科学出版社，1997.

[7] 李秉德. 教学论 [M]. 北京：人民教育出版社，1991.

[8] 李超杰. 理解生命——狄尔泰哲学引论 [M]. 北京：中央编译出版社，1994.

[9] 刘铁芳. 走向生活的教育哲学 [M]. 长沙：湖南师范大学出版社，2005.

[10] 柳晓川. 公安学基础理论教程 [M]. 北京：中国人民公安大学出版社，1995.

[11] 裴娣娜. 现代教学论（三卷本）[M]. 北京：人民教育出版社，2005.

[12] 施良方. 课程理论——课程的基础、原理与问题 [M]. 北京：教育科学出版社，1996.

[13] 石鸥. 教学别论 [M]. 长沙：湖南教育出版社，1998.

[14] 石中英. 教育学的文化性格 [M]. 太原：山西教育出版社. 2003.

[15] 王珂. 国外、境外警察队伍建设 [M]. 北京：群众出版社，1997.

[16] 王策山. 教学论稿 [M]. 北京：人民教育出版社，1985.

[17] 王庆功. 警察院校本科课程体系改革与建构 [M]. 北京：中国人民公安大学出版社，2007.

[18] 辛继湘. 教学价值的生命视界 [M]. 长沙：湖南师范大学出版社，2006.

[19] 辛继湘. 体验教学 [M]. 长沙：湖南大学出版社，2005.
[20] 叶澜. 教育研究方法初探 [M]. 上海：上海教育出版社，1999.
[21] 张楚廷. 教育哲学 [M]. 北京：教育科学出版社，2006.
[22] 张楚廷. 课程与教学哲学 [M]. 北京：人民教育出版社，2003.
[23] 张传燧，纪国和. 课程与教学论 [M]. 北京：人民教育出版社，2008.
[24] 张华. 课程与教学论 [M]. 上海：上海教育出版社，2000.
[25] [美] 泰勒. 课程与教学的基本原理 [M]. 北京：人民教育出版社，1994.

二、期刊论文

[1] 毕力格. 警察院校擒拿格斗技术教学的改革和创新 [J]. 长春理工大学学报，2012 (7).

[2] 曹华. 关于警察院校擒拿格斗课程相关问题的思考 [J]. 湖北警官学院学报，2009 (3).

[3] 常谦. 试论警察职业自我效能感的培养 [J]. 青年与社会，2013 (1).

[4] 陈博. 公安本科院校警体学科体系建设之思考 [J]. 军事体育进修学院学报，2006 (1).

[5] 陈德祥. 赴韩国考察警察教育训练的几点启示 [J]. 公安教育，2008 (2).

[6] 陈红梅. 公安院校人文教育培养模式的创新 [J]. 湖北警官学院学报，2006 (6).

[7] 陈鹏. 新时期公安机关面向社会招录人民警察工作的思考 [J]. 公安教育，2012 (12).

[8] 陈小华. 公安院校特警人才培养方法探究——以南京森林公安高等专科学校为例 [J]. 新疆警官高等专科学校学报，2006 (2).

[9] 陈雪成，叶光华. 公安管理学学科性审视 [J]. 科技教育创新，2006 (15).

[10] 陈永峰. 谈警察院校就业指导课程开设的不足与改进 [J]. 教育与职业，(24).

[11] 陈永清. 经济欠发达地区如何打造新型警察 [J]. 公安研究，2004 (10).

[12] 陈在上. 公安院校教育模式的悖论与出路 [J]. 河南教育学院学报 (哲学社会科学版)，2011 (2).

[13] 程宏斌. 关于公安院校刑事技术人才培养方式的思考 [J]. 广西警官高等专科学校学报，2005 (3).

[14] 程琳. 创建国际一流警察大学 培养造就合格优秀警官——关于公安大学办学思路和培养特色的几点思考 [J]. 公安教育，2010 (1).

[15] 程小白，曾隆满. 公安高等专科教育人才培养模式研究与实践［J］. 江西公安专科学校学报，2006（6）.

[16] 董芳. 对发展铁路公安高等教育的思考［J］. 铁道警官高等专科学校学报，2001（4）.

[17] 董士昙. "软警力"研究［J］. 中国人民公安大学学报（社会科学版），2009（1）.

[18] 杜莹. 浅谈警察院校的职业道德教育［J］. 辽宁师专学报，2012（5）.

[19] 方传新. 人民警察素质的基本构成［J］. 江苏警官学院学报，2003（3）.

[20] 高杰，张顺. 警察院校体育课程体系改善与创新［J］. 河南司法警官职业学院学报，2006.

[21] 高新亭. 努力开创公安教育工作新局面［J］. 公安教育，2010（10）.

[22] 郭睿. 新建公安本科院校学科建设之策略［J］. 政法学刊，2005（3）.

[23] 郭永生. 警察执法的伦理学透视［J］. 江苏警官学院学报，2004（6）.

[24] 郝宏奎. 公安高等学校本科层次人才培养应注重"三个兼顾"［J］. 中国人民公安大学学报（社会科学版），2011（5）.

[25] 何光英. 浅析公安教育人文素质课程问题及对策［J］. 中国西部科技，2011（19）.

[26] 和学新. 课程评价若干理论问题探讨［J］. 天津市教科院学报，2005（3）.

[27] 和学新. 课程实施：课程意识是课程实施的首要因素［J］. 百名学者评论中育，2003（11）：30.

[28] 湖滨亭. 论警务化管理中的"以人为本"理念［J］. 福建公安高等专科学校学报，2007（4）.

[29] 黄振华，刘富顺. 新课程概念下在警察院校开展定向运动的可行性研究［J］. 体育科技文献通报，2011（12）.

[30] 郑孙勇. 司法警察院校警体课程的现状和改革［J］. 中国成人教育，2008（2）.

[31] 贾海军. 公安院校学院亚规范行为调查分析［J］. 山西警官高等专科学校学报，2009（2）.

[32] 江淼. 公安高等教育人才培养模式改革探索［J］. 政法学刊，2005（4）.

[33] 蒋朝栋. 公安执法执勤规范化建设的基本内涵和构成要件［J］. 公安研究，2005（10）.

[34] 金晞. 从社会管理角度看人民警察普通话水平测试［J］. 江苏警官学院学报，2003（3）.

［35］康大民. 关于公安高等教育改革发展的讨论［J］. 江苏警官学院学报，2003（7）.

［36］李峰. 警制新论［J］. 现代警察，1995（10）.

［37］李光文. 国际警察教育轨迹倾向与我国公安教育改革发展归位的思考［J］. 公安研究，2007（2）.

［38］李国营. 加强公安队伍建设 促进公正廉洁执法［J］. 北京人民警察 学院学报，2011（7）.

［39］李建东. 警察本科教育课程体系设置的思考［J］. 河南公安高等专科学校学报，2010（5）.

［40］李润辉. 关于公安教育体制改革的思考［J］. 公安研究，2012（11）.

［41］李森. 论课堂教学话语系统及转换［J］. 理论纵横，2003（2）.

［42］李英霞. 政法类高等职业教育警务化课堂的内涵剖析［J］. 辽宁公安司法管理干部学院学报，2001（9）.

［43］李云卿. 加强课程建设不断提升警察院校大学生的社会化水平［J］. 河南司法警官职业学院学报，2012（6）.

［44］李运庆. 浅析新晋本科警察院校课程建设存在的主要问题及对策研究［J］. 长春理工大学学报，2012（2）.

［45］李运庆. 浅析新晋本科警察院校课程建设的方法与路径［J］. 辽宁警专学报，2011（9）.

［46］李运庆. 加强课程建设不断提升警察院校大学生的社会化水平［J］. 河南司法警官职业学院学报，2012（2）.

［47］梁慧稳. 信息化对警察管理专业人才能力的要求［J］. 云南警官学院学报，2009（6）.

［48］梁秀慧. 内蒙古地区警察学校教师队伍建设之我见［D］. 内蒙古师范大学教育学院，2004.

［49］廖正康. 唐颖. 建构警察院校互动循环式人才培养模式［J］. 公安研究，2004（11）.

［50］林华瑜. 信息时代公安高校人才培养模式的新建构［J］. 安徽警官职业学院学报，2004（1）.

［51］林文清. 论公安人才培养模式的新构建［J］. 福建公安高等专科学校学报，2004（4）

［52］刘彬. 警察教育的权变理论［J］. 广州市公安管理干部学院学报，2009（4）.

［53］刘黎明. 录用人民警察诸问题探析——绝不允许 2/3 以上的警察院校毕业生流失社会［J］. 辽宁警专学报，2005（6）.

［54］刘瑞榕，邱学林. 构建“三位一体”现代警务人才培养模式的实践与

思考［J］. 福建公安高等专科学校学报，2005（2）.

［55］刘硕，陈济鹏，康杰. 我国公安应用型反恐人才培养模式研究［J］. 江苏警官学院学报，2005（6）.

［56］刘文云. 李助庆. 警察院校体育课程改革初探［J］. 科教纵横，2012（11）.

［57］刘玉增. 论公安学［J］. 四川警官高等专科学校学报，2005（5）.

［58］柳卫民. 关于《警察教育法学》学科建设的若干思考［J］. 科技教育创新，2011（7）.

［59］吕向文. 试论现行公安院校教育对学生创造力发展的阻碍和突破［J］. 公安教育，2003（12）.

［60］马敏跃. 对我国警察教育专业人才培养的研究［J］. 公安教育，2005（7）.

［61］马群弟. 公安警察职业教育的人才培养规格研究［J］. 教育与职业，（27）.

［62］牛爱菊. 试论我国警察院校的学科建设［J］. 铁道警官高等专科学校学报，2004（3）.

［63］欧克亮. 论公安院校隐性课程建设的作用［J］. 长沙铁道学院学报（社会科学版），2007（6）.

［64］潘伟，卢俊义. 学生从警能力养成分析［J］. 广西警官学院学报，2011（5）.

［65］潘伟. 学生从警能力养成分析［J］. 广西警官高等专科学校学报，2004（3）.

［66］潘亨春. 公安院校应加强人文学科教育［J］. 辽宁警专学报，2008（3）.

［67］齐霞. 浅析警察职业教育课程改革［J］. 湖北警官学院学报，2010（1）.

［68］任红杰. 关于公安院校学风问题的反思［J］. 中国人民公安大学学报，2007（7）.

［69］任家明，魏毅. 警察设计教学声音模拟训练法实证研究［J］. 牡丹江师范学院学报，2012（6）.

［70］邵晓枫. 我国新时期公安院校培养目标体系构建研究［D］. 西南师范大学教育学院，2004（6）.

［71］绍祖峰. 当代警察素质综合评价［J］. 新疆警官高等专科学校学报，2003（2）.

［72］石鸥. 从课程改革的目标看综合实践活动的独特价值［J］. 中国教育学刊，2005（9）.

[73] 石鸥. 课程改革：在过程中体验 [J]. 视野理论纵横，2006 (8).

[74] 苏雅民，杜红兵，寇艳芳，赵丽. 公安警察院校治安专业学生职业能力培养体系研究——论治安专业课程体系建设 [J]. 河北公安警察职业学院学报，2009 (3).

[75] 孙娟. 警察管理案例研究——教学设计与解析 [J]. 公安大学学报，2000 (4).

[76] 孙敏. 警察培养模式改革如箭在弦 [J]. 江苏法制报，2008 (3).

[77] 孙晓东. 论建立中国特色警察课程体系之必然性 [J]. 公安教育，2005 (2).

[78] 孙勇. 司法警察院校警务课程的现状与改革 [J]. 中国成人教育，2008 (5).

[79] 孙中华，王大伟. 历史传承、现实延伸与未来需要——从西方警学的发展看我国建立警察学学科的必然性和必要性 [J]. 浙江公安高等专科学校学报，2004 (2).

[80] 孙中华. 历史传承、现实延伸与未来需要——谈我国建立警察学科的必然性和必要性 [J]. 北京人民警察学院学报，2004 (4).

[81] 谭建华. 创新刑事侦查课程模式 培养实战型专业人才 [J]. 公安教育，2005 (6).

[82] 陶连生. 强化警察院校实习基地建设 促进公安教育 [J]. 警察教 育，2000 (6).

[83] 陶战波. 公安特警专业人才培养模式研究 [J]. 江苏警官学院学报，2005 (2).

[84] 王本陆. 重铸教育之魂——解决师德困境的根本之道 [J]. 圆桌会议，2012 (2)：27.

[85] 王大伟. 中国公安教育的特色与定位——从中西比较的角度考察 [J]. 中国人民公安大学，2003 (2).

[86] 王光森. 警察院校大学生警察意识培养论析 [J]. 学校党建与思想教育，2012 (22).

[87] 王会荣. 对警察职业院校课程设置的几点思考 [J]. 中国科教创新导刊，2008 (36).

[88] 王蓉，樊卫国，王凯，逄春生. 公安侦查类专业建设与人才培养调研报告 [J]. 山西警官高等专科学校学报，2012 (4).

[89] 王升平，秦立强. 关于公安大学发展总体定位的若干思考 [J]. 警察教育，2006 (3).

[90] 王喜尘. 警察素质与公安管理 [J]. 公安研究，2003 (6).

[91] 王一平. 警察素质与公安教育培训 [J]. 公安研究，2003 (7).

[92] 王中光. 发达国家高等教育基本指导思想与警察高等教育改革趋势 [J]. 公安教育, 1997 (12).

[93] 魏宏歆. 公安院校警察角色有效途径之社会学探讨 [J]. 公安教育, 2005 (10).

[94] 吴跃章. 公安院校学科建设现状和应然路径 [J]. 中国人民公安大学学报, 2005 (6).

[95] 武深. 试论预备警官的人民警察权利意识的培养 [J]. 学园, 2012 (1).

[96] 萧郎, 施峥. 中国近代高等警察教育总论 [J]. 浙江大学学报 (人文社会科学版), 2007 (1).

[97] 肖国勇, 唐一鸣. 警务化背景下的学生管理与素质培养 [J]. 社会发展,

[98] 谢红. 公安院校学生警察意识培养研究 [D]. 西南大学教育学院, 2011.

[99] 辛继湘. 论教学的审美品格 [J]. 高等教育研究, 2006 (6).

[100] 辛继湘. 新课程与教学价值观的重建 [J]. 课程·教材·教法, 2003 (4).

[101] 辛继湘. 知识教学与生命关怀 [J]. 湖南师范大学教育科学学报, 2011 (1).

[102] 熊一心. 论法国警察教育培训体系的特点 [J]. 公安教育, 2002 (10).

[103] 徐继存. 课堂教学改革意义的拓展 [J]. 课程与教学, 2013 (7).

[104] 徐静. 警察院校法学课程建设问题及对策研究 [J]. 湖北经济学院学报 (人文社会科学版), 2013 (1).

[105] 徐静. 新晋本科警察院校法学课程建设问题及对策研究 [J]. 湖北经济学院学报, 2013 (1).

[106] 徐玉明, 沈志军. 警察素质结构的实证性研究 [J]. 公安研究, 2002 (7).

[107] 徐志林. 试论公安职业教育的概念与特征 [J]. 上海公安高等专科学校学报, 2011 (6).

[108] 闫东升. 论西部地区公安教育培训体系框架的完善与创新 [D]. 福建师范大学教育学院, 2003.

[109] 阎贵臣. 体态语在警察言语交际中的作用 [J]. 公安教育, 2005 (11).

[110] 燕良轼. 人本主义的生命教学观 [J]. 大学教育科学, 2009 (4).

[111] 杨建军, 张素德. 深化公安教学改革培养高素质人才 [J]. 辽宁警专

学报，2006（2）.

［112］姚华. 警察学原理体系之建构——以警察制度为逻辑起点［J］. 中国人民公安大学学报（社会科学版），2004（6）.

［113］殷炳华. 警察社会化初探——个社会学视角［J］. 吉林公安高等专科学校学报，2005（2）.

［114］殷炳华. 警察社会化的途径探析［J］. 吉林公安高等专科学校学报，2006（1）.

［115］殷相印. 警察交际口语研究［J］. 江苏警官学院学报，2003（6）.

［116］余升淮. 论人民警察的忠诚及其培育［J］. 江西警察学院学报，2011（1）.

［117］袁广林. 警察课程教育属性探析［J］. 公安教育，2007（8）.

［118］袁广林. 我国警察培养模式的重构［J］. 山东警察学院学报，2008（2）.

［119］臧建国. 论新建警察本科院校课程体系的构建思路［J］. 经济研究导刊，2012（30）.

［120］张博，李璞，蔺青刚. 地方警察院校人才培养若干问题的反思［J］. 公安教育，2014（4）.

［121］张传隧. 论教师精神及其培育［J］. 教师之友，2005（6）.

［122］张传燧，欧阳文. 课程范式与课程建构性试析［J］. 课程·教材·教法，2006（16）.

［123］张传燧. 教师专业化：传统智慧与现代实践［J］. 教师教育研究，2005（11）.

［124］张传燧. 质量：高等教育的永恒主题［J］. 湖南师范大学教育科学学报，2009（5）.

［125］张传燧. 综合实践活动课程的哲学审视［J］. 湖南师范大学教育科学报，2004（12）.

［126］张大庆. 警察职业教育的重建［J］. 山西警官高等专科学校学报，2011（7）.

［127］张立刚. 警务革命视野下的中国警察教育改革［J］. 云南警官学院学报，2009（3）.

［128］张琳俐. 浅析声音模拟训练法在警察院校设计教学中的作用［J］. 辽宁师专学报，2012（5）.

［129］张晓琳，马丁. 关于我国公安学科体系建设的几个问题［J］. 中国高教研究，2003（2）.

［130］张兆瑞. 警察学学科体系论纲——兼论警察学基础学科结构［J］. 山东警察学院学报，2005（1）.

[131] 章晓麟，谭胜. 公安高等教育学学科建设研究 [J]. 中国人民公安大学学报，2008 (4).

[132] 章晓麟，王大为. 关于公安学科的角色定位问题 [J]. 福建公安高等专科学校学报，2005 (1).

[133] 章晓麟. 关于我国公安学科体系建设的几个问题 [J]. 中国高教研究，2003 (2).

[134] 郑群. 复合应用型：我国公安本科人才培养的主导模式 [J]. 高等教育研究，2004 (1).

[135] 郑万新. 上海公安教育改革的取向、目标及机制 [J]. 公安教育，2012 (12).

[136] 郑小琴，李阳. 论公安院校加强警务技能训练的改革 [J]. 云南警官学院学报，2004 (2).

[137] 周灵方. 龚喜. 论服务型警察的执法理念 [J]. 南华大学学报，2009 (2).

[138] 左富兴. 关于公安专业课程改革问题的若干思考 [J]. 通化师范学院学报，2013 (4).

[139] BaoM ingfang. The Past, Present and Future ofChinese Police Education [J]. Journal ofModern Police, 1934(8).

[140] WangYangbin. The Standard for Future Police Education [J]. *Monthly Journal of Beijing Police School*, 1935(3).

[141] Tom J. vanWeert. Education of theTwenty－first century: New Profession－alism in Lifelong Learning, Knowledge Development and Knowledge Sharing [J]. *Edu－cation and Information Technologies*, 2006(10).

附　录

附录一：访谈提纲一（访问员使用）

	访谈步骤	访谈要求
步骤一	引导访问对象进入访问状态	营造一个较为宽松的访问环境，使访问对象放松心态，并陈述访谈工具以及访谈录音的需要，征求访谈对象的同意
步骤二	介绍访谈主题和访谈过程	简单介绍访问主题和本次开展访问调查的目的及访谈实施过程
步骤三	了解访谈对象的个人背景信息	警种、警龄、入该职位时间及岗位名称
步骤四	对照访谈提纲实施行为关键事件访谈	引导访问对象实施 STAR 技术
	STAR 技术： S（情景）：什么事？事情发生原因是什么？当时情景如何？事情的基本过程？你在事情中的作用？该事件涉及了哪些人？相互之间的关系或分工是什么？ T（任务要求）：在这样情境下，你希望自己做点什么？想到要这样做是有什么原因吗？完成这样的任务需要具备什么能力和素质？ A（行动）：你采取了什么行动？遇到了什么困难？克服这些困难需要什么特殊的技能和知识？ R（结果）：事情结果如何？你认为影响或完成这一结果的因素有哪些？	
步骤五	根据访谈时间长短、访问对象情绪和当时环境选择提问	—您认为个人的哪些特长、性格特点，对于完成警务实践起了重要的作用？ —为提升本岗位的工作绩效，您认为在实战培训中需要加强知识或技能哪一方面的训练？ —为获得相关知识和技能，您是否有参加过单位或该省公安厅、警察学院、各地市警察学校举办的课程学习班、研讨会或者其他网上学习的经历？另外您的学习活动形式主要是什么？ —请描述您参加这些持续学习和提升岗位专业能力的具体深刻经历。

附录二：访谈提纲二（访问对象使用）

××警司（××警督）：您好！该辅助表格可帮助您理清思绪、更清楚地表达您的意思。首先，您可在“事件名称”一栏写下该事件的关键词语；其次，您可根据情景、任务要求、行动、结果四个方面对六件事进行详细描述；最后，希望您能回忆起具体行动的真实关键点。感谢您的合作！

	事件名称	S（情景） 1. 什么事 2. 发展过程 3. 涉及的人	T（任务要求） 1. 任务要求 2. 完成任务的想法及缘由	A（行动） 1. 行动实施方案 2. 困难及办法	R（结果） 1. 事情结果 2. 结果反思
引以为豪的第一件事					
引以为豪的第二件事					
引以为豪的第三件事					
较为遗憾的第一件事					
较为遗憾的第二件事					
较为遗憾的第三件事					

附录三：警察胜任力现状试调查量表（一）

警务工作人员：您好！

为能准确地划分各警察胜任力维度，在文献综述和行为关键事件访谈的基础上本研究对警察胜任力进行了界定。对于以下各警察胜任力应归属于哪个维度请根据您的警务工作经验在“测试维度”一栏做出判断和“1、2、3、4、5”的选择。其中各数字代表含义如下：“1”代表“政治素养”维度；“2”代表“专业知识”维度；“3”代表“业务技能”维度；“4”代表“个性特质”维度；“5”代表“其他”维度。

序号	胜任力指标	测试维度	序号	胜任力指标	测试维度
1	爱岗敬业		26	原则性	
2	沟通协调能力		27	耐心	
3	责任心		28	心理学知识	
4	分析判断能力		29	人际交往	
5	问题解决能力		30	同情心	
6	服务人民的意识		31	立场坚定	
7	抗打击能力		32	较强的语言表达能力	
8	胆大心细		33	政治敏感性	
9	专业知识		34	实战技能	
10	突发事件处理能力		35	预见性	
11	抗压能力		36	沉着冷静	
12	沉着机警		37	敏感性	
13	团队合作		38	执行力	
14	心宽豁达		39	坚韧性	
15	灵活性		40	文字表达能力	
16	敏锐的观察力		41	关系处理能力	
17	意志坚强		42	果断性	
18	终身学习能力		43	枪械知识技能	
19	自我保护意识		44	计划性	
20	自我调节能力		45	协调能力	
21	健壮的体魄		46	秉公执法	
22	自律性		47	创新意识	
23	基础法律知识		48	电脑操作知识	
24	文明执法		49	管理能力	
25	公正性				

附录四：警察胜任力现状试调查量表（二）

尊敬的×××警官：您好！

我们是湖南警察学院“警察胜任力现状调研课题组”的调查员。为了研究警察胜任力模型，了解各警种岗位不同警察的胜任力现状，我们组织了此次调查，并且随机选择您作为调查对象。问卷中问题的回答没有对错之分，您只需将您的真实情况如实回答即可，调查大约需要10分钟的时间。本调查所获得的数据仅作为学术研究之用，不会挪用于任何非学术领域。且您的回答将会受到严格保密，请您在回答时不要有任何顾虑。您的支持将是本研究成功的关键！恭祝您身体健康、事事如意！

再次感谢您的支持！

一、填答要求：下列请单独完成，在填写问卷的过程中为免影响作答请不要交流。

每题只能选择一个答案，请不要多选或漏选，否则问卷无效。答案无对错之分，请不要有任何顾虑！

现在请您仔细阅读每个句子，然后在每题后适合的程度上画圈“○”，以表示您的真实想法或做法。

数字1代表非常不符合，数字2代表比较不符合，数字3代表不确定，数字4代表比较符合，数字5代表非常符合，您选的数字越接近5，表示您认为句子所描述的内容越重要。请认真并仔细作答以下题目：

警察胜任力试调查量表1

作为一名警察，我在工作中对以下行为的看法是：		非常不符合	比较不符合	不确定	比较符合	非常符合
A1	工作经常加班家人有怨言，但还是选择服从工作安排	1	2	3	4	5
B1	日常工作中当自己的想法与上级不同时，要善于与上级沟通交流，一味地顺从是不利于工作开展的	1	2	3	4	5
C1	没有及时告破的案件绝不放弃追查，直到案件告破为止	1	2	3	4	5

续表

作为一名警察，我在工作中对以下行为的看法是：		非常不符合	比较不符合	不确定	比较符合	非常符合
D1	一名优秀的警察能够对案情及事件发展原因或结果的可能性和重要性进行分析，衡量不同行动方案的价值	1	2	3	4	5
D4	处理案情时应综合案情发展的规律，选择最佳的行动方案	1	2	3	4	5
E1	遇到棘手的问题时先请示上级再执行下一步方案	1	2	3	4	5
F1	面对报案的群众或是受害者，应多一些安抚与劝解	1	2	3	4	5
G1	即便人民群众对自身工作不理解，仍需要坚持完成工作	1	2	3	4	5
H1	侦破案件时，要全面整合已掌握的线索，勇敢与细致缺一不可	1	2	3	4	5
I1	警察办案不仅依靠经验更需掌握足够的专业知识和技能	1	2	3	4	5
J1	一名优秀的警察能在突发状况下依照外在环境需求改变自己的工作方法或行为方式，并出色完成任务	1	2	3	4	5
K1	作为警察应该遇事沉着冷静、谨慎踏实，不浮躁冒进，急功近利	1	2	3	4	5
*	希望国家尽快出台政策提升警察的薪资和福利待遇	1	2	3	4	5

警察胜任力试调查量表 2

作为一名警察，我在工作中对以下行为的看法是：		非常不符合	比较不符合	不确定	比较符合	非常符合
A2	那些能破大案的警察都很优秀，每天忙于处理群众鸡毛蒜皮等小事儿的警察，并不怎么光荣	1	2	3	4	5

续表

作为一名警察，我在工作中对以下行为的看法是：		非常不符合	比较不符合	不确定	比较符合	非常符合
B2	面对受害群众，单纯的闷头执法是不可以的，要通过有效沟通让群众充分理解自己的工作	1	2	3	4	5
C2	工作最重要的是问心无愧，而不是一味地追求上级的满意度	1	2	3	4	5
D2	询问证人时应注意抓住主要矛盾，做好疏导工作	1	2	3	4	5
E2	勘查现场时保持冷静即指理性观察与思考每个环节	1	2	3	4	5
F2	人民警察也是人，好的警察也不一定对每一位群众都有耐心	1	2	3	4	5
G2	如果自己努力工作得不到上级认可，那就没有必要太努力	1	2	3	4	5
H2	反复揣摩细节并有效观察才能成功处理案件	1	2	3	4	5
I2	警察工作大多数人都能胜任，不需要更多专业知识	1	2	3	4	5
J2	出警时遇到突发状况要当机立断，犹豫可能会带来意外的危险	1	2	3	4	5
K3	出现场时应随时保持冷静的头脑，并实施理性的观察与思考	1	2	3	4	5
M3	因为工作任务繁重，自觉愧对亲人	1	2	3	4	5
N2	案情处理时不按常理出牌往往才能取得突破进展	1	2	3	4	5
R1	警察执勤佩枪既是对自我的保护更是震慑悍匪的需要	1	2	3	4	5
L1	为完成警队共同目标而与单位同事共享信息、有效沟通，才能如期完成既定任务	1	2	3	4	5

警察胜任力试调查量表 3

作为一名警察，我在工作中对以下行为的看法是：		非常不符合	比较不符合	不确定	比较符合	非常符合
A3	家人都支持我当警察，警察是一个光荣的职业	1	2	3	4	5
B3	沟通干群、协调同事与上下级关系也是一门功课	1	2	3	4	5
C3	接到手的每一个案件，不管大小，都要尽量做到最好	1	2	3	4	5
D3	在行动前，根据案情发展规律及时准确地分析案情以保证行动成功	1	2	3	4	5
E3	一名优秀的警察，不仅不惧怕问题，而且有能力解决问题	1	2	3	4	5
F3	作为一名警察不仅要打击犯罪同时还要服务好人民群众	1	2	3	4	5
G3	警察大多工作在艰苦环境之中，所以要吃得苦耐得住寂寞	1	2	3	4	5
H3	一名好警察不仅需要过人的胆量，很多时候细节关注更重要	1	2	3	4	5
I3	警察日常办案中更多地需要较强的语言和文字表达能力	1	2	3	4	5
J3	出警时遇到突发状况应当快速反应，并根据外在环境需求做出改变和调整	1	2	3	4	5
L3	团队工作时遇到大家意见不统一的时候，将影响破案效率，所以还是一个人独立行事最好	1	2	3	4	5
M2	面对上级领导的批评和严格要求，自己要找到合理的发泄渠道	1	2	3	4	5
*	因公牺牲或负伤的警察并没有得到组织抚恤和政府救济	1	2	3	4	5

警察胜任力试调查量表 4

作为一名警察，我在工作中对以下行为的看法是：		非常不符合	比较不符合	不确定	比较符合	非常符合
K2	出警时无论案件大小，嫌疑人多少，都要时刻保持警惕	1	2	3	4	5
L2	现场查缉信息研判的及时与准确需要团队成员和领导一同协作	1	2	3	4	5
M1	做警察不管工作有多忙，业余时间都要有一些自己的爱好	1	2	3	4	5
Q3	强健的体质不仅是工作需要，更是对家人负责	1	2	3	4	5
N3	警察工作经验很重要，但是不能局限于经验	1	2	3	4	5
O1	搞警察工作，“好眼力”是必要的，能在人群中迅速锁定犯罪嫌疑人目标	1	2	3	4	5
P1	对于没有及时告破的案件不放弃追查，直到案件成功告破为止	1	2	3	4	5
Q1	每天坚持锻炼，身体素质过硬才能在对敌作战时慑服对手	1	2	3	4	5
R2	执法警察应考取驾驶证 B 照以上方可应对不同类型的车	1	2	3	4	5
N1	处置各类刑事或治安案件时能灵活运用自己掌握的知识方法去尽快解决问题	1	2	3	4	5
O3	优秀的警察很多时候都是通过对细节的有效观察而成功侦破案件的	1	2	3	4	5
P2	当警察很多时候要处在艰苦的环境中，所以要吃得了苦、耐得住寂寞	1	2	3	4	5
R3	警察配备枪械的作用在于使犯罪分子迅速屈服	1	2	3	4	5

续表

作为一名警察，我在工作中对以下行为的看法是：		非常不符合	比较不符合	不确定	比较符合	非常符合
Q2	没有好的体力是不能应对加班等超乎寻常的工作量的	1	2	3	4	5
O2	进行排查时，敏锐的观察力是逮捕犯罪嫌疑人的有力保障	1	2	3	4	5
P3	警察虽是高危职业，但选择了就无悔	1	2	3	4	5

附录五：警察胜任力现状正式调查量表（李克特量表）

问卷编号：____________

尊敬的×××警官：您好！

我们是某省警察学院“警察胜任力现状调研课题组”的调查员。为了研究警察胜任力模型，了解各警种岗位不同警察的胜任力现状，我们组织了此次调查，并且通过随机选择您作为调查对象。问卷中问题的回答没有对错之分，您只需将您的真实情况如实回答即可，调查大约需要30分钟的时间。本调查所获得的数据仅作为学术研究之用，不会挪用于任何非学术领域。您的回答将会受到严格保密，请您在回答时不要有任何顾虑。您的支持将是本研究成功的关键！恭祝您身体健康、事事如意！

再次感谢您的支持！

一、请填写您的基本信息：（画“______”的地方请如实填写，选择部分请打“√”）

1. 您所在警务组织______

A. CS市公安局机关　B. CWLN四县公安机关　C. KF区公安分局　D. FR区公安分局　E. YL区公安分局　F. 某省警察学院　G. CS警校　H. 其他

2. 您的警衔是　A. ______级警督　B. ______级警司　C. ______级警员

3. 您的受教育程度______ A. 大专　B. 本科　C. 研究生　D. 博士

4. 您的警种______ A. 刑警　B. 治安警　C. 交警　D. 社区民警　E. 警察院校教师　F. 警务管理　G. 其他

5. 您的警龄______ A. 1~5年　B. 6~10年　C. 11~15年　D. 16年以上

6. 您的婚姻状况______ A. 未婚　B. 已婚　C. 离异未再婚

7. 您的性别____________ A. 男　B. 女

二、填答要求：下列请单独完成，在填写问卷的过程中为避免影响作答，请不要交流。

每题只能选择一个答案，请不要多选或漏选，否则问卷无效。答案无对错之分，请不要有任何顾虑！

现在请您仔细阅读每个句子，然后在每题后适合的状态上画圈“○”，以表示您的真实想法或做法。

数字1代表非常不符合，数字2代表比较不符合，数字3代表不确定，数字4代表比较符合，数字5代表非常符合。您选的数字越接近5，表示您认为句子所描述的内容越重要。请认真并仔细作答以下题目。

警察胜任力正式调查量表

作为一名警察，在工作中对以下行为的看法是：		非常不符合	比较不符合	不确定	比较符合	非常符合
A1	工作经常加班家人有怨言，但还是选择服从工作安排	1	2	3	4	5
B1	日常工作中当自己的想法与上级不同时，要善于与上级沟通交流，一味地顺从是不利于工作开展的	1	2	3	4	5
C1	没有及时告破的案件绝不放弃追查，直到案件告破为止	1	2	3	4	5
D1	一名优秀的警察能够对案情及事件发展原因或结果的可能性和重要性进行分析，衡量不同行动方案的价值	1	2	3	4	5
D4	处理案情时应综合案情发展的规律，选择最佳的行动方案	1	2	3	4	5
E1	遇到棘手的问题时先请示上级再执行下一步方案	1	2	3	4	5
F1	面对报案的群众或是受害者，应多一些安抚与劝解	1	2	3	4	5
H1	侦破案件时，要全面整合已掌握的线索，勇敢与细致缺一不可	1	2	3	4	5
I1	警察办案不仅要依靠经验，更需掌握足够的专业知识和技能	1	2	3	4	5
J1	一名优秀的警察能在突发状况下依照外在环境需求改变自己的工作方法或行为方式，并出色地完成任务	1	2	3	4	5
B2	面对受害群众，单纯的闷头执法是不可以的，要通过有效沟通让群众充分理解自己的工作	1	2	3	4	5
D2	询问证人时应注意抓住主要矛盾，做好疏导工作	1	2	3	4	5
E2	勘查现场时应保持冷静，即要理性观察与思考每个环节	1	2	3	4	5
F2	人民警察也是人，好的警察也不一定对每一位群众都有耐心	1	2	3	4	5

续表

作为一名警察，在工作中对以下行为的看法是：		非常不符合	比较不符合	不确定	比较符合	非常符合
G2	如果自己努力工作得不到上级认可，那就没有必要太努力	1	2	3	4	5
H2	反复揣摩细节并有效观察才能成功处理案件	1	2	3	4	5
J2	出警时遇到突发状况要当机立断，犹豫可能会带来意外的危险	1	2	3	4	5
K3	出现场时应随时保持冷静的头脑，并实施理性的观察与思考	1	2	3	4	5
M3	因为工作任务繁重，自觉愧对亲人	1	2	3	4	5
N2	案情处理时不按常理出牌往往才能取得突破进展	1	2	3	4	5
R1	警察执勤佩枪既是对自我的保护更是震慑悍匪的需要	1	2	3	4	5
A3	家人都支持我当警察，警察是一个光荣的职业	1	2	3	4	5
B3	沟通干群、协调同事与上下级关系也是一门功课	1	2	3	4	5
D3	在行动前，根据案情发展规律及时准确地分析案情以保证行动成功	1	2	3	4	5
F3	作为一名警察不仅要打击犯罪同时还要服务好人民群众	1	2	3	4	5
G3	警察大多工作在艰苦环境之中，所以要吃得苦耐得住寂寞	1	2	3	4	5
H3	一名好警察不仅需要过人的胆量，很多时候细节关注更重要	1	2	3	4	5
I3	警察日常办案中更多依靠的是经验，能否成为一名优秀警察与个人在学校所学的专业知识量多少关系并不大	1	2	3	4	5
J3	出警时遇到突发状况应当快速反应，并根据外在环境需求做出改变和调整	1	2	3	4	5

续表

作为一名警察，在工作中对以下行为的看法是：		非常不符合	比较不符合	不确定	比较符合	非常符合
M2	面对上级领导的批评和严格要求，自己要找到合理的发泄渠道	1	2	3	4	5
*	因公牺牲或负伤的警察并没有得到组织抚恤和政府救济	1	2	3	4	5
L2	现场查缉信息研判的及时与准确需要团队成员和领导一同协作					
M1	做警察不管工作有多忙，业余时间都要有一些自己的爱好					
Q3	强健的体质不仅是工作需要更是对家人负责					
O1	搞警察工作，“好眼力”是必要的，能在人群中迅速锁定犯罪嫌疑人目标					
P1	对于没有及时告破的案件不放弃追查，直到案件成功告破为止					
Q1	每天坚持锻炼，身体素质过硬才能在对敌作战时慑服对手					
R2	执法警察应考取驾驶证 B 照以上方可应对不同类型的车					
N1	处置各类刑事或治安案件时能灵活运用自己掌握的知识方法去尽快解决问题					
O3	优秀的警察很多时候都是通过对细节的有效观察而成功侦破案件的					
R3	警察配备枪械的作用在于使犯罪分子迅速屈服					
Q2	没有好的体力是不能应对加班等超乎寻常的工作量的					
O2	进行排查时，敏锐的观察力是逮捕犯罪嫌疑人的有力保障					
P3	警察虽是高危职业，但选择了就无悔					

附录六：警察胜任力编码手册

项目名称	变量名	含义	宽度	栏码	答案赋值及说明
个案号	ID	问卷	3	1-3	根据问卷上的号码填写
警务组织	V	所属城区	1	4	1=CS 市公安局公安机关 2=CWLN 四县公安机关 3=KF 区公安分局 4=FR 区公安分局 5=YL 区公安分局 6=HN 警察学院 7=CS 警校 8=其他
警衔	JX	警衔级别	1	5	1=一级警督 2=二级警督 3=三级警督 4=一级警司 5=二级警司 6=三级警司 7=一级警员 8=二级警员
受教育程度	JY	教育程度	1	6	1=大专 2=本科 3=研究生 4=博士
警种	JZ	警种	1	7	1=刑警 2=治安警 3=交警 4=社区民警 5=警察院校教师 6=警务管理 7=其他
警龄	JL	警龄	1	8	1=1~5 年 2=5~10 年 3=10~15 年 4=15 年以上；
婚姻状况	HY	婚姻	1	9	1=未婚 2=已婚 3=离异未再婚
性别	XB	性别	1	10	1=男性 2=女性

注：问卷中无回答和不知道的答案编码，“无回答”为 0，“不知道”为 9

项目名称	变量名	胜任力名称	宽度	栏码	答案赋值及说明
问题 A1	A1	爱岗敬业	1	11	1=非常不符合 2=比较不符合 3=不确定 4=比较符合 5=非常符合
问题 B1	B1	沟通协调力	1	12	
问题 C1	C1	责任心	1	13	
问题 D1	D1	分析判断力	1	14	
问题 D4	D4	分析判断力	1	15	
问题 E1	E1	问题解决力	1	16	
问题 F1	F1	服务人民意识	1	17	
问题 H1	H1	胆大心细	1	18	
问题 I1	I1	专业技能	1	19	
问题 J1	J1	处突能力	1	20	
问题 B2	B2	沟通协调力	1	21	
问题 D2	D2	分析判断力	1	22	
问题 E2	E2	问题解决力	1	23	
问题 F2	F2	服务人民意识	1	24	
问题 G2	G2	抗打击力	1	25	
问题 H2	H2	胆大心细	1	26	
问题 J2	J2	处突能力	1	27	
问题 K3	K3	沉着机警	1	28	
问题 M3	M3	自控调整	1	29	
问题 N2	N2	创新性	1	30	
问题 R1	R1	枪械使用	1	31	
问题 A3	A3	爱岗敬业	1	32	
问题 B3	B3	沟通协调力	1	33	
问题 D3	D3	分析判断力	1	34	
问题 F3	F3	服务人民意识	1	35	
问题 G3	G3	抗打击力	1	36	
问题 H3	H3	胆大心细	1	37	
问题 I3	I3	专业技能	1	38	
问题 J3	J3	处突能力	1	39	
问题 M2	M2	自控调整	1	40	
问题 *	*	干扰问题 1	1	41	
问题 L2	L2	团结合作	1	42	
问题 M1	M1	自控调整	1	43	
问题 Q3	Q3	体质强健	1	44	
问题 O1	O1	洞察力	1	45	
问题 P1	P1	意志力强	1	46	
问题 Q1	Q1	体质强健	1	47	
问题 R2	R2	枪械使用	1	48	
问题 N1	N1	创新性	1	49	
问题 O3	O3	洞察力	1	50	
问题 R3	R3	枪械使用	1	51	
问题 Q2	Q2	体质强健	1	52	
问题 O2	O2	洞察力	1	53	
问题 P3	P3	意志力强	1	54	

注：问卷中无回答和不知道的答案编码，“无回答”为 0，“不知道”为 9

后　记

本书由笔者在湖南师范大学教育科学学院攻读学位期间完成的博士论文修改而成。现以《警察胜任力模型建构与培养策略研究》的书名出版，既体现了研究者的本意，也寓意着研究者对“警察胜任力模型”和“警察胜任力培养”专题理解的深化。警察胜任力模型不仅适用于警务管理，同时还对公安院校人才培养具有指导性作用。“警察院校”是培养动态适应警务实战需要的应用型人才的“特殊场所”，“警察胜任力”不仅是高等教育领域的基础命题，更是警察高等教育的“风向标”。

对于研究者而言，科学研究是永无止境的探索过程。“胜任力”最初的研究是针对某一工作中将卓越成就者与普通者区分开来的、个人的深层次特征的研究。近年来，我国企业人力资源管理领域普遍认为，一个组织中不同岗位的职务所要求员工具备的胜任力内容和水平是不同的，同时在不同组织和不同行业中相同或类似工作岗位上员工的胜任力特征也不尽相同。因此，担任某一个特定任务角色所必须具备的胜任力总和称为“胜任力模型”。笔者认为，警察胜任力模型就是警察胜任未来岗位工作所有能力素质的集合，公安院校人才培养目标就应该且必须定位于这种胜任未来职业工作所需要的综合素养。但警务实战组织对警察胜任力模型的要求到底是什么呢？对这种警察高等教育领域内的本源性问题展开探究无疑是非常必要的。

笔者尝试基于实证调查和逻辑建构的方法来研究“警察胜任力模型”，主要缘于自身在高校从事多年的《社会调查方法》、《人力资源管理》、《公安管理》等专业课程教学和导师对其的鼓励及全方面指导。在跟随导师学习的近六年时间里，不仅聆听了他对教育和社会问题的深层剖析，更重要的是从他身上学到了严谨的治学态度和求真的科研方法。论文从方案设计、拟订研究框架、研究过程中的实地调查和数据分析，直至撰写成稿和修改过程中的字斟句酌，都得到导师张传燧教授耐心细致的辅导。导师广阔的学术视野、犀利的学术视角、严谨的治学态度、厚积薄发的学术积淀，总能醍醐灌顶地指引笔者找到解决问题的路径。

本书能够付梓要感谢湖南警察学院的资助，特别要致谢湖南警察学院院系各级领导、管理系领导以及老师同事们多年来对于笔者在学习、工作方面的关心及支持。本研究的数据采集工作得以顺利开展，还要感谢在百忙工作之余给予本研究以大力支持的湖南省公安厅、长沙市公安局政治部人事处的领导和相关工作人员，还有配合与支持开展调查工作的同行们，以及帮助开展数据回收、整理分析工作的治安管理专业和行政管理专业的学生们。

本书引用了许多专家学者的理论与观点做佐证，感谢参考文献中所列论著的诸位研究者，在这个基础上才能有笔者今天的收获！

范　瑛

2016 年 5 月